中高生のための デジタル・AI知識を深める本

ヤングアダルト
BOOKS5

はじめに

　本書は、中学・高校生向けに人工知能（AI）や情報リテラシー、プログラミング、デジタル社会など、これからの時代に欠かせないテーマについて学べる本を探せるように企画した索引です。

　デジタル技術が社会のしくみを大きく変えつつある今、中学校や高校でも「情報活用能力」や「デジタルとの関わり方」が問われる機会が増えています。そのなかで、「AIってなんだろう？」「ネットで得た情報はどう見分ければいいの？」「プログラミングって将来にどう役立つの？」といった疑問を持つ人もいるでしょう。

　この索引では、そうした疑問を解決する手がかりとなるように、デジタルや情報化社会、AIに関するキーワードやテーマから、それに関連する本を探すことができます。気になるテーマやキーワードを入り口に、気になる本を見つけてみてください。

　これからの進路やキャリア選択において、デジタルやテクノロジーへの理解は大きな力になります。この本を通じて出会う一冊が、皆さん自身の可能性を広げ、未来への一歩を踏み出すきっかけとなることを願っています。

2025年4月

ＤＢジャパン編集部

本書の使い方

1. 本書の内容

　本書は、中・高校生を中心とするヤングアダルト世代向けにデジタルやAI、情報社会に関連する本を探せるように企画した索引です。「デジタル・AI知識を深める」「情報やメディアの理解を深める」「デジタル・AI・情報関連の仕事を知る」「デジタル・AI知識を深める学問」に分類して、さらに細かく分けています。

2. 採録の対象

　2010年（平成22年）〜2023年（令和5年）の14年間に国内で刊行されたヤングアダルト向けのAI、情報の活用、プログラミングなどに関連する作品1,336冊を収録しています。

3. 記載している項目

本の書名 / 作者名;訳者名/ 出版者（叢書名）/ 刊行年月

【例】
デジタル・AI知識を深める＞IoT
「IoT、ロボット、AIそしてビッグデータ小さな企業の活用術：第四次産業革命が従来型産業にもたらす新たなチャンス」日本政策金融公庫総合研究所編 同友館 2021年7月
「IoTのしくみと技術がこれ1冊でしっかりわかる教科書」IoT検定ユーザー教育推進ワーキンググループ著 技術評論社（図解即戦力：豊富な図解と丁寧な解説で、知識0でもわかりやすい!) 2020年3月
「IoTは"三河屋さん"である：IoTビジネスの教科書」児玉哲彦著 マイナビ出版（マイナビ新書）2017年4月

1) 差別用語という見解がある分類も存在しますが、原則、検索性を重視した表現としています
2) 作品のタイトルやシリーズ名等に環境依存文字が使用されている場合、
　 環境依存文字を使わずに表現していることもあります。

4. 排列について

1) テーマ・ジャンル別大分類見出しの下は中・小・細分類見出しの五十音順。
2) テーマ・ジャンル別中・小・細分類見出しの下は本の書名の英数字・記号→ひらかな・カタカナの五十音順→漢字順。

5. 収録作品名一覧

巻末に索引の対象とした作品名一覧を掲載。
（並び順は作者の字順→出版社の字順排列としています。）

本の探し方

STEP 1 目次から調べたいテーマを探します

STEP 2 そのテーマにある該当の作品を見つけることができます

この本に収録されている本が一覧になった**「収録作品一覧」**を巻末に掲載しています！

テーマ・ジャンル別分類見出し目次

【デジタル・AI知識を深める】

項目	ページ
RPA（ロボティック・プロセス・オートメーション）	1
IoT	1
アルゴリズム	2
ウェブカラー	2
ウェブカラー＞RGB	2
ウェブカラー＞Hex	2
オペレーティングシステム（OS）	3
オペレーティングシステム（OS）＞Microsoft Windows	3
オペレーティングシステム（OS）＞Linux	3
オンライン講座、eラーニング	3
オンラインコミュニケーション	3
機械学習	4
キャッシュレス決済、電子決済	4
クラウド、クラウドコンピューティング	4
暗号資産（仮想通貨）	5
コンピュータ、パソコン	5
コンピュータ、パソコン＞CAD	9
コンピュータ、パソコン＞CAM	9
コンピュータ、パソコン＞コマンド	9
コンピュータ、パソコン＞コンピュータネットワーク	9
コンピュータ、パソコン＞ショートカットキー	9
コンピュータ、パソコン＞スパコン、スーパーコンピュータ	9
コンピュータ、パソコン＞micro:bit	9
コンピュータ、パソコン＞Mac mini	9
コンピュータ、パソコン＞Raspberry Pi	10
コンピュータ、パソコン＞量子コンピュータ	10
コンピュータ・グラフィック	10
コンピュータ・リテラシー	10
コンピュータウイルス	10
コンピュータ言語	10
コンピュータ言語＞HTML	11
コンピュータ言語＞Excel VBA	11
コンピュータ言語＞CSS	11
コンピュータ言語＞C言語	11
コンピュータ言語＞C＋＋	11
コンピュータ言語＞Java	11
コンピュータ言語＞JavaScript	11
コンピュータ言語＞Swift	12
コンピュータ言語＞Scratch	12
コンピュータ言語＞Python	15
コンピュータ言語＞Blockly	16
GPS	16
自動運転	16
人工知能（AI）	16
人工知能（AI）＞生成AI	22
デジタル	22
デジタル化	23
デジタル技術	24
デジタル時代、デジタル社会	24
電子書籍	25
PCソフト、ソフトウェア	25
PCソフト、ソフトウェア＞R Commander、Rコマンダー	25
PCソフト、ソフトウェア＞Google スライド	25
PCソフト、ソフトウェア＞Microsoft Excel	25
PCソフト、ソフトウェア＞Microsoft PowerPoint	26
PCソフト、ソフトウェア＞Microsoft Word	26
PCソフト、ソフトウェア＞4次元デジタル宇宙ビューワーMitaka	26
PCソフト、ソフトウェア＞LaTeX	26
PCソフト、ソフトウェア＞Jw_cad	27
VR（仮想現実）	27
プログラミング	27
プログラミング＞Unity	28
ロボット	28
ロボット＞アンドロイド	30
ロボット＞サービスロボット	30
ロボット＞ロボット研究	30

【情報やメディアの理解を深める】

項目	ページ
IT、ICT（情報通信技術）	31
ITソリューション	34

項目	ページ
アフィリエイト	34
アプリ	34
インターネット、ウェブ	35
インターネット、ウェブ＞Web解析、アクセス解析	46
インターネット、ウェブ＞Webサイト	46
インターネット、ウェブ＞ウェブデザイン	47
インターネット、ウェブ＞音楽配信	47
インターネット、ウェブ＞Google Earth	47
インターネット、ウェブ＞Google マップ	47
インターネット、ウェブ＞クラウドサービス	47
インターネット、ウェブ＞検索エンジン	47
インターネット、ウェブ＞サイバー攻撃	47
インターネット、ウェブ＞デジタルタトゥー	47
インターネット、ウェブ＞ネット被害、ネット犯罪	48
インターネット、ウェブ＞ブログ	48
インターネット、ウェブ＞ホームページ	48
インターネット、ウェブ＞マッチングサイト	48
インターネット、ウェブ＞ランディングページ（LP）	48
SNS（ソーシャル・ネットワーキング・サービス）	48
SNS（ソーシャル・ネットワーキング・サービス）＞Instagram	56
SNS（ソーシャル・ネットワーキング・サービス）＞X（Twitter）	56
SNS（ソーシャル・ネットワーキング・サービス）＞Clubhouse	56
SNS（ソーシャル・ネットワーキング・サービス）＞バズる	56
SNS（ソーシャル・ネットワーキング・サービス）＞Facebook	57
SNS（ソーシャル・ネットワーキング・サービス）＞LINE	57
キャッチコピー、ネーミング	57
ゲーム	58
個人情報	59
情報、通信、メディア一般	60
情報化社会、情報社会	62
情報活用、情報利用法	62
テレビ	62
情報収集	63
情報発信	63
情報モラル	63
情報リテラシー、情報倫理	63
新聞、新聞紙、雑誌	64
スマートフォン	66
セキュリティ	68
セキュリティ＞ブロックチェーン	69
タイピング	69
タブレット	70
通信網、電気通信、無線通信	70
ディープラーニング	70
データ	71
データ＞図表	72
データ＞データ処理、データ解析、データ分析	73
データ＞データベース	73
データ＞デジタルアーカイブ	73
データ＞ビッグデータ	73
動画配信	73
ニュース	74
ニュース＞フェイクニュース、デマ	75
電子回路	75
5G	75
ブロードバンド	75
放送＞アナログ放送	76
放送＞デジタル放送	76
報道、ジャーナリズム	76
マスメディア	77
メール	77
メディアリテラシー	77
モバイルデータ通信、モバイル通信	79

【デジタル・AI・情報関連の仕事を知る】

項目	ページ
ITコンサルタント	80
IT産業、情報産業	80
エンジニア、技術者	80

エンジニア、技術者＞航空宇宙エンジニア	82
エンジニア、技術者＞システムエンジニア（SE）	82
エンジニア、技術者＞情報処理技術者	82
エンジニア、技術者＞ロボット開発者	82
ゲームクリエイター、ゲームプランナー	83
サウンドクリエイター	83
データサイエンティスト	83
プログラマー	84

【デジタル・AI知識を深める学問】

解析学	86
解析的整数論	86
幾何学	86
経済数学	86
計算複雑性理論	86
ゲーム理論	86
工学、エンジニアリング	87
工学、エンジニアリング＞化学工学	89
工学、エンジニアリング＞環境工学	89
工学、エンジニアリング＞金融工学	89
工学、エンジニアリング＞システム工学	89
工学、エンジニアリング＞失敗学、失敗工学	89
工学、エンジニアリング＞人間工学	89
工学、エンジニアリング＞バイオテクノロジー（生物工学）	89
工学、エンジニアリング＞ロボット工学、ロボティクス	90
コンピュータサイエンス	90
情報科学、情報学	90
情報理論、エントロピー	92
数学、算数	92
数学、算数＞暗算	94
数学、算数＞確率	95
数学、算数＞関数	96
数学、算数＞グラフ理論	96
数学、算数＞計算量理論	96
数学、算数＞工業数学	96
数学、算数＞数学基礎論	96
数学、算数＞数式	96
数学、算数＞数理科学	96
数学、算数＞数理統計学	96
数学、算数＞数列	98
数学、算数＞線形代数	98
数学、算数＞多変量解析	98
数学、算数＞離散数学	98
数学、算数＞割合	98
データサイエンス	98
統計学	99
統計学＞医療統計学、医学統計学	100
統計学＞大数の法則	100
統計学＞統計解析	100
統計学＞ベイズ統計学	100
ネットワーク科学	101
物理学＞電磁気学、電気磁器学	101
物理学＞物理数学	101
物理学＞量子光学	101
物理学＞量子力学	101
物理学＞量子論	103
論理学	103

【デジタル・AI知識を深める】

RPA（ロボティック・プロセス・オートメーション）

「RPAの真髄：先進企業に学ぶ成功の条件」安部慶喜共著;金弘潤一郎共著 日経BP社 2019年2月

「結果が出る仕事の「仕組み化」」庄司啓太郎著 日経BP社 2017年9月

「図解でわかるRPAいちばん最初に読む本」神谷俊彦編著;堀川一著;湯山恭史著;木佐谷康著 アニモ出版 2018年9月

IoT

「12歳までに身につけたいプログラミングの超きほん―未来のキミのためシリーズ」飛田桂子監修 朝日新聞出版 2021年1月

「AI・クラウド・IoT 2020年度版―産業と会社研究シリーズ；4」IT産業研究会著;岩﨑尊史著 産学社 2018年10月

「AI時代を生き抜くプログラミング的思考が身につくシリーズ 8」土屋誠司著 創元社 2021年9月

「DXの第一人者が教えるDX超入門」石澤直孝著 宝島社（宝島社新書）2022年3月

「IoT、ロボット、AIそしてビッグデータ小さな企業の活用術：第四次産業革命が従来型産業にもたらす新たなチャンス」日本政策金融公庫総合研究所編 同友館 2021年7月

「IoTのしくみと技術がこれ1冊でしっかりわかる教科書」IoT検定ユーザー教育推進ワーキンググループ著 技術評論社（図解即戦力：豊富な図解と丁寧な解説で、知識0でもわかりやすい!）2020年3月

「IoTは"三河屋さん"である：IoTビジネスの教科書」児玉哲彦著 マイナビ出版（マイナビ新書）2017年4月

「IoTを支える技術：あらゆるモノをつなぐ半導体のしくみ」菊地正典著 SBクリエイティブ 2017年3月

「IoT最強国家ニッポン：日本企業が4つの主要技術を支配する時代」南川明著 講談社（講談社＋α新書）2019年8月

「STARTUP：起業家のリアル」村山恵一著 日本経済新聞出版社 2017年11月

「スマホでおもちゃを動かしちゃおう!MaBeee活用ブック：ノバルス公認：MaBeeeで電池に魔法をかけよう!」ジャムハウス著 ジャムハウス 2017年12月

「セコムーリーディング・カンパニーシリーズ」長田貴仁著;宮本惇夫著;久野康成著 出版文化社 2017年9月

「デジタルの未来図鑑 = Future Pictorial Book of Digital」岡嶋裕史監修 G.B. 2023年6月

デジタル・AI知識を深める

「君はニッポン100年企業の底力を見たか!!：最先端IoT時代を闘いしかも長寿のサプライズ」泉谷渉著 産業タイムズ社 2018年6月

「幸せなIoTスタートアップの輪郭 = The outlines of a happy IoT startup」九頭龍雄一郎著 幻冬舎メディアコンサルティング 2022年5月

「最新図解で早わかりIoTビジネスがまるごとわかる本」神谷雅史著;CAMI&Co.著 ソーテック社 2019年3月

「世界が驚く日本の微細加工技術：不可能を可能にするものづくり」船井総合研究所ファクトリービジネス研究会著 日経BP社 2018年9月

「誰が世界を変えるのか？：日本企業の未来予想図」西野嘉之著 産業能率大学出版部 2017年6月

アルゴリズム

「「P≠NP」問題：現代数学の超難問」野﨑昭弘著 講談社(ブルーバックス) 2015年9月

「アルゴリズム思考術：問題解決の最強ツール─〈数理を愉しむ〉シリーズ」ブライアン・クリスチャン著;トム・グリフィス著;田沢恭子訳 早川書房(ハヤカワ文庫 NF) 2019年4月

「コンピュータサイエンス：計算を通して世界を観る」渡辺治著 丸善出版 2015年9月

「ローリーとふしぎな国の物語：プログラミングとアルゴリズムにふれる旅」カルロス・ブエノ著;奥泉直子訳 マイナビ出版 2017年2月

「教養としてのプログラミング的思考：今こそ必要な「問題を論理的に解く」技術」草野俊彦著 SBクリエイティブ 2018年3月

「高校生のためのアルゴリズム入門」 インフォテック・サーブ 2012年3月

「高校生のためのアルゴリズム入門 第4版」秋山崇著 インフォテック・サーブ 2020年3月

「離散数学「ものを分ける理論」：問題解決のアルゴリズムをつくる」徳田雄洋著 講談社(ブルーバックス) 2018年5月

ウェブカラー

「楽しいウェブカラーの世界へようこそ!」ジョン・C・ヴァンデン-ヒューヴェル著;ラパン訳;大日本印刷株式会社訳 教育画劇(プログラミングはじめのいっぽ絵本) 2019年4月

ウェブカラー＞RGB

「楽しいウェブカラーの世界へようこそ!」ジョン・C・ヴァンデン-ヒューヴェル著;ラパン訳;大日本印刷株式会社訳 教育画劇(プログラミングはじめのいっぽ絵本) 2019年4月

ウェブカラー＞Hex

「楽しいウェブカラーの世界へようこそ!」ジョン・C・ヴァンデン-ヒューヴェル著;ラパン訳;大日本印刷株式会社訳 教育画劇(プログラミングはじめのいっぽ絵本) 2019年4月

デジタル・AI知識を深める

オペレーティングシステム(OS)

「入門者のLinux：素朴な疑問を解消しながら学ぶ」奈佐原顕郎著 講談社(ブルーバックス) 2016年10月

オペレーティングシステム(OS)＞Microsoft Windows

「Windows8.1はそのまま使うな!─青春新書INTELLIGENCE」リンクアップ著 青春出版社 2014年8月

「瞬間操作!高速キーボード術：マウスに頼らないパソコンの動かし方」リブロワークス著 講談社(ブルーバックス) 2011年10月

オペレーティングシステム(OS)＞Linux

「入門者のLinux：素朴な疑問を解消しながら学ぶ」奈佐原顕郎著 講談社(ブルーバックス) 2016年10月

オンライン講座、eラーニング

「オンライン自宅教室起業バイブル = Start a Side Business Bible：3フク業を実現!40歳から始める新時代のオンライン起業法：新・稼げる教室ZOOM YouTube活用」高橋貴子著 産業能率大学出版部 2021年9月

「ブレンディッド・ラーニング = BLENDED LEARNING：新リモート時代の人材育成学」小仁聡著 フローラル出版 2021年4月

「世界一やさしい「プチ起業」の教科書：3ヶ月で自然と月5万円稼げるようになる」上野ハジメ著 プレジデント社 2023年12月

オンラインコミュニケーション

「10歳若返る会話術」齋藤孝著 集英社(集英社文庫) 2021年2月

「あなたの「声」と「滑舌」がどんどんよくなる本」藤野良孝著;海保知里著 青春出版社 2021年2月

「オンラインコミュニケーション35の魔法：リアルのコミュ力も上がる!」片桐あい著 自由国民社 2020年12月

「オンラインでズバリ伝える力」佐藤綾子著 幻冬舎 2020年9月

「オンラインでの「伝え方」ココが違います!：Teams Zoom YouTube etc.」矢野香著 すばる舎 2020年10月

「オンラインでも好かれる人・信頼される人の話し方 = THE WAY SOME PEOPLE MANAGE TO BE LIKED AND TRUSTED EVEN ONLINE」桑野麻衣著 クロスメディア・パブリッシング 2020年10月

「オンラインで伝える力」野村絵理奈著 ポプラ社 2020年10月

デジタル・AI知識を深める

「きちんと伝える全技術:カジュアル・ノーマル・フォーマルと相手によって表現を使いわけて相手の心の壁をのりこえる」唐沢明著 主婦の友社 2021年7月

「すごい!オンライン会話術:対面以上にうまくいく」白崎あゆみ著 PHP研究所 2020年10月

「よくわかる自信がつくプレゼンテーション:オンラインでも引きつけて離さないテクニック 改訂2版」富士通ラーニングメディア著作・制作 FOM出版 2021年9月

「一瞬で心をつかみ意見を通す対話力」ひきたよしあき著 三笠書房 2021年12月

「超・会議術:テレワーク時代の新しい働き方」越川慎司著 技術評論社 2020年12月

「超一流の話し方見るだけノート:一目置かれる「会話力」がゼロから身につく!」野口敏監修 宝島社 2021年6月

「東大院生が7つの型で教える神わかり!頭のいい説明力」犬塚壮志著 PHP研究所(PHP文庫) 2021年2月

「面白いくらい「会話の引き出し」が増える本」博学面白倶楽部著 三笠書房(王様文庫) 2021年9月

「話すより10倍ラク!新聞く会話術:57 Lessons for Making Good Conversation」西任暁子著 ディスカヴァー・トゥエンティワン 2021年10月

機械学習

「カラー図解Raspberry Piではじめる機械学習:基礎からディープラーニングまで」金丸隆志著 講談社(ブルーバックス) 2018年3月

「はじめての機械学習:中学数学でわかるAIのエッセンス」田口善弘著 講談社(ブルーバックス) 2021年7月

キャッシュレス決済、電子決済

「お金の未来年表」朝倉智也著 SBクリエイティブ(SB新書) 2019年7月

「キャッシュレスで得する!お金の新常識:電子マネー、スマホ決済…─青春新書INTELLIGENCE」岩田昭男著 青春出版社 2018年7月

「キャッシュレス決済がこれ1冊でしっかりわかる教科書─図解即戦力:豊富な図解と丁寧な解説で、知識0でもわかりやすい!」キャッシュレス決済研究会著;山本正行監修 技術評論社 2020年3月

「キャッシュレス生活、1年やってみた:結局、どうするのが一番いいんですか?」美崎栄一郎著 祥伝社 2020年2月

「知っておきたい電子マネーと仮想通貨」三菱総合研究所編 マイナビ出版(マイナビ新書) 2018年2月

クラウド、クラウドコンピューティング

「「図解」スマートフォンのしくみ」井上伸雄著 PHP研究所 2012年4月

デジタル・AI知識を深める

「AI・クラウド・IoT 2020年度版―産業と会社研究シリーズ；4」IT産業研究会著;岩﨑尊史著 産学社 2018年10月

「AI時代に複式簿記は終焉するか」岩崎勇編著 税務経理協会 2021年2月

「インターネット新世代」村井純著 岩波書店(岩波新書 新赤版) 2010年1月

「これから始めるクラウド入門：あなたも使えるITの先進技術 2010年度版」リブロワークス著 講談社(ブルーバックス) 2010年9月

「仕事の能率を上げる最強最速のスマホ&パソコン活用術」石川温著 朝日新聞出版 2017年3月

「使い分けるパソコン術：タブレット、スマートフォンからクラウドまで」たくきよしみつ著 講談社(ブルーバックス) 2011年9月

「図解まるわかりクラウドのしくみ」西村泰洋著 翔泳社 2020年9月

「理系のためのクラウド知的生産術：メール処理から論文執筆まで」堀正岳著 講談社(ブルーバックス) 2012年1月

暗号資産（仮想通貨）

「AIの時代と法」小塚荘一郎著 岩波書店(岩波新書 新赤版) 2019年11月

「ブロックチェーン：相互不信が実現する新しいセキュリティ」岡嶋裕史著 講談社(ブルーバックス) 2019年1月

「暗号が通貨(カネ)になる「ビットコイン」のからくり：「良貨」になりうる3つの理由」吉本佳生著;西田宗千佳著 講談社(ブルーバックス) 2014年5月

「金融サービスの未来：社会的責任を問う」新保恵志著 岩波書店(岩波新書 新赤版) 2021年12月

「世界史を変えた詐欺師たち」東谷暁著 文藝春秋(文春新書) 2018年7月

「知っておきたい電子マネーと仮想通貨」三菱総合研究所編 マイナビ出版(マイナビ新書) 2018年2月

コンピュータ、パソコン

「「P≠NP」問題：現代数学の超難問」野﨑昭弘著 講談社(ブルーバックス) 2015年9月

「「夢を手に入れる」人がやっている時間術」aya著 自由国民社 2022年2月

「10代からのプログラミング教室：できる!わかる!うごく!―14歳の世渡り術」矢沢久雄著 河出書房新社 2017年12月

「12歳からはじめるゼロからのC言語ゲームプログラミング教室 最新版」リブロワークス著 ラトルズ 2020年7月

「13歳からはじめるゼロからのC言語ゲームプログラミング教室：Windows XP/Vista/7対応 初級編」大槻有一郎著 ラトルズ 2010年4月

デジタル・AI知識を深める

「14歳からはじめるC言語わくわくゲームプログラミング教室：Windows XP/Vista/7対応 Visual Studio 2010編」大槻有一郎著 ラトルズ 2011年2月

「14歳からはじめるC言語わくわくゲームプログラミング教室 Visual Studio2013編」大槻有一郎著 ラトルズ 2014年7月

「14歳からはじめるHTML5 & JavaScriptわくわくゲームプログラミング教室：Windows/Macintosh対応」大槻有一郎著 ラトルズ 2011年6月

「AI時代を生き抜くプログラミング的思考が身につくシリーズ 1」土屋誠司著 創元社 2020年9月

「AI時代を生き抜くプログラミング的思考が身につくシリーズ 2」土屋誠司著 創元社 2020年9月

「AI時代を生き抜くプログラミング的思考が身につくシリーズ 3」土屋誠司著 創元社 2020年9月

「AI時代を生き抜くプログラミング的思考が身につくシリーズ 4」土屋誠司著 創元社 2021年5月

「AI時代を生き抜くプログラミング的思考が身につくシリーズ 5」土屋誠司著 創元社 2021年5月

「AI時代を生き抜くプログラミング的思考が身につくシリーズ 6」土屋誠司著 創元社 2021年5月

「AI時代を生き抜くプログラミング的思考が身につくシリーズ 7」土屋誠司著 創元社 2021年9月

「AI時代を生き抜くプログラミング的思考が身につくシリーズ 8」土屋誠司著 創元社 2021年9月

「AI時代を生き抜くプログラミング的思考が身につくシリーズ 9」土屋誠司著 創元社 2021年9月

「GIGAスクール時代のネットリテラシー 1」遠藤美季監修 ポプラ社 2023年4月

「Nintendo Switchで学ぶ!プログラミングワーク = PROGRAMMING LESSONS WITH THE NINTENDO SWITCH：チャレンジ!プチコン4 SmileBASIC」スマイルブーム監修;アレッサンドロ・ビオレッティイラスト・キャラクターデザイン くもん出版 2023年12月

「Raspberry Piではじめるどきどきプログラミング：自分専用のコンピューターでものづくりを楽しもう!」阿部和広監修・著;石原淳也著;塩野禎隆著 日経BP社 2014年2月

「Raspberry Piで学ぶ電子工作：超小型コンピュータで電子回路を制御する」金丸隆志著 講談社(ブルーバックス) 2014年11月

「Windows8.1はそのまま使うな!―青春新書INTELLIGENCE」リンクアップ著 青春出版社 2014年8月

デジタル・AI知識を深める

「アイデアを形にする、シェアする：天才プログラマー矢倉大夢がわかりやすく日本語訳!」ヘザー・リオンズ著;矢倉大夢訳 保育社（こどものためのプログラミング）2019年7月

「インドの小学校で教えるプログラミングの授業：これならわかる!超入門講座―青春新書INTELLIGENCE」織田直幸著;ジョシ・アシシュ監修 青春出版社 2017年1月

「お仕事にすぐ使えるPCスキルが楽しく身につくレシピ：これ1冊でExcel Word PowerPoint Outlookがわかる! 最新版」国本温子執筆;コスモメディ執筆;佐々木康之執筆;日花弘子執筆;大井しょうこ執筆;ONEPUBLISHING編集部執筆 ワン・パブリッシング 2022年12月

「カラー図解最新Raspberry Piで学ぶ電子工作：作って動かしてしくみがわかる」金丸隆志著 講談社（ブルーバックス）2016年7月

「これから始めるクラウド入門：あなたも使えるITの先進技術 2010年度版」リブロワークス著 講談社（ブルーバックス）2010年9月

「コンピュータサイエンス：計算を通して世界を観る」渡辺治著 丸善出版 2015年9月

「スティーブ・ジョブズ―ポプラ社ノンフィクション」パム・ポラック著;メグ・ベルヴィソ著;伊藤菜摘子訳 ポプラ社 2012年1月

「スペースキーで見た目を整えるのはやめなさい：8割の社会人が見落とす資料作成のキホン」四禮静子著 技術評論社 2020年6月

「ゼロイチ起業：SMALL COMMUNITY REVOLUTION」深作浩一郎著 サンライズパブリッシング 2018年9月

「ネットオーディオ入門：オーディオ史上最高の音質を楽しむ」山之内正著 講談社（ブルーバックス）2013年10月

「はじめてのGmail入門 第5版」桑名由美著 秀和システム（BASIC MASTER SERIES）2021年3月

「はじめての量子化学：量子力学が解き明かす化学の仕組み」平山令明著 講談社（ブルーバックス）2019年3月

「パソコンの「超」裏ワザ：仕事が思い通りにはかどる―青春新書INTELLIGENCE」コスモピアパソコンスクール著 青春出版社 2013年1月

「ビジュアル分解大図鑑 コンパクト版」クリス・ウッドフォード著;武田正紀訳 日経ナショナルジオグラフィック社（NATIONAL GEOGRAPHIC）2019年12月

「ひらがなでたいけん!スクラッチ：はじめてのプログラミング」いけだとしおぶん ジャムハウス（ときめき×サイエンス：ジャムハウスの科学の本）2020年3月

「プログラミング20言語習得法：初心者のための実践独習ガイド」小林健一郎著 講談社（ブルーバックス）2014年9月

「マンガで学ぶエクセル集計・分析ピボットテーブル」木村幸子著者・監修;秋内常良シナリオ;たかうま創マンガ;トレンド・プロマンガ制作 マイナビ出版 2020年6月

デジタル・AI知識を深める

「ローリーとふしぎな国の物語：プログラミングとアルゴリズムにふれる旅」カルロス・ブエノ著;奥泉直子訳 マイナビ出版 2017年2月

「一流家電メーカー「特殊対応」社員の告白」笹島健治著 ディスカヴァー・トゥエンティワン(ディスカヴァー携書) 2017年11月

「絵でわかるコンピューターとプログラムのしくみ」いけだとしお著;KAM絵 ジャムハウス(ときめき×サイエンス：ジャムハウスの科学の本) 2021年12月

「高校生のためのアルゴリズム入門 第4版」秋山崇著 インフォテック・サーブ 2020年3月

「今日から始めるiPad仕事帖」日経パソコン編;伊藤朝輝執筆;戸田覚執筆;石井智明執筆 日経BP 2022年6月

「仕事がぐんぐん加速するパソコン即効冴えワザ82：時間のロスを減らす会心のテクニック」トリプルウイン著 講談社(ブルーバックス) 2011年5月

「仕事の能率を上げる最強最速のスマホ&パソコン活用術」石川温著 朝日新聞出版 2017年3月

「使い分けるパソコン術：タブレット、スマートフォンからクラウドまで」たくきよしみつ著 講談社(ブルーバックス) 2011年9月

「実物でたどるコンピュータの歴史：石ころからリンゴへ—東京理科大学坊ちゃん科学シリーズ;2」東京理科大学出版センター編;竹内伸著 東京書籍 2012年8月

「実例で学ぶRaspberry Pi電子工作：作りながら応用力を身につける」金丸隆志著 講談社(ブルーバックス) 2015年12月

「瞬間操作!高速キーボード術：マウスに頼らないパソコンの動かし方」リブロワークス著 講談社(ブルーバックス) 2011年10月

「身近なモノやサービスから学ぶ「情報」教室 = Information Study for a Passport to the New Era 3」土屋誠司編 創元社 2023年7月

「世界の見方が変わる「数学」入門―14歳の世渡り術」桜井進著 河出書房新社 2014年11月

「世界一やさしいパソコンの本―Parade Books」ぴよひな著 パレード 2014年5月

「脱入門者のExcel VBA：自力でプログラミングする極意を学ぶ」立山秀利著 講談社(ブルーバックス) 2016年3月

「頭がいい人の時間の使い方：残業しないで結果を出す一仕事の教科書mini」仕事の教科書編集部編 学研プラス 2017年4月

「動かしながら理解するCPUの仕組み：パソコンの中心はどうなっているのか」加藤ただし著 講談社(ブルーバックス) 2010年1月

「独学で身につく文字起こしスキルアップ問題集」廿里美著 エフスタイル 2020年10月

「入門者のExcel VBA：初めての人にベストな学び方」立山秀利著 講談社(ブルーバックス) 2012年4月

デジタル・AI知識を深める

コンピュータ、パソコン＞CAD

「基礎から学ぶ機械製図：3Dプリンタを扱うための3D CAD製図法」門田和雄著 SBクリエイティブ 2016年1月

「門田先生の3Dプリンタ入門：何を作れるのか、どう役立つのか」門田和雄著 講談社（ブルーバックス）2015年10月

コンピュータ、パソコン＞CAM

「門田先生の3Dプリンタ入門：何を作れるのか、どう役立つのか」門田和雄著 講談社（ブルーバックス）2015年10月

コンピュータ、パソコン＞コマンド

「入門者のLinux：素朴な疑問を解消しながら学ぶ」奈佐原顕郎著 講談社（ブルーバックス）2016年10月

コンピュータ、パソコン＞コンピュータネットワーク

「あなたはネットワークを理解していますか？：インターネット時代に欠かせない根っこの知識が確実に身につく!」梅津信幸著 SBクリエイティブ 2014年3月

コンピュータ、パソコン＞ショートカットキー

「超・会議術：テレワーク時代の新しい働き方」越川慎司著 技術評論社 2020年12月

コンピュータ、パソコン＞スパコン、スーパーコンピュータ

「「スパコン富岳」後の日本：科学技術立国は復活できるか」小林雅一著 中央公論新社 2021年3月

「明るい未来が見えてくる!最先端科学技術15。：2012年キーワードは、この1冊で大丈夫!：45分でわかる!—Magazine house 45 minutes series；#20」山田久美著 マガジンハウス 2011年11月

コンピュータ、パソコン＞micro:bit

「アイデアふくらむ探検ウォッチmicro:bitでプログラミング：センサーの実験・宝探しゲーム・友だちとの通信……使い方はキミしだい!」倉本大資著；子供の科学編集 誠文堂新光社（子供の科学★ミライクリエイティブ）2020年3月

コンピュータ、パソコン＞Mac mini

「本当に好きな音を手に入れるためのオーディオの科学と実践：失敗しない再生機器の選び方」中村和宏著 SBクリエイティブ 2016年3月

デジタル・AI知識を深める

コンピュータ、パソコン＞Raspberry Pi

「Raspberry Piで学ぶ電子工作：超小型コンピュータで電子回路を制御する」金丸隆志著 講談社(ブルーバックス) 2014年11月

「カラー図解Raspberry Piではじめる機械学習：基礎からディープラーニングまで」金丸隆志著 講談社(ブルーバックス) 2018年3月

「カラー図解最新Raspberry Piで学ぶ電子工作：作って動かしてしくみがわかる」金丸隆志著 講談社(ブルーバックス) 2016年7月

「カラー図解最新Raspberry Piで学ぶ電子工作：作る、動かす、しくみがわかる！」金丸隆志著 講談社(ブルーバックス) 2020年6月

「実例で学ぶRaspberry Pi電子工作：作りながら応用力を身につける」金丸隆志著 講談社(ブルーバックス) 2015年12月

コンピュータ、パソコン＞量子コンピュータ

「「スパコン富岳」後の日本：科学技術立国は復活できるか」小林雅一著 中央公論新社 2021年3月

「でたらめの科学：サイコロから量子コンピューターまで」勝田敏彦著 朝日新聞出版 2020年12月

「驚異の量子コンピュータ：宇宙最強マシンへの挑戦」藤井啓祐著 岩波書店(岩波科学ライブラリー) 2019年11月

コンピュータ・グラフィック

「太陽系シミュレーター：時空を超えた惑星間飛行：Windows 7/Vista対応版」SolarSystemSimulatorProject編 講談社(ブルーバックス) 2010年1月

コンピュータ・リテラシー

「パーフェクトガイド情報」実教出版編修部編 実教出版 2023年2月

コンピュータウイルス

「AI時代を生き抜くプログラミング的思考が身につくシリーズ 6」土屋誠司著 創元社 2021年5月

コンピュータ言語

「プログラミング20言語習得法：初心者のための実践独習ガイド」小林健一郎著 講談社(ブルーバックス) 2014年9月

「子どものためのC++言語」ジョン・C・ヴァンデン-ヒューヴェル著;ラパン訳;大日本印刷株式会社訳 教育画劇(プログラミングはじめのいっぽ絵本) 2019年4月

デジタル・AI知識を深める

「子どものためのウェブデザイン入門」ジョン・C・ヴァンデン-ヒューヴェル著;クリスティアン・ターデラ@illustopia.com絵;ラパン訳;大日本印刷株式会社訳 教育画劇(プログラミングはじめのいっぽ絵本) 2019年4月

コンピュータ言語＞HTML

「子どものためのウェブデザイン入門」ジョン・C・ヴァンデン-ヒューヴェル著;クリスティアン・ターデラ@illustopia.com絵;ラパン訳;大日本印刷株式会社訳 教育画劇(プログラミングはじめのいっぽ絵本) 2019年4月

コンピュータ言語＞Excel VBA

「実例で学ぶExcel VBA:定番プログラムを使いこなす」立山秀利著 講談社(ブルーバックス) 2013年1月

「脱入門者のExcel VBA:自力でプログラミングする極意を学ぶ」立山秀利著 講談社(ブルーバックス) 2016年3月

「入門者のExcel VBA:初めての人にベストな学び方」立山秀利著 講談社(ブルーバックス) 2012年4月

コンピュータ言語＞CSS

「子どものためのウェブデザイン入門」ジョン・C・ヴァンデン-ヒューヴェル著;クリスティアン・ターデラ@illustopia.com絵;ラパン訳;大日本印刷株式会社訳 教育画劇(プログラミングはじめのいっぽ絵本) 2019年4月

コンピュータ言語＞C言語

「Web学習アプリ対応C言語入門:スマホ・PCを使いスキマ時間で楽々習得」板谷雄二著 講談社(ブルーバックス) 2019年2月

コンピュータ言語＞C++

「子どものためのC++言語」ジョン・C・ヴァンデン-ヒューヴェル著;ラパン訳;大日本印刷株式会社訳 教育画劇(プログラミングはじめのいっぽ絵本) 2019年4月

コンピュータ言語＞Java

「カラー図解Javaで始めるプログラミング:知識ゼロからの定番言語「超」入門」高橋麻奈著 講談社(ブルーバックス) 2017年4月

コンピュータ言語＞JavaScript

「15歳からはじめるAndroidわくわくプログラミング教室:Java超入門編:Windows XP/Vista/7対応」掌田津耶乃著 ラトルズ 2011年5月

「15歳からはじめるJAVAわくわくゲームプログラミング教室 フルカラー最新版」大槻有一郎著 ラトルズ 2012年5月

デジタル・AI知識を深める

「はじめての"文字で打ちこむ"プログラミングの本：スクラッチのブロックとくらべて学べるJavaScriptの基本—13歳からのIT & CS plus」尾関基行著 技術評論社 2023年10月

「プログラミングでなにができる？：ゲーム・ロボット・アバター・スマホアプリ・Webサイト…将来につながるモノづくりを体験！—子供の科学★ミライクリエイティブ」杉浦学著;阿部和広監修 誠文堂新光社 2023年10月

「子どもから大人までスラスラ読めるJavaScript Kidsふりがなプログラミング：ゲームを作りながら楽しく学ぼう！」LITALICOワンダー監修;リブロワークス文;ア・メリカ絵 インプレス 2019年11月

「子どもと学ぶJavaScriptプログラミング入門」大澤文孝著;できるシリーズ編集部著 インプレス（できるキッズ）2018年9月

「子どものためのウェブデザイン入門」ジョン・C・ヴァンデン-ヒューヴェル著;クリスティアン・ターデラ@illustopia.com絵;ラパン訳;大日本印刷株式会社訳 教育画劇（プログラミングはじめのいっぽ絵本）2019年4月

「入門者のJavaScript：作りながら学ぶWebプログラミング」立山秀利著 講談社（ブルーバックス）2014年1月

コンピュータ言語＞Swift

「12歳からはじめるゼロからのSwift Playgroundsゲームプログラミング教室」柴田文彦著 ラトルズ 2019年3月

コンピュータ言語＞Scratch

「14歳からのプログラミング = First Programming Lessons for 14-year-olds and up」千葉滋著 東京大学出版会 2021年8月

「Makeblock公式mBotで楽しむレッツ!ロボットプログラミング 改訂版」久木田寛直著 FOM出版 2020年3月

「Raspberry Piではじめるどきどきプログラミング：自分専用のコンピューターでものづくりを楽しもう! 増補改訂第2版」阿部和広監修・著;石原淳也著;塩野禎隆著;星野尚著 日経BP社 2016年7月

「Scratch3.0で楽しむレッツ!プログラミング：ジュニア・プログラミング検定公式テキスト」富士通エフ・オー・エム株式会社著作・制作 FOM出版 2019年7月

「Scratch3.0入門：動画でわかるプログラミング!」RYUAN著 ビー・エヌ・エヌ新社 2018年12月

「Scratchであそぶ機械学習：AIプログラミングのかんたんレシピ集」石原淳也著;小川智史著;倉本大資著;阿部和広監修 オライリー・ジャパン 2022年7月

「Scratchでたのしく学ぶプログラミング的思考」鷲崎弘宜著;齋藤大輔著;坂本一憲著 マイナビ出版 2019年9月

「Scratchでつくる!たのしむ!プログラミング道場：CoderDojo Japan公式ブック：小学生以上対象：この本からスタート」角田一平著;とがぞの著;高村みづき著;若林健一著;砂金よしひろ著;安川要平監修 ソーテック社 2016年12月

デジタル・AI知識を深める

「Scratchでつくる!たのしむ!プログラミング道場:CoderDojo Japan公式ブック:小学生以上対象 改訂第2版」角田一平著;とがぞの著;高村みづき著;若林健一著;砂金よしひろ著;安川要平監修 ソーテック社 2019年5月

「SCRATCHではじめよう!プログラミング入門:ゲームを作りながら楽しく学ぼう:Scratch 3.0版」杉浦学著;阿部和広監修 日経BP 2019年11月

「Scratchではじめるときめきプログラミング:作って楽しい!動かしてうれしい!考えて学べる!」中山久美子著;古市威志著;なせもえみ著;小林佳代子著 マイナビ出版 2018年8月

「Scratchで学ぶプログラミングとアルゴリズムの基本 改訂第2版」中植正剛著;太田和志著;鴨谷真知子著 日経BP社 2019年4月

「Scratchで楽しむプログラミングの教科書」北村愛実著;犬伏雅士監修 SBクリエイティブ 2019年4月

「Scratchで楽しむレッツ!プログラミング:ジュニア・プログラミング検定公式テキスト」富士通エフ・オー・エム株式会社著・制作 FOM出版 2018年3月

「Scratchで遊んでわかる!中学数学:数学をプログラミングでハックする」岡田延昭著;五十嵐康伸著 オライリー・ジャパン オーム社 2023年11月

「toioであそぶ!まなぶ!ロボットプログラミング」相川いずみ著;ソニー・インタラクティブエンタテインメント監修 翔泳社 2020年7月

「いちばんはじめのプログラミング:Scratchで、作りながらかんたん・たのしく学ぼう」たにぐちまこと著 マイナビ出版 2019年4月

「コーディングフォービギナーズSCRATCH」ロージー・ディキンズ著;ジョナサン・メルモス著;ルーイ・ストウェル著;鶴田展之訳;成田愛訳 日経BP社 2018年9月

「ジブン専用パソコンRaspberry Piでプログラミング:ゲームづくりから自由研究までなんだってできる!」阿部和広著;塩野祐樹著;子供の科学編集 誠文堂新光社(子供の科学★ミライクリエイティブ) 2019年11月

「スクラッチ2.0アイデアブック:ゼロから学ぶスクラッチプログラミング:ゲームで遊ぶな、ゲームを作ろう!」石原正雄著 カットシステム 2014年5月

「スクラッチでゲームをつくろう!:楽しく学べるプログラミング」三橋優希著;できるシリーズ編集部著 インプレス(できるキッズ) 2020年7月

「スクラッチプログラミングゲーム大全集:自由自在にアレンジできる:総ルビ:オールカラー」松下孝太郎著;山本光著 技術評論社 2023年10月

「ゼロとワンが紹介プログラミング言語のいろいろ」エコー・エリース・ゴンザレス作;グラハム・ロス絵;山崎正浩訳;石戸奈々子監修 くもん出版(くもんのSTEMナビプログラミング) 2020年12月

「たのしく考える力が身につくScratchワークブック」古金谷博著 日経BP 2019年9月

「つくって遊べるプログラミング:授業にも使える!国語、算数、理科、社会、外国語、音楽、図工、総合」中川一史監修 学研プラス 2022年2月

デジタル・AI知識を深める

「できるたのしくやりきるScratch 3子どもAIプログラミング入門―できるたのしくやりきるシリーズ」小林真輔著 インプレス 2020年12月

「できるたのしくやりきるScratch 3子どもプログラミング入門」小林真輔著 インプレス 2019年10月

「はじめての"文字で打ちこむ"プログラミングの本 : スクラッチのブロックとくらべて学べるJavaScriptの基本―13歳からのIT & CS plus」尾関基行著 技術評論社 2023年10月

「ひらがなでたいけん!スクラッチ : はじめてのプログラミング」いけだとしおぶん ジャムハウス(ときめき×サイエンス : ジャムハウスの科学の本. ジュニア) 2020年3月

「プログラミングでなにができる? : ゲーム・ロボット・アバター・スマホアプリ・Webサイト…将来につながるモノづくりを体験!―子供の科学★ミライクリエイティブ」杉浦学著;阿部和広監修 誠文堂新光社 2023年10月

「プログラミング教室 = PROGRAMMING SCHOOL FOR LOVING KIDS バージョンアップ編」たにぐちまこと監修;北神諒漫画 ポプラ社(マンガでマスター) 2020年2月

「メイクロックマン史上最大のプログラミング」松本浄著;学研編;アーテック編 学研プラス 2020年11月

「ゆび1本ではじめるScratch3.0かんたんプログラミング 応用編」ジャムハウス編集部著 ジャムハウス 2019年7月

「よくわかるScratch3.0ではじめるプログラミング」富士通エフ・オー・エム株式会社著作・制作 FOM出版 2019年8月

「絵でわかるはじめてのプログラミング : 学び続けるための土台を育みましょう!」石戸奈々子監修 学研プラス 2020年2月

「今すぐ使えるかんたんScratch : はじめてのプログラミング―Imasugu Tsukaeru Kantan Series」松下孝太郎著;山本光著 技術評論社 2019年6月

「使って遊べる!Scratchおもしろプログラミングレシピ」倉本大資著;和田沙央里著 翔泳社(ぼうけんキッズ) 2019年5月

「子どもと一緒に楽しむ!プログラミング : 日経Kids+ : はじめてでもカンタン!すぐできる―日経ホームマガジン」日経PC21編集 日経BP社 2017年4月

「子どもと学ぶScratch 3プログラミング入門」TENTO著;できるシリーズ編集部著 インプレス(できるキッズ) 2020年3月

「事例でまなぶプログラミングの基礎 Scratch・VBA編」実教出版編修部編 実教出版 2022年4月

「小学生からはじめるゲームプログラミング : オリジナルキャラクターをつくって遊べる!」スタープログラミングスクール編著 実務教育出版 2019年12月

「親子でかんたんスクラッチプログラミングの図鑑―まなびのずかん」松下孝太郎著;山本光著 技術評論社 2019年7月

デジタル・AI知識を深める

「名探偵コナンのプログラミング入門」青山剛昌原作;松田辰彦まんが;ライフイズテック株式会社監修 小学館 2023年2月

コンピュータ言語＞Python

「13歳からのPython入門：新時代のヒーロー養成塾—DIGITAL FOREST」JamesR.Payne著;竹内薫監訳;柳田拓人訳 東京化学同人 2021年7月

「Pythonエンジニアファーストブック」鈴木たかのり著;清原弘貴著;嶋田健志著;池内孝啓著;関根裕紀著 技術評論社 2017年9月

「Pythonでしっかり学ぶ線形代数 = Learning Linear Algebra through Python Programming：行列の基礎から特異値分解まで」神永正博著 講談社 2023年1月

「Pythonでまなぶプログラミング」佐々木明著;実教出版編修部編 実教出版 2022年10月

「Python超入門：モンティと学ぶはじめてのプログラミング」及川えり子著 オーム社 2020年2月

「アルゴリズムがわかる図鑑—まなびのずかん」松浦健一郎著;司ゆき著 技術評論社 2022年1月

「コーディングフォービギナーズPYTHON」ルーイ・ストウェル著;ロージー・ディキンズ著;鶴田展之訳 日経BP社 2018年10月

「ジブン専用パソコンRaspberry Piでプログラミング：ゲームづくりから自由研究までなんだってできる!」阿部和広著;塩野祐樹著;子供の科学編集 誠文堂新光社（子供の科学★ミライクリエイティブ）2019年11月

「ゼロとワンが紹介プログラミング言語のいろいろ」エコー・エリース・ゴンザレス作;グラハム・ロス絵;山崎正浩訳;石戸奈々子監修 くもん出版（くもんのSTEMナビプログラミング）2020年12月

「たのしくまなぶPythonゲームプログラミング図鑑」キャロル・ヴォーダマン著;ほか著;山崎正浩訳 創元社 2019年11月

「たのしくまなぶPythonプログラミング図鑑」キャロル・ヴォーダマン著;ほか著;山崎正浩訳 創元社 2018年8月

「プログラミング教室 = PROGRAMMING SCHOOL FOR LOVING KIDS バージョンアップ編」たにぐちまこと監修;北神諒漫画 ポプラ社（マンガでマスター）2020年2月

「マインクラフトでわくわく学ぶ!Pythonプログラミング入門：小学校・中学校からはじめよう楽しいサンプルで論理的思考力を鍛えよう!—ぼうけんキッズ」梶間悠平著 翔泳社 2023年3月

「空飛ぶプログラム：ドローンの自動操縦で学ぶプログラミングの基礎」ドローンエモーション著 シーアンドアール研究所 2020年3月

「高校生からのPython入門」立山秀利著 ジャムハウス 2022年4月

「事例でまなぶプログラミングの基礎 Python編」実教出版編修部編 実教出版 2022年8月

「入門者のPython：プログラムを作りながら基本を学ぶ」立山秀利著 講談社（ブルーバックス）2018年9月

コンピュータ言語＞Blockly

「アナと雪の女王ディズニーはじめてのプログラミング」キキ・プロッツマン著;小浜杏訳 KADOKAWA 2019年4月

「小学生のためのスター・ウォーズで学ぶはじめてのプログラミング」キキ・プロッツマン著;サイモン・タトム著;多田淑恵監修 学研プラス 2019年10月

GPS

「ペンタゴンの頭脳：世界を動かす軍事科学機関DARPA」アニー・ジェイコブセン著;加藤万里子訳 太田出版 2017年4月

「電波の疑問50：電波はスマホ・Wi-Fi・GPSにも必要?—みんなが知りたいシリーズ；11」早川正士著 成山堂書店 2018年9月

自動運転

「CASE時代：新たなモビリティの道を探る」鎌田実監修 時評社 2018年10月

人工知能（AI）

「〈弱いロボット〉の思考：わたし・身体・コミュニケーション」岡田美智男著 講談社（講談社現代新書）2017年6月

「「ネコ型」人間の時代：直感こそAIに勝る」太田肇著 平凡社（平凡社新書）2018年4月

「「超」英語独学法」野口悠紀雄著 NHK出版（NHK出版新書）2021年3月

「「超」独学法：AI時代の新しい働き方へ」野口悠紀雄著 KADOKAWA（角川新書）2018年6月

「「普通」に見えるあの人がなぜすごい成果をあげるのか：17万人のAI分析でわかった新しい成功法則」越川慎司著 KADOKAWA 2021年12月

「「文系?」「理系?」に迷ったら読む本：AI時代の進路の選び方」竹内薫著 PHP研究所（心の友だち）2019年3月

「10年後、君に仕事はあるのか? = Is work still existing in you 10 years ahead of you?：未来を生きるための「雇われる力」」藤原和博著 ダイヤモンド社 2017年2月

「10年後に食える仕事食えない仕事：AI、ロボット化で変わる職のカタチ」渡邉正裕著 東洋経済新報社 2020年3月

「10年後の仕事図鑑：新たに始まる世界で、君はどう生きるか」落合陽一著;堀江貴文著 SBクリエイティブ 2018年4月

「11歳からの正しく怖がるインターネット：大人もネットで失敗しなくなる本」小木曽健著 晶文社 2017年2月

デジタル・AI知識を深める

「12歳からはじめるゼロからのPythonゲームプログラミング教室」大槻有一郎著;リブロワークスPython部著 ラトルズ 2017年5月

「21世紀の新しい職業図鑑：未来の職業ガイド」武井一巳著 秀和システム 2020年8月

「5分でわかる10年後の自分2030年のハローワーク」図子慧著 KADOKAWA 2019年4月

「AI vs法：世界で進むAI規制と遅れる日本」佐藤洸一著 マイナビ出版（マイナビ新書）2023年8月

「AI、テレワーク時代に生き残るための才能の見つけ方・活かし方」清水久著 ごま書房新社 2021年2月

「AIに勝つ！= How to Surpass Artificial Intelligence：強いアタマの作り方・使い方」野村直之著 日本経済新聞出版社 2019年6月

「AIに負けないためにすべての人が身につけるべき「営業学」」金川顕教著 KADOKAWA 2019年3月

「AIの時代と法」小塚荘一郎著 岩波書店（岩波新書 新赤版）2019年11月

「AIの時代を生きる：未来をデザインする創造力と共感力」美馬のゆり著 岩波書店（岩波ジュニア新書）2021年10月

「AIの衝撃：人工知能は人類の敵か」小林雅一著 講談社（講談社現代新書）2015年3月

「AIの壁：人間の知性を問いなおす」養老孟司著 PHP研究所（PHP新書）2020年10月

「AIを超えたひらめきを生む問題解決1枚思考 = The 1 Sheet Thinking of Problem Solving」大嶋祥誉著 三笠書房 2023年11月

「AI時代に「頭がいい」とはどういうことか──青春新書INTELLIGENCE」米山公啓著 青春出版社 2018年8月

「AI時代に「必要とされる人」になる：仕事を奪われない8つの思考法」イジソン著;黒河星子訳 大和書房 2023年9月

「AI時代を生き残る仕事の新ルール──青春新書INTELLIGENCE」水野操著 青春出版社 2017年11月

「AI時代を生き抜くプログラミング的思考が身につくシリーズ 1」土屋誠司著 創元社 2020年9月

「AI時代を生き抜くプログラミング的思考が身につくシリーズ 7」土屋誠司著 創元社 2021年9月

「AI新時代を生き抜くコミュニケーション術：誰でもわかる！エッセンシャル・コミュニケーション・メソッド」大村亮介編著 日本地域社会研究所（コミュニティ・ブックス）2019年12月

「ChatGPT時代の文系AI人材になる = How AI & the Humanities Work Together in the Generative AI Era：AIを操る7つのチカラ」野口竜司著 東洋経済新報社 2023年10月

「COZMOと学ぶプログラミング」ジャムハウス編集部著 ジャムハウス 2018年8月

デジタル・AI知識を深める

「あそべる!通じ合う!てづくりAIロボット:はじめてでもロボットを動かせる、かんたんプログラミング」牧野浩二著;和田義久著;西崎博光著;吉田拓史著;ユカイ工学著 誠文堂新光社 2022年7月

「あと20年でなくなる50の仕事―青春新書INTELLIGENCE」水野操著 青春出版社 2015年4月

「アルゴリズム思考術:問題解決の最強ツール―〈数理を愉しむ〉シリーズ」ブライアン・クリスチャン著;トム・グリフィス著;田沢恭子訳 早川書房(ハヤカワ文庫 NF) 2019年4月

「ある日突然AIがあなたの会社に」細川義洋著 マイナビ出版(マイナビ新書) 2018年4月

「イノベーションはいかに起こすか:AI・IoT時代の社会革新」坂村健著 NHK出版 2020年10月

「イラストで読むAI入門」森川幸人著 筑摩書房(ちくまプリマー新書) 2019年3月

「くらしをべんりにする新・情報化社会の大研究 5」藤川大祐監修 岩崎書店 2021年3月

「ためしてわかる身のまわりのテクノロジー:AI時代を生きぬく問題解決のチカラが育つ」ニック・アーノルド著;ガリレオ工房監修;江原健訳 誠文堂新光社(子供の科学STEM体験ブック) 2018年7月

「ちくま評論入門:高校生のための現代思想ベーシック 2訂版」岩間輝生編;太田瑞穂編;坂口浩一編;関口隆一編 筑摩書房 2021年11月

「ディープラーニング革命:人工知能はどのようにして劇的な進化を遂げたのか」テレンス・J.セイノフスキー著;銅谷賢治監訳;藤崎百合訳 ニュートンプレス 2021年12月

「デジタルの未来図鑑 = Future Pictorial Book of Digital」岡嶋裕史監修 G.B. 2023年6月

「ドラえもんを本気でつくる」大澤正彦著 PHP研究所(PHP新書) 2020年2月

「なぜAiが必要なのか:死因不明社会 2」海堂尊編著;塩谷清司著;山本正二著;飯野守男著;高野英行著;長谷川剛著 講談社(ブルーバックス) 2011年8月

「なぜ人工知能は人と会話ができるのか」三宅陽一郎著 マイナビ出版(マイナビ新書) 2017年8月

「なぜ僕らは働くのか:君が幸せになるために考えてほしい大切なこと」池上彰監修 学研プラス 2020年3月

「なりたい!が見つかるお仕事図鑑」朝日新聞出版編著 朝日新聞出版 2022年8月

「はじめての機械学習:中学数学でわかるAIのエッセンス」田口善弘著 講談社(ブルーバックス) 2021年7月

「パナソニック、「イノベーション量産」企業に進化する!」片山修著 PHP研究所 2018年11月

「ブリタニカ科学まんが図鑑ロボット:未知の世界を冒険しよう!―ナツメ社科学まんが図鑑シリーズ」ボンボンストーリー文;ジョンユンチェ絵;古田貴之監修 ナツメ社 2018年9月

「ボードゲームでわかる!コンピュータと人工知能のしくみ」三宅陽一郎著 東京書籍 2022年11月

デジタル・AI知識を深める

「マイクロソフト再始動する最強企業 = Microsoft A New Beginning of the Most Powerful Company」上阪徹著 ダイヤモンド社 2018年8月

「もしもロボットとくらしたら」山本省三作;本田隆行監修;大崎章弘監修 WAVE出版 2021年8月

「ライブ!現代社会:世の中の動きに強くなる 2018」池上彰監修 帝国書院 2018年2月

「ルビィのぼうけん [4]」リンダ・リウカス作;鳥井雪訳 翔泳社 2020年3月

「ロボットが家にやってきたら…:人間とAIの未来」遠藤薫著 岩波書店(岩波ジュニア新書) 2018年2月

「ロボットが家にやってきたら…:人間とAIの未来—〈知の航海〉シリーズ」遠藤薫著 岩波書店(岩波ジュニア新書) 2018年2月

「ロボットは東大に入れるか 改訂新版」新井紀子著 新曜社(よりみちパン!セ) 2018年5月

「ロボットは東大に入れるか—よりみちパン!セ;P063」新井紀子著 イースト・プレス 2014年8月

「ロボット解体新書:ゼロからわかるAI時代のロボットのしくみと活用」神崎洋治編著 SBクリエイティブ 2017年2月

「ロボット大研究 1」日本ロボット工業会監修 フレーベル館 2016年9月

「ロボット大研究 3」日本ロボット工業会監修 フレーベル館 2017年3月

「ワクワク・ドキドキロボットプログラミング大作戦」谷藤賢一著 リックテレコム 2018年5月

「宇宙への扉をあけよう:ホーキング博士の宇宙ノンフィクション」ルーシー・ホーキング著;スティーヴン・ホーキング著;さくまゆみこ訳;佐藤勝彦日本語版監修 岩崎書店 2021年9月

「絵でわかる10才からのAI入門—ときめき×サイエンス:ジャムハウスの科学の本;8」森川幸人著・イラスト ジャムハウス 2022年2月

「絵でわかる 人工知能:明日使いたくなるキーワード68」三宅陽一郎著;森川幸人著 SBクリエイティブ 2016年9月

「絵と図でよくわかる人工知能:AI時代に役立つ科学知識—14歳からのニュートン超絵解本」ニュートン編集部編著 ニュートンプレス 2023年1月

「学校では教えてくれない稼ぐ力の身につけ方:AI時代にサバイバルするこども起業力!」小幡和輝著;若林杏樹マンガ 小学館 2020年11月

「学校はなぜ退屈でなぜ大切なのか」広田照幸著 筑摩書房(ちくまプリマー新書) 2022年5月

「楽しくわかる!やってみたくなる!コンピュータ&プログラミングキャラ図鑑」石戸奈々子監修;ノダタカヒロイラスト くもん出版 2022年3月

「究極のホスピタリティを実現する「共感力」の鍛え方:AIにはできない、人にしかできない!」安東徳子著 コスモ21 2017年9月

「近未来科学ファイル20XX 3」荒舩良孝著;田川秀樹イラスト;つぼいひろきイラスト 岩崎書店 2016年3月

デジタル・AI知識を深める

「銀河帝国は必要か？：ロボットと人類の未来」稲葉振一郎著 筑摩書房(ちくまプリマー新書) 2019年9月

「銀河帝国は必要か？：ロボットと人類の未来」稲葉振一郎著 筑摩書房(ちくまプリマー新書) 2019年9月

「君らしく働くミライへ―QuizKnockの課外授業シリーズ；03」QuizKnock著 朝日新聞出版 2022年4月

「見えない大気を見る：身近な天気から、未来の気候まで―くもんジュニアサイエンス」日下博幸著 くもん出版 2016年11月

「工作でわかるモノのしくみ：AI時代を生きぬくモノづくりの創造力が育つ」ニック・アーノルド著;ガリレオ工房監修;江原健訳 誠文堂新光社(子供の科学STEM体験ブック) 2018年8月

「高校数学からはじめるディープラーニング：初歩からわかる人工知能が働くしくみ」金丸隆志著 講談社(ブルーバックス) 2020年4月

「高校生のためのゲームで考える人工知能」三宅陽一郎著;山本貴光著 筑摩書房(ちくまプリマー新書) 2018年3月

「今解き教室サイエンス：JSEC junior：未来の科学技術を考える：入試にも役立つ教材 vol.1(2021)」朝日新聞著 朝日新聞社 2021年4月

「坂本真樹と考えるどうする？人工知能時代の就職活動」坂本真樹著 エクシア出版 2017年8月

「仕事がなくなる！」丹羽宇一郎著 幻冬舎(幻冬舎新書) 2023年5月

「仕事消滅：AIの時代を生き抜くために、いま私たちにできること」鈴木貴博著 講談社(講談社+α新書) 2017年8月

「自分のことがわかる本：ポジティブ・アプローチで描く未来」安部博枝著 岩波書店(岩波ジュニア新書) 2017年9月

「実験でわかる科学のなぜ？：AI時代を生きぬく理系脳が育つ」コリン・スチュアート著;ガリレオ工房監修;江原健訳 誠文堂新光社(子供の科学STEM体験ブック) 2018年7月

「社会でがんばるロボットたち 1」佐藤知正監修 鈴木出版 2017年10月

「社会でがんばるロボットたち 2」佐藤知正監修 鈴木出版 2017年12月

「手塚治虫：マンガで世界をむすぶ―調べる学習百科」国松俊英著 岩崎書店 2021年11月

「人工知能に哲学を教えたら」岡本裕一朗著 SBクリエイティブ(SB新書) 2018年9月

「人工知能はいかにして強くなるのか？：対戦型AIで学ぶ基本のしくみ」小野田博一著 講談社(ブルーバックス) 2017年1月

「人工知能は私たちの生活をどう変えるのか―青春新書INTELLIGENCE」水野操著 青春出版社 2016年10月

「人工知能解体新書：ゼロからわかる人工知能のしくみと活用」神崎洋治編著 SBクリエイティブ 2017年4月

デジタル・AI知識を深める

「人工知能時代を〈善く生きる〉技術」堀内進之介著 集英社(集英社新書) 2018年3月

「人類が進化する未来：世界の科学者が考えていること―世界の知性シリーズ」ジェニファー・ダウドナ著;デビッド・A・シンクレア著;リサ・ランドール著;ジョセフ・ヘンリック著;ジョナサン・シルバータウン著;チャールズ・コケル著;マーティン・リース著;ジョナサン・B・ロソス著;大野和基インタビュー・編 PHP研究所 2021年11月

「図解でわかる14歳から知っておきたいAI」インフォビジュアル研究所著 太田出版 2018年1月

「図解未来を考えるみんなのエネルギー 3」小泉光久編著;明日香壽川監修 汐文社 2021年3月

「数理の窓から世界を読みとく：素数・AI・生物・宇宙をつなぐ」初田哲男編著;柴藤亮介編著 岩波書店(岩波ジュニア新書) 2021年11月

「世界でいちばん優しいロボット」岩貞るみこ文;片塩広子絵 講談社 2021年6月

「世界にほこる日本の先端科学技術 3 (ロボットいろいろ!宇宙へ行ったり、介護したり)」法政大学自然科学センター監修;こどもくらぶ編 岩崎書店 2014年3月

「世界のトップ企業50はAIをどのように活用しているか?」バーナード・マー著;マット・ワード著;安藤貴子訳 ディスカヴァー・トゥエンティワン 2020年10月

「生成AI時代の「超」仕事術大全：外資系コンサル×AIのプロが教える」保科学世著;アクセンチュアAIセンター著 東洋経済新報社 2023年11月

「絶滅危惧職種図鑑：これからなくなる厳選65職種」七里信一著 あさ出版 2018年10月

「誰が世界を変えるのか?：日本企業の未来予想図」西野嘉之著 産業能率大学出版部 2017年6月

「東大生となった君へ：真のエリートへの道」田坂広志著 光文社(光文社新書) 2018年4月

「統計ってなんの役に立つの?：数・表・グラフを自在に使ってビッグデータ時代を生き抜く」涌井良幸;子供の科学編集部編 誠文堂新光社(子供の科学★ミライサイエンス) 2018年5月

「働き方改革とAIの活用」佐藤好男著 東京図書出版 2020年8月

「働くことは人生だ!君たちはどう「はたらく」か?：AI時代の「働き方」トランスフォーメーション」野口雄志著 セルバ出版 2021年8月

「内定者はこう書いた!エントリーシート・履歴書・志望動機・自己PR〈完全版〉. '26年度版」坂本直文著 高橋書店 2023年12月

「日本のロボット：くらしの中の先端技術」奥村悠監修 岩崎書店(調べる学習百科) 2018年9月

「能力を磨く：AI時代に活躍する人材「3つの能力」」田坂広志著 日本実業出版社 2019年4月

「脳・心・人工知能：数理で脳を解き明かす」甘利俊一著 講談社(ブルーバックス) 2016年5月

「脳のひみつにせまる本 3 (脳科学の最前線)」川島隆太監修;こどもくらぶ編 ミネルヴァ書房 2015年10月

デジタル・AI知識を深める

「脳のふしぎをときあかす!ブレインワールド探検ブック 1」理化学研究所脳神経科学研究センター監修 文研出版 2021年8月

「脳のふしぎをときあかす!ブレインワールド探検ブック 2」理化学研究所脳神経科学研究センター監修 文研出版 2021年11月

「脳は意外とタフである」池谷裕二著 扶桑社(扶桑社新書) 2023年5月

「発想の整理学：AIに負けない思考法」山浦晴男著 筑摩書房 2020年7月

「物語でわかるAI時代の仕事図鑑」竹内一正著 宝島社 2018年9月

「文系が20年後も生き残るためにいますべきこと」岩崎日出俊著 イースト・プレス 2017年3月

「僕たちはなぜ働くのか：これからのキャリア、生き方を考える本 下」池上彰監修 学研プラス 2019年2月

「僕らのAI論：9名の識者が語る人工知能と「こころ」」森川幸人編著 SBクリエイティブ 2019年6月

「未来につながる!ロボットの技術：歴史からしくみ、人工知能との関係までよくわかる―子供の科学サイエンスブックスNEXT」日本ロボット学会監修 誠文堂新光社 2023年1月

「未来の乗り物図鑑」スーツ著 KADOKAWA 2022年11月

「未来を読む：AIと格差は世界を滅ぼすか」大野和基インタビュー・編 PHP研究所(PHP新書) 2018年6月

「夢を実現する数学的思考のすべて」苫米地英人著 ビジネス社 2019年2月

「明日、機械がヒトになる：ルポ最新科学」海猫沢めろん著 講談社 2016年5月

「予測の科学はどう変わる？：人工知能と地震・噴火・気象現象」井田喜明著 岩波書店(岩波科学ライブラリー) 2019年2月

人工知能（AI）＞生成AI

「言語の力：「思考・価値観・感情」なぜ新しい言語を持つと世界が変わるのか？」ビオリカ・マリアン著;今井むつみ監訳・解説;桜田直美訳 KADOKAWA 2023年12月

デジタル

「18歳の著作権入門」福井健策著 筑摩書房(ちくまプリマー新書) 2015年1月

「AI時代を生き抜くプログラミング的思考が身につくシリーズ 5」土屋誠司著 創元社 2021年5月

「アニメーション学入門 新版」津堅信之著 平凡社(平凡社新書) 2017年2月

「ゲームとアニメーション：天才プログラマー矢倉大夢がわかりやすく日本語訳!」ヘザー・リオンズ著;矢倉大夢訳 保育社(こどものためのプログラミング) 2019年7月

「ジブン未来図鑑：職場体験完全ガイド＋ 5」ポプラ社編集 ポプラ社 2022年4月

デジタル・AI知識を深める

「デジタルネイティブの時代 : なぜメールをせずに「つぶやく」のか」木村忠正著 平凡社(平凡社新書) 2012年11月

「デジタルの未来図鑑 = Future Pictorial Book of Digital」岡嶋裕史監修 G.B. 2023年6月

「デジタル機器—最先端ビジュアル百科「モノ」の仕組み図鑑 ; 3」スティーブ・パーカー著;上原昌子訳 ゆまに書房 2010年7月

「デジタル世界の歩き方 : デジタル機器を自分らしく、自信をもって使うためのガイド—いま・生きる・ちからシリーズ」狩野さやか著 ほるぷ出版 2023年12月

「ほんとうにいいの?デジタル教科書」新井紀子著 岩波書店(岩波ブックレット) 2012年12月

「まるごとわかる!地デジの本 : 地デジの「デジ」ってなに?」マイカ作 汐文社 2010年11月

「使い分けるパソコン術 : タブレット、スマートフォンからクラウドまで」たくきよしみつ著 講談社(ブルーバックス) 2011年9月

「手書きでもデジタルでもまとめ・発表カンペキBOOK : 実例が見られる! 1」鎌田和宏監修 ポプラ社 2023年4月

「手書きでもデジタルでもまとめ・発表カンペキBOOK : 実例が見られる! 2」鎌田和宏監修 ポプラ社 2023年4月

「手書きでもデジタルでもまとめ・発表カンペキBOOK : 実例が見られる! 3」鎌田和宏監修 ポプラ社 2023年4月

「手書きでもデジタルでもまとめ・発表カンペキBOOK : 実例が見られる! 4」鎌田和宏監修 ポプラ社 2023年4月

「手書きでもデジタルでもまとめ・発表カンペキBOOK : 実例が見られる! 5」鎌田和宏監修 ポプラ社 2023年4月

「触感をつくる :《テクタイル》という考え方」仲谷正史著;筧康明著;白土寛和著 岩波書店(岩波科学ライブラリー) 2011年12月

「池上彰と考える未来の社会とデジタル庁 1」池上彰監修 文溪堂 2022年11月

「池上彰と考える未来の社会とデジタル庁 2」池上彰監修 文溪堂 2023年1月

「池上彰と考える未来の社会とデジタル庁 3」池上彰監修 文溪堂 2022年12月

「超デジタル世界 : DX、メタバースのゆくえ」西垣通著 岩波書店(岩波新書 新赤版) 2023年1月

デジタル化

「3ステップで実現するデジタルトランスフォーメーションの実際」ベイカレント・コンサルティング著 日経BP社 2017年12月

「AI時代に複式簿記は終焉するか」岩崎勇編著 税務経理協会 2021年2月

「DXの第一人者が教えるDX超入門」石澤直孝著 宝島社(宝島社新書) 2022年3月

デジタル・AI知識を深める

「IT人材白書 2019」情報処理推進機構社会基盤センター編 情報処理推進機構 2019年5月

「デジタルで変わるセールスプロモーション基礎」販促会議編集部編;守口剛監修 宣伝会議(宣伝会議マーケティング選書) 2017年3月

「デジタル化の教科書」西村泰洋著 秀和システム 2019年3月

「デジタル社会の地図の読み方作り方」若林芳樹著 筑摩書房(ちくまプリマー新書) 2022年2月

「なぜデジタルなのか = Why Digital Matters?」プレジデント社企画編集部「経営企画研究会」編;村田聡一郎監修 プレジデント社 2018年12月

「リモート営業入門」水嶋玲以仁著 日経BP日本経済新聞出版本部 2020年9月

「営業デジタル改革」角川淳著 日本経済新聞出版社(日経文庫) 2019年1月

「広告白書 2018年度版」日経広告研究所編 日経広告研究所 2018年7月

「広告白書 2020年度版 」日経広告研究所編 日経広告研究所 日経BPマーケティング(発売) 2020年9月

「広告白書 2021年度版」日経広告研究所編 日経広告研究所 日経BPマーケティング 2021年8月

「図解でわかるRPAいちばん最初に読む本」神谷俊彦編著;堀川一著;湯山恭史著;木佐谷康著 アニモ出版 2018年9月

「理系的アタマの使い方：ラクしてゴールへ!」鎌田浩毅著 PHP研究所(PHP文庫) 2021年4月

デジタル技術

「触感をつくる：《テクタイル》という考え方」仲谷正史著;筧康明著;白土寛和著 岩波書店(岩波科学ライブラリー) 2011年12月

デジタル時代、デジタル社会

「DX時代の日本企業の戦い方 = How Japanese Companies Compete in the DX Era：京大で学ぶデジタル社会と資本市場」幸田博人編著 中央経済社 中央経済グループパブリッシング 2023年3月

「デジタル・ブランディング：世界のトップブランドがいま実践していること」パブロ・ルビオ・オルダス著;長谷川雅彬監修 クロスメディア・パブリッシング 2022年11月

「デジタルは人間を奪うのか」小川和也著 講談社(講談社現代新書) 2014年9月

「デジタル時代に知名度ゼロから成功する!ブランディング見るだけノート = How to Master the Basics and the Skills of Branding」乙幡満男監修 宝島社 2021年6月

「デジタル時代の情報発信のリスクと対策」北田明子著;レクシード監修 東洋経済新報社 2023年12月

デジタル・AI知識を深める

「デジタル社会の地図の読み方作り方」若林芳樹著 筑摩書房（ちくまプリマー新書）2022年2月

「広告主動態調査：デジタル時代の広告戦略と意識 2023年版」日経広告研究所編 日経広告研究所 2023年3月

「時事から学ぶ小論文 2022第4号」 朝日新聞社 2022年7月

「忘れる読書」落合陽一著 PHP研究所（PHP新書）2022年11月

電子書籍

「ゼロ起業を叶える「最初の1歩」：オンライン起業で成功するにはSNSよりも電子書籍がオススメ」大村小太郎著 セルバ出版 2021年6月

「つながる読書術」日垣隆著 講談社（講談社現代新書）2011年11月

「書籍文化の未来：電子本か印刷本か」赤木昭夫著 岩波書店（岩波ブックレット）2013年6月

PCソフト、ソフトウェア

「サイバー攻撃：ネット世界の裏側で起きていること」中島明日香著 講談社（ブルーバックス）2018年1月

PCソフト、ソフトウェア＞R Commander、Rコマンダー

「統計ソフト「R」超入門：実例で学ぶ初めてのデータ解析」逸見功著 講談社（ブルーバックス）2018年2月

PCソフト、ソフトウェア＞Google スライド

「LaTeX超入門：ゼロからはじめる理系の文書作成術」水谷正大著 講談社（ブルーバックス）2020年7月

「研究発表のためのスライドデザイン：「わかりやすいスライド」作りのルール」宮野公樹著 講談社（ブルーバックス）2013年4月

PCソフト、ソフトウェア＞Microsoft Excel

「Excelのイライラ根こそぎ解消術：「思い通りにならない」と「面倒くさい」を克服」長谷川裕行著 講談社（ブルーバックス）2011年7月

「パソコンの「超」裏ワザ：仕事が思い通りにはかどる―青春新書INTELLIGENCE」コスモピアパソコンスクール著 青春出版社 2013年1月

「高校生のための英語学習ガイドブック」佐藤誠司著 岩波書店（岩波ジュニア新書）2012年3月

「仕事がぐんぐん加速するパソコン即効冴えワザ82：時間のロスを減らす会心のテクニック」トリプルウイン著 講談社（ブルーバックス）2011年5月

デジタル・AI知識を深める

「仕事のExcelが1日でざっくりわかる本：ネコの手を借りるより、3つの「自動化」で」立山秀利著 SBクリエイティブ 2017年2月

「瞬間操作!高速キーボード術：マウスに頼らないパソコンの動かし方」リブロワークス著 講談社(ブルーバックス) 2011年10月

「知識ゼロからのExcelビジネスデータ分析入門：蓄積する多量のデータを役立てる」住中光夫著 講談社(ブルーバックス) 2012年8月

「入門者のExcel関数：手順通りにやれば必ずできる」リブロワークス著 講談社(ブルーバックス) 2010年4月

「理系のためのExcelグラフ入門：実験データを正しく伝える技術」金丸隆志著 講談社(ブルーバックス) 2013年10月

PCソフト、ソフトウェア＞Microsoft PowerPoint

「コミュニケーション力を高めるプレゼン・発表術」上坂博亨著;大谷孝行著;里見安那著 岩波書店(岩波ジュニア新書) 2021年3月

PCソフト、ソフトウェア＞Microsoft Word

「Wordのイライラ根こそぎ解消術：「おせっかい」と「使いにくい」を一掃する」長谷川裕行著 講談社(ブルーバックス) 2011年1月

「パソコンの「超」裏ワザ：仕事が思い通りにはかどる―青春新書INTELLIGENCE」コスモピアパソコンスクール著 青春出版社 2013年1月

「仕事がぐんぐん加速するパソコン即効冴えワザ82：時間のロスを減らす会心のテクニック」トリプルウイン著 講談社(ブルーバックス) 2011年5月

「瞬間操作!高速キーボード術：マウスに頼らないパソコンの動かし方」リブロワークス著 講談社(ブルーバックス) 2011年10月

「卒論執筆のためのWord活用術：美しく仕上げる最短コース」田中幸夫著 講談社(ブルーバックス) 2012年1月

PCソフト、ソフトウェア＞4次元デジタル宇宙ビューワーMitaka

「4次元デジタル宇宙紀行Mitaka：地球から宇宙の果てへ」ビバマンボ著;小久保英一郎監修 講談社(ブルーバックス) 2011年12月

PCソフト、ソフトウェア＞LaTeX

「LaTeX超入門：ゼロからはじめる理系の文書作成術」水谷正大著 講談社(ブルーバックス) 2020年7月

デジタル・AI知識を深める

PCソフト、ソフトウェア＞Jw_cad

「高校生から始めるJw_cad建築プレゼン入門—エクスナレッジムック. Jw_cadシリーズ；8」櫻井良明著 エクスナレッジ 2011年8月

「高校生から始めるJw_cad建築製図入門」櫻井良明著 エクスナレッジ 2017年12月

「高校生から始めるJw_cad建築製図入門 RC造編」櫻井良明著 エクスナレッジ 2022年2月

「高校生から始めるJw_cad建築製図入門—Jw_cadシリーズ；6」櫻井良明著 エクスナレッジ 2011年3月

VR（仮想現実）

「VRが変えるこれからの仕事図鑑 = Change in VR Future Work Picture Book」赤津慧著;鳴海拓志監修 光文社 2019年8月

「くらしをべんりにする新・情報化社会の大研究 2」藤川大祐監修 岩崎書店 2021年2月

「こころと身体の心理学」山口真美著 岩波書店(岩波ジュニア新書) 2020年9月

「絶滅危惧職種図鑑：これからなくなる厳選65職種」七里信一著 あさ出版 2018年10月

「未来をつくる仕事図鑑 1」学研プラス編集 学研プラス 2021年2月

プログラミング

「10代からのプログラミング教室：できる!わかる!うごく!—14歳の世渡り術」矢沢久雄著 河出書房新社 2017年12月

「Pythonエンジニアファーストブック」鈴木たかのり著;清原弘貴著;嶋田健志著;池内孝啓著;関根裕紀著 技術評論社 2017年9月

「Web学習アプリ対応C言語入門：スマホ・PCを使いスキマ時間で楽々習得」板谷雄二著 講談社(ブルーバックス) 2019年2月

「インドの小学校で教えるプログラミングの授業：これならわかる!超入門講座—青春新書INTELLIGENCE」織田直幸著;ジョシ・アシシュ監修 青春出版社 2017年1月

「カラー図解Javaで始めるプログラミング：知識ゼロからの定番言語「超」入門」高橋麻奈著 講談社(ブルーバックス) 2017年4月

「コンピュータサイエンス：計算を通して世界を観る」渡辺治著 丸善出版 2015年9月

「ひらがなでたいけん!スクラッチ：はじめてのプログラミング」いけだとしおぶん ジャムハウス(ときめき×サイエンス：ジャムハウスの科学の本. ジュニア) 2020年3月

「プログラマーは世界をどう見ているのか」ひろゆき著 SBクリエイティブ(SB新書) 2022年7月

「プログラミング20言語習得法：初心者のための実践独習ガイド」小林健一郎著 講談社(ブルーバックス) 2014年9月

「プログラミングのはじめかた：Unityで体験するゲーム作り」あすなこうじ著 SBクリエイティブ 2018年4月

「絵でわかるコンピューターとプログラムのしくみ」いけだとしお著;KAM絵 ジャムハウス(ときめき×サイエンス：ジャムハウスの科学の本．ジュニア) 2021年12月

「教養としてのプログラミング的思考：今こそ必要な「問題を論理的に解く」技術」草野俊彦著 SBクリエイティブ 2018年3月

「実例で学ぶExcel VBA：定番プログラムを使いこなす」立山秀利著 講談社(ブルーバックス) 2013年1月

「脱入門者のExcel VBA：自力でプログラミングする極意を学ぶ」立山秀利著 講談社(ブルーバックス) 2016年3月

「入門者のExcel VBA：初めての人にベストな学び方」立山秀利著 講談社(ブルーバックス) 2012年4月

「入門者のJavaScript：作りながら学ぶWebプログラミング」立山秀利著 講談社(ブルーバックス) 2014年1月

「入門者のPython：プログラムを作りながら基本を学ぶ」立山秀利著 講談社(ブルーバックス) 2018年9月

プログラミング＞Unity

「プログラミングのはじめかた：Unityで体験するゲーム作り」あすなこうじ著 SBクリエイティブ 2018年4月

ロボット

「〈弱いロボット〉の思考：わたし・身体・コミュニケーション」岡田美智男著 講談社(講談社現代新書) 2017年6月

「10年後に食える仕事食えない仕事：AI、ロボット化で変わる職のカタチ」渡邉正裕著 東洋経済新報社 2020年3月

「3年後に結果を出すための最速成長」赤羽雄二著 ベストセラーズ(ベスト新書) 2017年6月

「AIの衝撃：人工知能は人類の敵か」小林雅一著 講談社(講談社現代新書) 2015年3月

「アクチュエータ工学入門：「動き」と「力」を生み出す驚異のメカニズム」鈴森康一著 講談社(ブルーバックス) 2014年7月

「あと20年でなくなる50の仕事―青春新書INTELLIGENCE」水野操著 青春出版社 2015年4月

「ギネス世界記録 2017」クレイグ・グレンディ編；大木哲翻訳・翻訳編集；井上美和子翻訳・翻訳編集；片岡夏実翻訳・翻訳編集；権田アスカ翻訳・翻訳編集；高取和代翻訳・翻訳編集 角川アスキー総合研究所 2016年9月

「ギネス世界記録 2020」クレイグ・グレンディ編；大木哲訳；海野佳南訳；片岡夏実訳；五味葉訳；権田アスカ訳；藤村友子訳；金井哲夫訳 角川アスキー総合研究所 2019年9月

デジタル・AI知識を深める

「サイボーグ昆虫、フェロモンを追う」神﨑亮平著 岩波書店(岩波科学ライブラリー) 2014年7月

「ドラえもんを本気でつくる」大澤正彦著 PHP研究所(PHP新書) 2020年2月

「はたらくロボット2 (助けるロボット)」富山健監修 汐文社 2011年12月

「はたらくロボット3 (楽しませるロボット)」富山健監修 汐文社 2012年2月

「ペンタゴンの頭脳：世界を動かす軍事科学機関DARPA」アニー・ジェイコブセン著;加藤万里子訳 太田出版 2017年4月

「ミライの武器 = Strength of the Future :「夢中になれる」を見つける授業—sanctuary books」吉藤オリィ著 サンクチュアリ出版 2021年5月

「ロボットが家にやってきたら…：人間とAIの未来—〈知の航海〉シリーズ」遠藤薫著 岩波書店(岩波ジュニア新書) 2018年2月

「ロボットが日本を救う」岸宣仁著 文藝春秋(文春新書) 2011年8月

「ロボットとの付き合い方、おしえます。—14歳の世渡り術」瀬名秀明著 河出書房新社 2010年10月

「ロボットはなぜ生き物に似てしまうのか：工学に立ちはだかる「究極の力学構造」」鈴森康一著 講談社(ブルーバックス) 2012年4月

「ロボットは涙を流すか：映画と現実の狭間」石黒浩著;池谷瑠絵著 PHP研究所 2010年2月

「ロボット解体新書：ゼロからわかるAI時代のロボットのしくみと活用」神崎洋治編著 SBクリエイティブ 2017年2月

「ロボット創造学入門—〈知の航海〉シリーズ」広瀬茂男著 岩波書店(岩波ジュニア新書) 2011年6月

「ロボ木ーと木—木育絵本シリーズ；2」よこやまみさお文;やましたあきのり監修;たかみねみきこ絵 海青社 2016年7月

「会社四季報業界地図 2020年版」東洋経済新報社編 東洋経済新報社 2019年9月

「旗を立てずに死ねるか！：とことん考えぬいて人のやらないことをやる：日本初「AI搭載ロボット」稼働」設楽竜也著 プレジデント社 2019年10月

「銀河帝国は必要か？：ロボットと人類の未来」稲葉振一郎著 筑摩書房(ちくまプリマー新書) 2019年9月

「幸せのメカニズム：実践・幸福学入門」前野隆司著 講談社(講談社現代新書) 2013年12月

「今解き教室サイエンス：JSEC junior：未来の科学技術を考える：入試にも役立つ教材 vol.1(2021)」朝日新聞著 朝日新聞社 2021年4月

「仕事消滅：AIの時代を生き抜くために、いま私たちにできること」鈴木貴博著 講談社(講談社+α新書) 2017年8月

「人工知能に哲学を教えたら」岡本裕一朗著 SBクリエイティブ(SB新書) 2018年9月

デジタル・AI知識を深める

「図解でわかるRPAいちばん最初に読む本」神谷俊彦編著;堀川一著;湯山恭史著;木佐谷康著 アニモ出版 2018年9月

「明日、機械がヒトになる：ルポ最新科学」海猫沢めろん著 講談社 2016年5月

「柳田理科雄の1日1科学 [2] (夏の空想科学)」柳田理科雄著;栄光ゼミナール監修 汐文社 2015年12月

ロボット＞アンドロイド

「アンドロイドは人間になれるか」石黒浩著 文藝春秋（文春新書）2015年12月

ロボット＞サービスロボット

「ロボット解体新書：ゼロからわかるAI時代のロボットのしくみと活用」神崎洋治編著 SBクリエイティブ 2017年2月

ロボット＞ロボット研究

「アンドロイドは人間になれるか」石黒浩著 文藝春秋（文春新書）2015年12月

「ロボットとの付き合い方、おしえます。—14歳の世渡り術」瀬名秀明著 河出書房新社 2010年10月

【情報やメディアの理解を深める】

IT、ICT（情報通信技術）

「「図解」スマートフォンのしくみ」井上伸雄著 PHP研究所 2012年4月

「5G：大容量・低遅延・多接続のしくみ」岡嶋裕史著 講談社（ブルーバックス）2020年7月

「5Gの衝撃」小林雅一著 宝島社 2020年2月

「AI時代を生き抜くプログラミング的思考が身につくシリーズ 5」土屋誠司著 創元社 2021年5月

「AI時代を生き抜くプログラミング的思考が身につくシリーズ 9」土屋誠司著 創元社 2021年9月

「ICTだけじゃない！富士通の働き方改革：社員がやりがいを持って働ける職場環境の実現」富士通エフ・オー・エム株式会社著・制作;富士通株式会社監修 FOM出版 2018年5月

「ICTで生活科：デジタルツールではっぴょうしよう! 2」近畿大学附属小学校著・文;郡山ザベリオ学園小学校著・文;森村学園初等部著・文 フレーベル館 2021年12月

「ICTで生活科：デジタルツールではっぴょうしよう! 3」近畿大学附属小学校著;郡山ザベリオ学園小学校著;森村学園初等部著 フレーベル館 2022年2月

「IT人材白書 2019」情報処理推進機構社会基盤センター編 情報処理推進機構 2019年5月

「M&Aコンサルタントという仕事」牟禮知仁著 幻冬舎メディアコンサルティング 幻冬舎 2023年7月

「Spotify：新しいコンテンツ王国の誕生」スベン・カールソン著;ヨーナス・レイヨンフーフブッド著;池上明子訳 ダイヤモンド社 2020年6月

「あと20年でなくなる50の仕事―青春新書INTELLIGENCE」水野操著 青春出版社 2015年4月

「アンテナの仕組み：なぜ地デジは魚の骨形でBSは皿形なのか」小暮裕明著;小暮芳江著 講談社（ブルーバックス）2014年6月

「イスラエルがすごい：マネーを呼ぶイノベーション大国」熊谷徹著 新潮社（新潮新書）2018年11月

「カラー図解でわかる通信のしくみ：あなたはインターネット&モバイル通信をどこまで理解していますか?」井上伸雄著 SBクリエイティブ 2013年11月

「くらしに役立つソーシャルスキル：よりよく暮らす・働く・楽しむ」石塚謙二監修;明官茂監修 東洋館出版社 2021年1月

「くらしをべんりにする新・情報化社会の大研究 2」藤川大祐監修 岩崎書店 2021年2月

「くらしをべんりにする新・情報化社会の大研究 3」藤川大祐監修 岩崎書店 2021年3月

「くらしをべんりにする新・情報化社会の大研究 4」藤川大祐監修 岩崎書店 2021年3月

情報やメディアの理解を深める

「くらしをべんりにする新・情報化社会の大研究 5」藤川大祐監修 岩崎書店 2021年3月

「これならできる!授業が変わるアクティブラーニング 1」小林昭文編著 汐文社 2016年10月

「シリーズ・貧困を考える 2」稲葉茂勝著;池上彰監修 ミネルヴァ書房 2017年2月

「ビジネス用語図鑑:「知ったかぶり」を解消する!」マイストリート編;浜畠かのうイラスト;佐々木常夫監修 WAVE出版 2019年12月

「ビッグデータという独裁者:「便利」とひきかえに「自由」を奪う」マルク・デュガン著;クリストフ・ラベ著;鳥取絹子訳 筑摩書房 2017年3月

「マンガでわかる!驚くほど仕事がはかどるITツール活用術 = How to Use IT Tools Effectively : 効率よく働いて機嫌のいい職場にするために」菊本洋司著;渡辺基子著;かんべみのりマンガ KADOKAWA 2021年3月

「マンガで学ぶ情報倫理:わたしたちは情報化社会とどうつきあえばよいのか」水谷雅彦著;森下恵マンガ 化学同人 2023年7月

「やさしくわかるデジタル時代の情報モラル 1」松下孝太郎共著;山本光共著 技術評論社 2020年8月

「わたし×IT=最強説:女子&ジェンダーマイノリティがITで活躍するための手引書」Waffle著;森田久美子執筆;田中沙弥果監修;斎藤明日美監修;辻田健作監修;森田久美子監修 リトルモア 2023年3月

「医療的ケア児者を包摂する教育支援とICT活用 = Educational Support and ICT Utilization including support for students needing medical care」山本智子著;山本勇監修 北樹出版 2023年1月

「科学がひらくスマート農業・漁業 1」小泉光久著;大谷隆二監修;寺坂安里絵 大月書店 2018年9月

「科学がひらくスマート農業・漁業 4」小泉光久著;寺坂安里絵 大月書店 2019年4月

「起業家という生き方—発見!しごと偉人伝」小堂敏郎著;谷隆一著 ぺりかん社 2014年2月

「最新インターンシップ = Internship : ニューノーマル時代のキャリア形成」古閑博美編著;牛山佳菜代編著 学文社 2023年1月

「自分と未来のつくり方:情報産業社会を生きる」石田英敬著 岩波書店(岩波ジュニア新書) 2010年6月

「情報最新トピック集:高校版 2018」久野靖監修;佐藤義弘監修;辰己丈夫監修;中野由章監修;佐藤義弘著;辰己丈夫著;中野由章著;清水哲郎著;能城茂雄著;岩元直久著;大島篤著;勝村幸博著 日経BP社 2018年1月

「情報最新トピック集:高校版 2019」久野靖監修;佐藤義弘監修;辰己丈夫監修;中野由章監修;佐藤義弘著;辰己丈夫著;中野由章著;清水哲郎著;能城茂雄著;岩元直久著;大島篤著;勝村幸博著 日経BP社 2019年2月

情報やメディアの理解を深める

「情報最新トピック集：高校版 2020」久野靖監修;佐藤義弘監修;辰己丈夫監修;中野由章監修;佐藤義弘著;辰己丈夫著;中野由章著;清水哲郎著;能城茂雄著;岩元直久著;大島篤著;勝村幸博著 日経BP 2020年1月

「情報最新トピック集：高校版 2022」佐藤義弘監修;辰己丈夫監修;中野由章監修;佐藤義弘著;辰己丈夫著;中野由章著;清水哲郎著;能城茂雄著;松浦敏雄著;岩元直久著;大島篤著;勝村幸博著 日経BP 2022年2月

「新しい学力」齋藤孝著 岩波書店(岩波新書 新赤版) 2016年11月

「図解コレ1枚でわかる最新ITトレンド 増補改訂4版」斎藤昌義著 技術評論社 2022年10月

「図解まるわかりDXのしくみ」西村泰洋著 翔泳社 2021年10月

「図解まるわかりクラウドのしくみ」西村泰洋著 翔泳社 2020年9月

「政治のしくみを知るための日本の府省しごと事典 7」森田朗監修;こどもくらぶ編 岩崎書店 2018年3月

「全社員生産性10倍計画：1人500円かければ、会社は儲かる！」本間卓哉著 クロスメディア・パブリッシング 2017年6月

「大人は知らない今ない仕事図鑑100」澤井智毅監修;上村彰子構成・文;「今ない仕事」取材班構成・文;ボビコ漫画・イラスト 講談社 2020年8月

「誰も教えてくれない起業のリアル」景山厚著 幻冬舎メディアコンサルティング 2017年9月

「知っておきたい情報社会の安全知識」坂井修一著 岩波書店(岩波ジュニア新書) 2010年3月

「池上彰が注目するこれからの大都市・経済大国 2」池上彰監修;稲葉茂勝訳・著;こどもくらぶ編集 講談社 2015年10月

「池上彰の世界の見方 = Akira Ikegami,How To See the World インド」池上彰著 小学館 2020年7月

「独立・起業の鬼100則」土井貴達著 明日香出版社 2022年12月

「独立志向：昭和のITベンチャー起業家が語る仕事、家族、そして人生」駒井俊之著 幻冬舎メディアコンサルティング 2021年3月

「日本のコンピュータ・IT—世界にはばたく日本力」こどもくらぶ編さん ほるぷ出版 2010年12月

「日本一わかりやすいHRテクノロジー活用の教科書」榊裕葵著 日本法令 2019年4月

「本社は田舎に限る」吉田基晴著 講談社(講談社+α新書) 2018年9月

「躍進するコンテンツ、淘汰されるメディア：メディア大再編」角川歴彦著 毎日新聞出版 2017年6月

「量子論：社会が一変する新技術を生む—14歳からのニュートン超絵解本」ニュートン編集部編著 ニュートンプレス 2022年9月

情報やメディアの理解を深める

ITソリューション

「ITソリューション会社図鑑:未来をつくる仕事がここにある」野村総合研究所監修;青山邦彦絵;日経BPコンサルティング編集 日経BPコンサルティング 2016年4月

「プロのプロセス = Process of the Professionals:情報活用術を身につけよう 1」NHK「アクティブ10プロのプロセス」制作班編 NHK出版 2021年1月

「プロのプロセス = Process of the Professionals:情報活用術を身につけよう 2」NHK「アクティブ10プロのプロセス」制作班編 NHK出版 2021年1月

「プロのプロセス = Process of the Professionals:情報活用術を身につけよう 3」NHK「アクティブ10プロのプロセス」制作班編 NHK出版 2021年1月

「プロのプロセス = Process of the Professionals:情報活用術を身につけよう 4」NHK「アクティブ10プロのプロセス」制作班編 NHK出版 2021年1月

「超リテラシー大全 = LITERACY ENCYCLOPEDIA—sanctuary books」サンクチュアリ出版編 サンクチュアリ出版 2021年7月

アフィリエイト

「お金儲け2.0」川島和正著 三笠書房 2019年8月

アプリ

「〈婚活ビジネス〉急成長のカラクリ」有薗隼人著 扶桑社(扶桑社新書) 2020年1月

「「夢を手に入れる」人がやっている時間術」aya著 自由国民社 2022年2月

「TABO 8完全攻略ブック—『小学8年生』特別号」 小学館 2017年12月

「Web学習アプリ対応C言語入門:スマホ・PCを使いスキマ時間で楽々習得」板谷雄二著 講談社(ブルーバックス) 2019年2月

「Windows8.1はそのまま使うな!—青春新書INTELLIGENCE」リンクアップ著 青春出版社 2014年8月

「スマホでおもちゃを動かしちゃおう!MaBeee活用ブック:ノバルス公認:MaBeeeで電池に魔法をかけよう!」ジャムハウス著 ジャムハウス 2017年12月

「ひらがなでたいけん!スクラッチ:はじめてのプログラミング」いけだとしおぶん ジャムハウス(ときめき×サイエンス:ジャムハウスの科学の本) 2020年3月

「プログラミングでなにができる?:ゲーム・ロボット・AR・アプリ・Webサイト……新時代のモノづくりを体験」杉浦学著;阿部和広監修 誠文堂新光社(子供の科学★ミライサイエンス) 2018年5月

「森部好樹が選ぶ日本のベストベンチャー15社 続」森部好樹著 日経BP社 2017年7月

「世界一わかりやすいテレワーク入門BOOK」越川慎司監修 宝島社 2020年6月

情報やメディアの理解を深める

「大前研一アイドルエコノミーで稼げ!」大前研一編著 プレジデント社(「BBT×プレジデント」エグゼクティブセミナー選書) 2017年2月

インターネット、ウェブ

「「自分」を仕事にする生き方」はあちゅう著 幻冬舎 2017年12月

「0でも億万長者:非常識な3つの稼ぎ方」坂本好隆著 アイバス出版 2017年1月

「100倍売れる文章が書ける!Webライティングのすべてがわかる本」KYOKO著 ソーテック社 2023年1月

「10代からの情報キャッチボール入門:使えるメディア・リテラシー」下村健一著 岩波書店 2015年4月

「10代のためのケータイ心得」スメリー;服部元信まんが;こころ部監修 ポプラ社 2010年3月

「11歳からの正しく怖がるインターネット:大人もネットで失敗しなくなる本」小木曽健著 晶文社 2017年2月

「12歳からはじめるJavaScriptとウェブアプリ」TENTO著 ラトルズ 2017年11月

「12歳までに身につけたいネット・スマホルールの超きほん—未来のキミのためシリーズ」遠藤美季監修 朝日新聞出版 2022年4月

「13歳からの「ネットのルール」:誰も傷つけないためのスマホリテラシーを身につける本―コツがわかる本. ジュニアシリーズ」小木曽健監修 メイツユニバーサルコンテンツ 2020年11月

「13歳からの著作権:正しく使う・作る・発信するための「権利」とのつきあい方がわかる本―コツがわかる本. ジュニアシリーズ」久保田裕監修 メイツユニバーサルコンテンツ 2022年5月

「13歳からはじめるゼロからのC言語ゲームプログラミング教室:Windows XP/Vista/7対応 中級編」大槻有一郎著 ラトルズ 2010年7月

「18歳の著作権入門」福井健策著 筑摩書房(ちくまプリマー新書) 2015年1月

「1億人のインターネット広告:ヒットを生み出す最強メソッド」清野奨共著;津之地佳花共著;嵩本康志共著;村岡雄史共著;平岡雄太共著;堀口英剛共著;染谷昌利共著 エムディエヌコーポレーション 2020年3月

「ACC日本のクリエイティビティ 2022」ACC編集 宣伝会議 2023年3月

「After GAFA:分散化する世界の未来地図」小林弘人著 KADOKAWA 2020年2月

「AI時代を生き抜くプログラミング的思考が身につくシリーズ 3」土屋誠司著 創元社 2020年9月

「AI時代を生き抜くプログラミング的思考が身につくシリーズ 5」土屋誠司著 創元社 2021年5月

「Amazon国内OEM完全ガイド」中村裕紀著;田中雅人著 スタンダーズ・プレス スタンダーズ 2023年2月

情報やメディアの理解を深める

「ECサイト×ブランディング」フラクタ著 宣伝会議 2017年11月

「GIGAスクール時代のネットリテラシー 1」遠藤美季監修 ポプラ社 2023年4月

「GIGAスクール時代のネットリテラシー 2」遠藤美季監修 ポプラ社 2023年4月

「GIGAスクール時代のネットリテラシー 3」遠藤美季監修 ポプラ社 2023年4月

「NEWフリーランスの稼ぎ方 = the way to make money as a "new freelance"」山口拓朗著 明日香出版社 2020年11月

「noteではじめる新しいアウトプットの教室：楽しく続けるクリエイター生活―できるビジネス」コグレマサト著;まつゆう*著 インプレス 2019年9月

「SDGsを学んで新聞を作ろう [5]」ニシ工芸児童教育研究所編 金の星社 2021年3月

「SNSの哲学：リアルとオンラインのあいだ―あいだで考える」戸谷洋志著 創元社 2023年4月

「TikTok運用大全：この一冊ですべてが分かる：誰でもフォロワー1万人が達成できる!《初心者大歓迎》」とっしー著 青志社 2023年12月

「WEB文章術プロの仕掛け66：バズる!ハマる!売れる!集まる!」戸田美紀著;藤沢あゆみ著 日本実業出版社 2023年4月

「YouTuber教室」山田せいこ原作;FULMA株式会社監修;田伊りょうき漫画 ポプラ社（マンガでマスター）2018年8月

「あなたのアクセスはいつも誰かに見られている：Amazon、Yahoo!、Google…大手サイトの裏側」小川卓著 扶桑社（扶桑社新書）2016年5月

「あなたはネットワークを理解していますか？：インターネット時代に欠かせない根っこの知識が確実に身につく!」梅津信幸著 SBクリエイティブ 2014年3月

「イノベーションは、万能ではない」西村吉雄著 日経BP 2019年11月

「イラスト版10分で身につくネット・スマホの使い方：トラブルを回避する34のワーク」竹内和雄編著;ソーシャルメディア研究会著;吉川徹医学監修 合同出版 2022年8月

「インターネット・ゲーム依存症：ネトゲからスマホまで」岡田尊司著 文藝春秋（文春新書）2014年12月

「インターネットにおけるルールとマナーこどもばん 公式テキスト 改訂版」インターネット協会著 インターネット協会 2012年3月

「インターネット新世代」村井純著 岩波書店（岩波新書 新赤版）2010年1月

「ウェブでの〈伝わる〉文章の書き方」岡本真著 講談社（講談社現代新書）2012年12月

「ウェブと調べるインターネットのなりたち―くもんのSTEMナビプログラミング」エコー・エリース・ゴンザレス作;グラハム・ロス絵;山崎正浩訳;石戸奈々子監修 くもん出版 2021年1月

「ウェブを学ぼう、ABC」ジョン・C・ヴァンデン-ヒューヴェル著;アンドレイ・オストロヴスキー著;トム・ホルムス絵;ラパン訳;大日本印刷株式会社訳 教育画劇（プログラミングはじめのいっぽ絵本）2019年2月

情報やメディアの理解を深める

「カラー図解でわかる通信のしくみ：あなたはインターネット&モバイル通信をどこまで理解していますか?」井上伸雄著 SBクリエイティブ 2013年11月

「くらしをべんりにする新・情報化社会の大研究 1」藤川大祐監修 岩崎書店 2021年3月

「ゲームとアニメーション：天才プログラマー矢倉大夢がわかりやすく日本語訳!」ヘザー・リオンズ著;矢倉大夢訳 保育社（こどものためのプログラミング）2019年7月

「けん玉学：起源から技の種類・世界のけん玉まで」窪田保著;こどもくらぶ編 今人舎 2015年7月

「これから始めるクラウド入門：あなたも使えるITの先進技術 2010年度版」リブロワークス著 講談社（ブルーバックス）2010年9月

「サイバー攻撃：ネット世界の裏側で起きていること」中島明日香著 講談社（ブルーバックス）2018年1月

「サバイバル!炎上アイドル三姉妹がゆく：マンガで学ぶデジタル時代の「人を動かす」」D・カーネギー協会原作;たかうま創漫画 創元社 2017年4月

「しくじりから学ぶ13歳からのスマホルール」島袋コウ著 旬報社 2020年2月

「シリーズ・貧困を考える 2」稲葉茂勝著;池上彰監修 ミネルヴァ書房 2017年2月

「スパイ学：国際スパイになるために」アンディ・ブリッグス著;こどもくらぶ訳・編集 今人舎 2016年9月

「スマホ廃人」石川結貴著 文藝春秋（文春新書）2017年4月

「ずるい検索：賢い人は、「調べ方」で差を付ける」江尻俊章著 クロスメディア・パブリッシング インプレス 2023年7月

「ゼロイチ起業：SMALL COMMUNITY REVOLUTION」深作浩一郎著 サンライズパブリッシング 2018年9月

「ゼロ起業を叶える「最初の1歩」：オンライン起業で成功するにはSNSよりも電子書籍がオススメ」大村小太郎著 セルバ出版 2021年6月

「その情報、本当ですか?：ネット時代のニュースの読み解き方」塚田祐之著 岩波書店（岩波ジュニア新書）2018年2月

「その情報はどこから?：ネット時代の情報選別力」猪谷千香著 筑摩書房（ちくまプリマー新書）2019年2月

「つながりを煽られる子どもたち：ネット依存といじめ問題を考える」土井隆義著 岩波書店（岩波ブックレット）2014年6月

「デジタルエコノミーの罠：なぜ不平等が生まれ、メディアは衰亡するのか」マシュー・ハインドマン著;山形浩生訳 NTT出版 2020年11月

「デジタル世界の歩き方：デジタル機器を自分らしく、自信をもって使うためのガイドーいま・生きる・ちからシリーズ」狩野さやか著 ほるぷ出版 2023年12月

情報やメディアの理解を深める

「どんどんめくってはっけん!コンピュータのひみつ」ロージー・ディキンズ文;コリン・キング絵;木村敦美訳;石戸奈々子監修 学研プラス 2018年12月

「なやみと〜る:〈ききめ〉おなやみ解決・はげまし 5」梶塚美帆著;高橋暁子監修;北川雄一監修;つぼいひろえ絵 岩崎書店 2018年1月

「ネット・スマホ攻略術 = Net and Smartphone Strategy : ネットが最強のパートナーになる:デジタルネイティブのための─1時間で一生分の「生きる力」; 1」山崎聡一郎著;藤川大祐監修;茅なやイラスト・まんが 講談社 2021年4月

「ネットで見たけどこれってホント? 2」北折一著 少年写真新聞社 2016年10月

「ネットで見たけどこれってホント? 3」北折一著 少年写真新聞社 2016年11月

「ネットで見つけた怖い話超百科」都市伝説研究会編 ポプラ社(これマジ?ひみつの超百科) 2018年6月

「ネットとSNSを安全に使いこなす方法」ルーイ・ストウェル著;小寺敦子訳 東京書籍(U18世の中ガイドブック) 2020年4月

「ネットの約束:今から知っておきたいルールとマナー」日経BPコンサルティング情報セキュリティ研究会著;NTT東日本経営企画部営業戦略推進室監修 日経BPコンサルティング 2021年4月

「ネットフリックスvs.ディズニー = NETFLIX vs. Disney+ : ストリーミングで変わるメディア勢力図」大原通郎著 日経BP日本経済新聞出版本部 2021年3月

「ネット検索が怖い:ネット被害に遭わないために─未来へのトビラ ; File No.010」神田知宏著 ポプラ社(ポプラ選書) 2019年4月

「ネット時代の「取材学」:真実を見抜き、他人とつながるコミュニケーション力の育て方」藤井誠二著 IBCパブリッシング 2017年10月

「ネット断ち:毎日の「つながらない1時間」が知性を育む─青春新書INTELLIGENCE」齋藤孝著 青春出版社 2019年1月

「はじめてのGmail入門 第5版」桑名由美著 秀和システム(BASIC MASTER SERIES) 2021年3月

「ひとりだちするためのトラブル対策:予防・回避・対処が学べる」子どもたちの自立を支援する会編集 日本教育研究出版 2014年11月

「ひとりだちするためのトラブル対策:予防・回避・対処が学べる 改訂版」子どもたちの自立を支援する会編 日本教育研究出版 2016年7月

「ひと目でわかる最新情報モラル:ネット社会を賢く生きる実践スタディ 高校版 第2版」大橋真也;森夏節;立田ルミ;小杉直美;橘孝博;早坂成人;曽我聡起;高瀬敏樹;石坂徹;辰島裕美著 日経BP社 2011年12月

情報やメディアの理解を深める

「ひと目でわかる最新情報モラル：高校版：ネット社会を賢く生きる実践スタディ」大橋真也;森夏節;立田ルミ;小杉直美;橘孝博;早坂成人;曽我聰起;高瀬敏樹;石坂徹;辰島裕美;山田祐仁著 日経BP社 2010年1月

「ファンをはぐくみ事業を成長させる「コミュニティ」づくりの教科書」河原あず著;藤田祐司著 ダイヤモンド社 2020年6月

「フェイクウェブ」高野聖玄著;セキュリティ集団スプラウト著 文藝春秋（文春新書）2019年5月

「フェイスブックの失墜」シーラ・フレンケル著;セシリア・カン著;長尾莉紗訳;北川蒼訳 早川書房 2022年3月

「プログラミングでなにができる？：ゲーム・ロボット・AR・アプリ・Webサイト……新時代のモノづくりを体験」杉浦学著;阿部和広監修 誠文堂新光社（子供の科学★ミライサイエンス）2018年5月

「ペンタゴンの頭脳：世界を動かす軍事科学機関DARPA」アニー・ジェイコブセン著;加藤万里子訳 太田出版 2017年4月

「ポイントでマスター基礎からはじめる情報リテラシー」杉本くみ子著;大澤栄子著 実教出版 2019年5月

「ポイントでマスター基礎からはじめる情報リテラシー」杉本くみ子ほか著;大澤栄子ほか著 実教出版 2023年2月

「ポイント整理情報モラル 第8版」数研出版編集部編 数研出版 2016年10月

「マクドナルドはなぜケータイで安売りを始めたのか？：クーポン・オマケ・ゲームのビジネス戦略―講談社biz」吉本佳生著 講談社 2010年11月

「マンガあなたの夢を叶える！ネットでスモールM&A = Small-sized M&A to make your dream come true」大山敬義著;とこのまマンガ クロスメディア・パブリッシング 2021年7月

「まんがでプログラミング：進め!けやき坂クリエイターズ Scratch 3.0編」橋爪香織著;たきりょうこ著;阿部和広監修;うめ監修 インプレス 2021年6月

「マンガでわかるオトコの子の「性」：思春期男子へ13のレッスン」村瀬幸浩監修;染矢明日香著;みすこそマンガ 合同出版 2015年6月

「マンガで笑って、言葉の達人！超こども言いかえ図鑑」川上徹也著;小川晶子著 Gakken 2023年7月

「ミラクル相談室ネット&スマホのトリセツ」西谷雅史監修 西東社 2022年9月

「みんなが知りたい！「モノのしくみ」イラスト図鑑―まなぶっく」コスモピア著 メイツ出版 2018年9月

「みんなが知りたい！「モノのしくみ」がわかる本―まなぶっく」コスモピア著 メイツ出版 2011年6月

「みんなの命と生活をささえるインフラってなに？ 3」こどもくらぶ編 筑摩書房 2017年9月

情報やメディアの理解を深める

「メールはなぜ届くのか：インターネットのしくみがよくわかる」草野真一著 講談社（ブルーバックス）2014年5月

「メディアをつくる：「小さな声」を伝えるために」白石草著 岩波書店（岩波ブックレット）2011年11月

「メルカリ：希代のスタートアップ、野心と焦りと挑戦の5年間」奥平和行著 日経BP社 2018年11月

「もしものための防犯ゼミナール」学研プラス編集 学研プラス 2021年2月

「もっと知りたい！話したい！セクシュアルマイノリティありのままのきみがいい3」日高庸晴著;サカイノビーイラスト 汐文社 2016年3月

「もやもやラボ：キミのお悩み攻略BOOK!」シオリーヌ著 小学館クリエイティブ 2021年6月

「やさしくわかるデジタル時代の情報モラル 1」松下孝太郎共著;山本光共著 技術評論社 2020年8月

「やさしくわかるデジタル時代の情報モラル 2」松下孝太郎共著;山本光共著 技術評論社 2020年8月

「やさしくわかるデジタル時代の情報モラル 3」松下孝太郎共著;山本光共著 技術評論社 2020年8月

「やさしくわかるデジタル時代の情報モラル 4」松下孝太郎共著;山本光共著 技術評論社 2020年8月

「やさしくわかるデジタル時代の情報モラル 5」松下孝太郎共著;山本光共著 技術評論社 2020年8月

「やさしくわかるデジタル時代の著作権 1」山本光監修・著;松下孝太郎著 技術評論社 2019年8月

「やさしくわかるデジタル時代の著作権 2」山本光監修・著;松下孝太郎著 技術評論社 2019年8月

「やさしくわかるデジタル時代の著作権 3」山本光監修・著;松下孝太郎著 技術評論社 2019年8月

「やさしさをまとった殲滅の時代」堀井憲一郎著 講談社（講談社現代新書）2013年10月

「らくらくインターネット：しくみがわかるとこんなに楽しい――子どものためのパソコンはじめてシリーズ；3」山口旬子著 自由国民社 2010年1月

「リモート生活でレクリエーション！1」鉄矢悦朗監修 教育画劇 2021年2月

「リモート生活でレクリエーション！2」鉄矢悦朗監修 教育画劇 2021年4月

「ルビィのぼうけん [3]」リンダ・リウカス作;鳥井雪訳 翔泳社 2018年12月

「英語に好かれるとっておきの方法：4技能を身につける」横山カズ著 岩波書店（岩波ジュニア新書）2016年6月

情報やメディアの理解を深める

「革命的に稼げるインスタ運用法：3ヶ月で1万フォロワー・月10万円を叶える」カイシャイン著 KADOKAWA 2023年10月

「学校で知っておきたい知的財産権 3」おおつかのりこ文;細野哲弘監修;藤原ヒロコ絵 汐文社 2021年1月

「学校で知っておきたい著作権 3」小寺信良著;上沼紫野監修;インターネットユーザー協会監修 汐文社 2017年2月

「気をつけよう!SNS 3（依存しないために）」小寺信良著 汐文社 2014年2月

「気をつけよう!スマートフォン 1（スマートフォンとインターネット）」小寺信良著 汐文社 2014年10月

「気をつけよう!スマートフォン 3（つながり依存）」小寺信良著 汐文社 2015年3月

「気をつけよう!ネット動画 2」小寺信良監修 汐文社 2020年3月

「気をつけよう!ネット動画 3」小寺信良監修 汐文社 2020年3月

「気をつけよう!情報モラル 3（著作権・肖像権編）」永坂武城監修;秋山浩子文;平田美咲イラスト 汐文社 2013年3月

「気をつけよう!情報モラル 4」原克彦監修;秋山浩子編;イケガメシノイラスト 汐文社 2017年12月

「気をつけよう!情報モラル 5」秋山浩子編集;原克彦監修 汐文社 2018年2月

「気をつけよう!情報モラル 6」秋山浩子編集;原克彦監修;イケガメシノイラスト 汐文社 2018年3月

「急いでデジタルクリエイティブの本当の話をします。」小霜和也著 宣伝会議 2017年7月

「金融がやっていること」永野良佑著 筑摩書房（ちくまプリマー新書）2012年6月

「月900円!からのiPhone活用術―青春新書INTELLIGENCE」武井一巳著 青春出版社 2014年12月

「見てわかる情報モラル：ディジタル世代のための情報社会の歩き方22 Lesson」辰己丈夫監修;能城茂雄他編著 日本文教出版 2012年3月

「広げる、まとめる、思考ツール 1―光村の国語」髙木まさき監修;青山由紀編集;松永立志編集 光村教育図書 2021年3月

「広げる、まとめる、思考ツール 2―光村の国語」髙木まさき監修;青山由紀編集;松永立志編集 光村教育図書 2021年2月

「広げる、まとめる、思考ツール 3―光村の国語」髙木まさき監修;青山由紀編集;松永立志編集 光村教育図書 2021年3月

「考えよう!話しあおう!これからの情報モラル：GIGAスクール時代に 1」藤川大祐監修 偕成社 2022年2月

情報やメディアの理解を深める

「考えよう!話しあおう!これからの情報モラル：GIGAスクール時代に 2」藤川大祐監修 偕成社 2022年4月

「考えよう!話しあおう!これからの情報モラル：GIGAスクール時代に 3」藤川大祐監修 偕成社 2022年4月

「考えよう!話しあおう!これからの情報モラル：GIGAスクール時代に 4」藤川大祐監修 偕成社 2022年3月

「考える力がつく本：本、新聞、ネットの読み方、情報整理の「超」入門」池上彰著 小学館（小学館文庫プレジデントセレクト）2017年12月

「高校生からはじめるプログラミング」吉村総一郎著 KADOKAWA 2017年4月

「高校生のためのiパス入門 第3版」秋山崇著 インフォテック・サーブ 2020年3月

「高校生のための選挙入門 = An Introduction to Election for High School Students」斎藤一久編著 三省堂 2016年7月

「高校生のための東大授業ライブ ガクモンの宇宙」東京大学教養学部編 東京大学出版会 2012年4月

「合意ってなに?なぜだいじなの?」ルイーズ・スピルズベリー著;ヤズ・ネジャティ著;小島亜佳莉訳 創元社（国際化の時代に生きるためのQ&A）2018年11月

「国語で使える!グラフや表を用いて書こう」青山由紀監修 あかね書房 2021年1月

「最新ネットのキーワード図鑑：情報モラルを身につけよう!」島袋コウ監修;河合千明ブックデザイン・イラスト;にしだきょうこマンガ 旬報社 2023年2月

「産業とくらしを変える情報化 3（医療を変える情報ネットワーク）」堀田龍也監修 学研教育出版 2012年2月

「産業とくらしを変える情報化 4（防災を変える情報ネットワーク）」堀田龍也監修 学研教育出版 2012年2月

「産業とくらしを変える情報化 5（教育・福祉を変える情報ネットワーク）」堀田龍也監修 学研教育出版 2012年2月

「産業とくらしを変える情報化 6（くらしを変える情報ネットワーク）」堀田龍也監修 学研教育出版 2012年2月

「史上最強の内定獲得術」武藤孝幸著 秀和システム 2020年3月

「事例でわかる情報モラル：30テーマ 2018」実教出版編修部編 実教出版 2018年2月

「事例でわかる情報モラル：30テーマ 2019」実教出版編修部編 実教出版 2019年2月

「事例でわかる情報モラル：30テーマ 2020」実教出版編修部編 実教出版 2020年2月

「事例でわかる情報モラル：30テーマ 2021」実教出版編修部編 実教出版 2021年2月

「時代（とき）を映すインフラ：ネットと未来―丸善ライブラリー；387」漆谷重雄著;栗本崇著;情報・システム研究機構国立情報学研究所監修 丸善出版 2016年10月

情報やメディアの理解を深める

「時代をきりひらくIT企業と創設者たち 3」ブジェジナ著;スタジオアラフ訳;中村伊知哉監修; 岩崎書店 2013年2月

「時代をきりひらくIT企業と創設者たち 5」スーザン・メイヤー著;スタジオアラフ訳;熊坂仁美監修 岩崎書店 2013年2月

「実技で学ぶ情報モラル」日本情報処理検定協会編 日本情報処理検定協会 2019年4月

「実験でわかるインターネット」岡嶋裕史著 岩波書店(岩波ジュニア新書) 2010年3月

「写真とデータでわかる平成時代 4」時事通信社編 ポプラ社 2019年4月

「就活のコノヤロー：ネット就活の限界。その先は?」石渡嶺司著 光文社(光文社新書) 2013年12月

「集団に流されず個人として生きるには」森達也著 筑摩書房(ちくまプリマー新書) 2023年3月

「小中学生のための初めて学ぶ著作権：学習指導要領対応―あさがく選書；1」岡本薫著 朝日学生新聞社 2011年6月

「小中学生のための初めて学ぶ著作権 新装改訂版」岡本薫著 朝日学生新聞社 2019年8月

「情報最新トピック集：高校版 2013」久野靖監修;佐藤義弘監修;辰己丈夫監修;中野由章監修 日経BP社 2012年12月

「情報最新トピック集：高校版 2014」久野靖監修;佐藤義弘監修;辰己丈夫監修;中野由章監修;佐藤義弘著;辰己丈夫著;中野由章著;清水哲郎著;岩元直久;大島篤著;勝村幸博著 日経BP社 2013年12月

「情報最新トピック集：高校版 2015」久野靖監修;佐藤義弘監修;辰己丈夫監修;中野由章監修;佐藤義弘著;辰己丈夫著;中野由章著;清水哲郎著;岩元直久著;大島篤著;勝村幸博著 日経BP社 2015年1月

「情報最新トピック集：高校版 2016」久野靖監修;佐藤義弘監修;辰己丈夫監修;中野由章監修;佐藤義弘著;辰己丈夫著;中野由章著;清水哲郎著;岩元直久著;大島篤著;勝村幸博著 日経BP社 2016年1月

「情報最新トピック集：高校版 第3版」久野靖;辰己丈夫;佐藤義弘監修 日経BP社 2010年12月

「情報最新トピック集：高校版 第4版」辰己丈夫;佐藤義弘;清水哲郎;中野由章;大島篤;岩元直久著;久野靖;辰己丈夫;佐藤義弘監修 日経BP社 2011年12月

「職場体験完全ガイド 13」ポプラ社 2010年3月

「振り回されないメール術：状況を改善する「適切な書き方」」田村仁著 講談社(ブルーバックス) 2012年1月

「新・図解チャートよくわかる実習〈情報〉：Windows Vista・7/Office2007・2010 第3版」定平誠著;棟居義弘著 技術評論社 2012年11月

「新だれにも聞けないなやみ相談の本：自分で、自分にアドバイス 5」池田真理子著;下田博次著 学研教育出版 2014年2月

情報やメディアの理解を深める

「新ヒットの方程式：ソーシャルメディア時代は「モノ」を売るな「共感」を売れ!」物延秀著 宝島社 2017年12月

「人生を変えるゼロ時間労働」片山真一著 自由国民社 2021年1月

「人生を変える最強のコミュニティづくり：人々を結びつけ、共感を生む方法」美宝れいこ著 ぱる出版 2023年8月

「図解チャートよくわかる実習情報 第4版」定平誠著;斎藤忍著;木村亮太著 技術評論社 2014年1月

「世界をかえたインターネットの会社 2 (Appleものがたり)」アダム・サザーランド原著;稲葉茂勝訳・著 ほるぷ出版 2012年8月

「世界をかえたインターネットの会社 3 (Googleものがたり)」アダム・サザーランド原著;稲葉茂勝訳・著 ほるぷ出版 2012年8月

「世界一ハードルが低い!1日1時間らくらく起業術」清水和希著 ぱる出版 2017年10月

「世界一わかりやすい!プログラミングのしくみ」サイボウズ著;月刊Newsがわかる編 毎日新聞出版 2018年3月

「正しいコピペのすすめ：模倣、創造、著作権と私たち」宮武久佳著 岩波書店(岩波ジュニア新書) 2017年3月

「他人の不幸を願う人」片田珠美著 中央公論新社(中公新書ラクレ) 2015年6月

「大人になるってどういうこと?：みんなで考えよう18歳成人」神内聡著 くもん出版 2022年1月

「大人を黙らせるインターネットの歩き方」小木曽健著 筑摩書房(ちくまプリマー新書) 2017年5月

「誰でもできるやさしい作曲術。:「やりたい」と思ったら、必ずできるようになる!:45分でわかる!—Magazine house 45 minutes series ; #22」青島広志著 マガジンハウス 2011年12月

「知っておきたい情報社会の安全知識」坂井修一著 岩波書店(岩波ジュニア新書) 2010年3月

「池上彰さんと学ぶみんなのメディアリテラシー：知っていると便利知らなきゃ怖いメディアのルールと落とし穴 1 (メディアの役割とその仕組み)」池上彰監修 学研教育出版 2015年2月

「池上彰と考えるフェイクニュースの見破り方 3」池上彰監修 文溪堂 2019年3月

「池上彰と考えるフェイクニュースの見破り方 4」池上彰監修 文溪堂 2019年3月

「池上彰のなるほど!現代のメディア 4」池上彰日本語版監修 文溪堂 2011年2月

「池上彰のみんなで考えよう18歳からの選挙 3」池上彰監修 文溪堂 2016年3月

「池上彰のみんなで考えよう18歳からの選挙 4」池上彰監修 文溪堂 2016年3月

「池上彰の新聞活用大事典：調べてまとめて発表しよう! 1 (新聞って面白い!)」池上彰監修 文溪堂 2013年3月

情報やメディアの理解を深める

「池上彰の世界の見方 = Akira Ikegami,How To See the World：15歳に語る現代世界の最前線」池上彰著 小学館 2015年11月

「中学校の授業でネット中傷を考えた：指先ひとつで加害者にならないために」宇多川はるか著 講談社 2023年7月

「中高生からのライフ&セックスサバイバルガイド」松本俊彦編;岩室紳也編;古川潤哉編 日本評論社 2016年8月

「中高生のためのケータイ・スマホハンドブック」今津孝次郎監修;金城学院中学校高等学校編著 学事出版 2013年9月

「超デジタル世界：DX、メタバースのゆくえ」西垣通著 岩波書店(岩波新書 新赤版) 2023年1月

「超広告批評：広告がこれからも生き延びるために」池本孝慈著 財界展望新社(zaiten Books) 2019年9月

「通信会社図鑑—未来をつくる仕事がここにある」NTT東日本監修;いわた慎二郎絵;日経BPコンサルティング編集 日経BP 2021年9月

「頭が良くなるインプット：どんどん知識がふえる!」齋藤孝著 主婦の友社 2021年8月

「届く!刺さる!!売れる!!!キャッチコピーの極意」弓削徹著 明日香出版社 2019年1月

「日本あっちこっち：「データ+地図」で読み解く地域のすがた」加藤一誠監修・執筆;河原典史監修・執筆;飯塚公藤執筆・編集;河原和之執筆・編集 清水書院 2021年8月

「日本のインフラ：県別データでよくわかる 4」伊藤毅監修 ほるぷ出版 2017年3月

「日本のコンピュータ・IT—世界にはばたく日本力」こどもくらぶ編さん ほるぷ出版 2010年12月

「日本国憲法ってなに? 2」伊藤真著 新日本出版社 2017年4月

「売れるランディングページ改善の法則」平岡大輔著 技術評論社 2023年5月

「必ずバズる!TikTok：本当に稼げるTikTokの使い方」しずく社長著 玄文社 2023年4月

「文化や歴史やってみよう!6テーマ—光村の国語情報活用調べて、考えて、発信する；1」髙木まさき監修;森山卓郎監修;青山由紀編;成田真紀編 光村教育図書 2015年12月

「便利!危険?自分を守るネットリテラシー [1]」遠藤美季監修 金の星社 2023年11月

「便利!危険?自分を守るネットリテラシー [2]」遠藤美季監修 金の星社 2023年12月

「方言萌え!?：ヴァーチャル方言を読み解く」田中ゆかり著 岩波書店(岩波ジュニア新書) 2016年12月

「暴走するネット広告：1兆8000億円市場の落とし穴」NHK取材班著 NHK出版(NHK出版新書) 2019年6月

「毎日新聞社記事づくりの現場—このプロジェクトを追え!」深光富士男文 佼成出版社 2013年8月

情報やメディアの理解を深める

「無理せず楽に楽しく、好きな仕事で自立する方法："あなたらしさ"を出せば、自然と行列ができる!」中尾亜由美著 つた書房 2017年4月

「友だちってひつようなの?―齋藤孝の「負けない!」シリーズ；3」齋藤孝著;いぢちひろゆきマンガ PHP研究所 2018年9月

「友だちは永遠じゃない：社会学でつながりを考える」森真一著 筑摩書房(ちくまプリマー新書) 2014年11月

「遊べる!わかる!みんなのプログラミング入門：子どもたち集まれ!」吉田潤子著 リックテレコム 2016年3月

「理系のためのクラウド知的生産術：メール処理から論文執筆まで」堀正岳著 講談社(ブルーバックス) 2012年1月

「旅が好きだ!：21人が見つけた新たな世界への扉―14歳の世渡り術」河出書房新社編;角田光代著;ほか著 河出書房新社 2020年6月

「話す・聞く・つながるコミュニケーション上手になろう! 3」藤野博監修;松井晴美イラスト 旬報社 2021年1月

「話す力・聞く力がぐんぐん育つ発表の時間 1」学研プラス編集 学研プラス 2021年2月

「話す力・聞く力がつく発表レッスン：相手に伝わる発表ができるようになる! 4 (活用編 教科での発表)」梅澤実監修 学研教育出版 2014年2月

インターネット、ウェブ＞Web解析、アクセス解析

「営業生産性を高める!「データ分析」の技術」高橋威知郎著 同文舘出版(DO BOOKS) 2017年9月

インターネット、ウェブ＞Webサイト

「AMAZON：アマゾンがわかる」GAFAリサーチ・ジャパン編著 ソシム 2018年5月

「DeNAと万引きメディアの大罪」別冊宝島編集部編 宝島社 2017年3月

「WEB文章術プロの仕掛け66：バズる!ハマる!売れる!集まる!」戸田美紀著;藤沢あゆみ著 日本実業出版社 2023年4月

「急いでデジタルクリエイティブの本当の話をします。」小霜和也著 宣伝会議 2017年7月

「早稲田式起業論」岡﨑員士著 風詠社 2022年10月

「朝日新聞ウェブ記者のスマホで「読まれる」「つながる」文章術」奥山晶二郎著 ディスカヴァー・トゥエンティワン 2023年2月

「僕は夢のような街をみんなで創ると決め、世界初の出前サイト「出前館」を起業した。」花蜜幸伸著 ソトコト・プラネット 2022年2月

情報やメディアの理解を深める

インターネット、ウェブ＞ウェブデザイン

「12歳からはじめるHTML5とCSS3」TENTO著 ラトルズ 2013年1月

「楽しいウェブカラーの世界へようこそ!」ジョン・C・ヴァンデン-ヒューヴェル著;ラパン訳;大日本印刷株式会社訳 教育画劇(プログラミングはじめのいっぽ絵本) 2019年4月

インターネット、ウェブ＞音楽配信

「ネットオーディオ入門：オーディオ史上最高の音質を楽しむ」山之内正著 講談社(ブルーバックス) 2013年10月

インターネット、ウェブ＞Google Earth

「Google Earthで行く火星旅行」後藤和久著;小松吾郎著 岩波書店(岩波科学ライブラリー) 2012年8月

インターネット、ウェブ＞Google マップ

「オン・ザ・マップ：地図と人類の物語」サイモン・ガーフィールド著;黒川由美訳 太田出版(ヒストリカル・スタディーズ) 2014年12月

インターネット、ウェブ＞クラウドサービス

「理系のためのクラウド知的生産術：メール処理から論文執筆まで」堀正岳著 講談社(ブルーバックス) 2012年1月

インターネット、ウェブ＞検索エンジン

「ずるい検索：賢い人は、「調べ方」で差を付ける」江尻俊章著 クロスメディア・パブリッシング インプレス 2023年7月

「仕事がぐんぐん加速するパソコン即効冴えワザ82：時間のロスを減らす会心のテクニック」トリプルウイン著 講談社(ブルーバックス) 2011年5月

インターネット、ウェブ＞サイバー攻撃

「サイバーセキュリティ」谷脇康彦著 岩波書店(岩波新書 新赤版) 2018年10月

「サイバー攻撃：ネット世界の裏側で起きていること」中島明日香著 講談社(ブルーバックス) 2018年1月

「サイバー時代の戦争」谷口長世著 岩波書店(岩波新書 新赤版) 2012年11月

インターネット、ウェブ＞デジタルタトゥー

「子どもコンプライアンス」山本一宗著;どんぐり。イラスト ワニブックス 2023年4月

情報やメディアの理解を深める

インターネット、ウェブ＞ネット被害、ネット犯罪

「一流家電メーカー「特殊対応」社員の告白」笹島健治著 ディスカヴァー・トゥエンティワン（ディスカヴァー携書）2017年11月

インターネット、ウェブ＞ブログ

「シャープの中からの風景：シャープ社員がブログに綴った3年間」元シャープ社員A著 宝島社 2017年3月

「まんがでわかる「もっと幸せに働こう」：最速でインフルエンサーになる方法」MB著;堀田純司シナリオ;瀬川サユリ作画 集英社 2021年7月

「古教心を照らす」北尾吉孝著 経済界 2017年11月

インターネット、ウェブ＞ホームページ

「100倍売れる文章が書ける!Webライティングのすべてがわかる本」KYOKO著 ソーテック社 2023年1月

「12歳からはじめるHTML5とCSS3」TENTO著 ラトルズ 2013年1月

「ICTで生活科：デジタルツールではっぴょうしよう！2」近畿大学附属小学校著・文;郡山ザベリオ学園小学校著・文;森村学園初等部著・文 フレーベル館 2021年12月

「ウェブでの〈伝わる〉文章の書き方」岡本真著 講談社（講談社現代新書）2012年12月

「高校生からはじめるプログラミング 改訂版」吉村総一郎著 KADOKAWA 2021年7月

「実験でわかるインターネット」岡嶋裕史著 岩波書店（岩波ジュニア新書）2010年3月

「入門者のJavaScript：作りながら学ぶWebプログラミング」立山秀利著 講談社（ブルーバックス）2014年1月

インターネット、ウェブ＞マッチングサイト

「「たったひと言」で好かれる人になる：3秒で心をつかむ!SNS&メールの黄金フレーズ」白鳥マキ著 笠倉出版社 2021年6月

インターネット、ウェブ＞ランディングページ(LP)

「売れるランディングページ改善の法則」平岡大輔著 技術評論社 2023年5月

SNS（ソーシャル・ネットワーキング・サービス）

「#教師のバトンとはなんだったのか：教師の発信と学校の未来」内田良著;斉藤ひでみ著;嶋﨑量著;福嶋尚子著 岩波書店（岩波ブックレット）2021年12月

「「たったひと言」で好かれる人になる：3秒で心をつかむ!SNS&メールの黄金フレーズ」白鳥マキ著 笠倉出版社 2021年6月

情報やメディアの理解を深める

「「ぴえん」という病：SNS世代の消費と承認」佐々木チワワ著 扶桑社(扶桑社新書) 2022年1月

「「空気」を読んでも従わない：生き苦しさからラクになる」鴻上尚史著 岩波書店(岩波ジュニア新書) 2019年4月

「「私」を伝える文章作法」森下育彦著 筑摩書房(ちくまプリマー新書) 2015年3月

「「友だち」から自由になる」石田光規著 光文社(光文社新書) 2022年9月

「10代と語る英語教育：民間試験導入延期までの道のり」鳥飼玖美子著 筑摩書房(ちくまプリマー新書) 2020年8月

「10代と考える「スマホ」：ネット・ゲームとかしこくつきあう」竹内和雄著 岩波書店(岩波ジュニアスタートブックス) 2022年2月

「11歳からの正しく怖がるインターネット：大人もネットで失敗しなくなる本」小木曽健著 晶文社 2017年2月

「13歳からの「ネットのルール」：誰も傷つけないためのスマホリテラシーを身につける本―コツがわかる本．ジュニアシリーズ」小木曽健監修 メイツユニバーサルコンテンツ 2020年11月

「13歳からの著作権：正しく使う・作る・発信するための「権利」とのつきあい方がわかる本―コツがわかる本．ジュニアシリーズ」久保田裕監修 メイツユニバーサルコンテンツ 2022年5月

「18歳の著作権入門」福井健策著 筑摩書房(ちくまプリマー新書) 2015年1月

「18歳選挙権で政治は変わるのか―ディスカヴァー携書」21世紀の政治を考える政策秘書有志の会[著] ディスカヴァー・トゥエンティワン 2016年6月

「9割が知らない！売れる「動画」」大原昌人著 青春出版社 2023年4月

「AI時代を生き抜くプログラミング的思考が身につくシリーズ 3」土屋誠司著 創元社 2020年9月

「GIGAスクール時代のネットリテラシー 2」遠藤美季監修 ポプラ社 2023年4月

「POPULAR「人気」の法則：[人を惹きつける謎の力]」ミッチ・プリンスタイン著;茂木健一郎訳・解説 三笠書房 2018年8月

「SNSって面白いの？：何が便利で、何が怖いのか」草野真一著 講談社(ブルーバックス) 2015年7月

「SNSで売る！：「いいね」を「買います」に変えるテクニック」鈴木宏佳著 合同フォレスト 2020年5月

「SNSの哲学：リアルとオンラインのあいだ―あいだで考える」戸谷洋志著 創元社 2023年4月

「SNS変遷史：「いいね！」でつながる社会のゆくえ」天野彬著 イースト・プレス(イースト新書) 2019年10月

「TikTok運用大全：この一冊ですべてが分かる：誰でもフォロワー1万人が達成できる！《初心者大歓迎》」とっしー著 青志社 2023年12月

情報やメディアの理解を深める

「WEB文章術プロの仕掛け66：バズる!ハマる!売れる!集まる!」戸田美紀著;藤沢あゆみ著 日本実業出版社 2023年4月

「Z世代：若者はなぜインスタ・TikTokにハマるのか?」原田曜平著 光文社(光文社新書) 2020年11月

「アウトプットする力：「話す」「書く」「発信する」が劇的に成長する85の方法」齋藤孝著 ダイヤモンド社 2020年6月

「いい質問するねぇ〜：一瞬で相手にインパクトを与える技術」バン仲村著 信長出版 サンクチュアリ出版 2023年2月

「いじめから脱出しよう!：自分をまもる方法12か月分」玉聞伸啓著 小学館 2017年1月

「いじめのある世界に生きる君たちへ：いじめられっ子だった精神科医の贈る言葉」中井久夫著 中央公論新社 2016年12月

「イラスト版10分で身につくネット・スマホの使い方：トラブルを回避する34のワーク」竹内和雄編著;ソーシャルメディア研究会著;吉川徹医学監修 合同出版 2022年8月

「インスタで夢を叶えた50人のやり方を1冊にまとめました。= This is how 50 women changed their lives with Instagram」中島侑子著 KADOKAWA 2023年3月

「ウェブを学ぼう、ABC」ジョン・C・ヴァンデン-ヒューヴェル著;アンドレイ・オストロヴスキー著;トム・ホルムス絵;ラパン訳;大日本印刷株式会社訳 教育画劇(プログラミングはじめのいっぽ絵本) 2019年2月

「おうちでできるオモシロ実験!」市岡元気著;藤本たみこイラスト 講談社 2021年7月

「おどろきの心理学：人生を成功に導く「無意識を整える」技術」妹尾武治著 光文社(光文社新書) 2016年2月

「くらしをべんりにする新・情報化社会の大研究 1」藤川大祐監修 岩崎書店 2021年3月

「こころと身体の心理学」山口真美著 岩波書店(岩波ジュニア新書) 2020年9月

「サバイバル!炎上アイドル三姉妹がゆく：マンガで学ぶデジタル時代の「人を動かす」」D・カーネギー協会原作;たかうま創漫画 創元社 2017年4月

「しくじりから学ぶ13歳からのスマホルール」島袋コウ著 旬報社 2020年2月

「シリーズ・道徳と「いじめ」2」稲葉茂勝著;貝塚茂樹監修・著 ミネルヴァ書房 2018年2月

「ステージを上げるSNS絶対6ルール」生駒幸恵著 文響社 2017年7月

「スマホ・パソコン・SNS：こどもあんぜん図鑑：よく知ってネットを使おう!」講談社編;藤川大祐監修 講談社 2015年2月

「スマホ危機親子の克服術」石川結貴著 文藝春秋(文春新書) 2021年9月

「ちょっと言いかえるだけ!気のきいた「話し方」ができる本」櫻井弘著 三笠書房 2018年8月

「できる大人は、男も女も断わり上手」伊藤由美著 ワニ・プラス(ワニブックス|PLUS|新書) 2017年8月

情報やメディアの理解を深める

「デジタルネイティブの時代:なぜメールをせずに「つぶやく」のか」木村忠正著 平凡社(平凡社新書) 2012年11月

「なやみと〜る:〈ききめ〉おなやみ解決・はげまし 5」梶塚美帆著;高橋暁子監修;北川雄一監修;つぼいひろき絵 岩崎書店 2018年1月

「ネットとSNSを安全に使いこなす方法」ルーイ・ストウェル著;小寺敦子訳 東京書籍(U18世の中ガイドブック) 2020年4月

「ネットの約束:今から知っておきたいルールとマナー」日経BPコンサルティング情報セキュリティ研究会著;NTT東日本経営企画部営業戦略推進室監修 日経BPコンサルティング 2021年4月

「ネット断ち:毎日の「つながらない1時間」が知性を育む―青春新書INTELLIGENCE」齋藤孝著 青春出版社 2019年1月

「バナの戦争:ツイートで世界を変えた7歳少女の物語」バナ・アベド著;金井真弓訳 飛鳥新社 2017年12月

「ビジネスが広がるクラブハウス:人脈・アイデア・働き方……―青春新書INTELLIGENCE」武井一巳著 青春出版社 2021年5月

「マーク・ザッカーバーグの生声:本人自らの発言だからこそ見える真実」マーク・ザッカーバーグ述;ジョージ・ビーム編;今村絵里訳 文響社 2022年11月

「マナーとお金まるわかり―デキる大人になるレシピ」松田満江著;曲尾実著 日経HR 2018年5月

「マンガでおぼえるコミュニケーション―これでカンペキ!」齋藤孝著 岩崎書店 2017年7月

「マンガでわかる世の中の「ウソ」から身を守る:情報との正しい接し方」下村健一監修 学研プラス 2021年2月

「マンガで笑って、言葉の達人!超こども言いかえ図鑑」川上徹也著;小川晶子著 Gakken 2023年7月

「まんがと図解でわかる裁判の本:こんなとき、どうする?どうなる? 5 (危険がいっぱい!インターネット)」山田勝彦監修 岩崎書店 2014年3月

「ミラクルガール相談室女の子のトリセツスマイルdays」ミラクルガールズ委員会編著 西東社 2023年5月

「みんなに好かれなくていい」和田秀樹著 小学館(小学館YouthBooks) 2021年4月

「もうすぐ大人になる君が知っておくべき13歳からの民法」岡信太郎著 扶桑社 2023年7月

「もしキミが、人を傷つけたなら、傷つけられたなら:10代から学んでほしい体と心の守り方」犯罪学教室のかなえ先生著 フォレスト出版 2022年8月

「モバイルメディア時代の働き方:拡散するオフィス、集うノマドワーカー」松下慶太著 勁草書房 2019年7月

情報やメディアの理解を深める

「やさしくわかるデジタル時代の情報モラル 1」松下孝太郎共著;山本光共著 技術評論社 2020年8月

「やさしくわかるデジタル時代の情報モラル 4」松下孝太郎共著;山本光共著 技術評論社 2020年8月

「やさしくわかるデジタル時代の著作権 1」山本光監修・著;松下孝太郎著 技術評論社 2019年8月

「やさしくわかるデジタル時代の著作権 2」山本光監修・著;松下孝太郎著 技術評論社 2019年8月

「やさしくわかるデジタル時代の著作権 3」山本光監修・著;松下孝太郎著 技術評論社 2019年8月

「ゆるいつながり:協調性ではなく、共感性でつながる時代」本田直之著 朝日新聞出版(朝日新書) 2018年3月

「わたしたちとじょうほう 情報活用スキル編」堀田龍也監修 学研教育みらい 2021年3月

「わたしたちのLINEハンドブック」竹内和雄著 学事出版 2015年2月

「わたしの心と体を守る本:マンガでわかる!性と体の大切なこと」遠見才希子著;アベナオミ漫画;碇優子イラスト KADOKAWA 2022年8月

「炎上CMでよみとくジェンダー論」瀬地山角著 光文社(光文社新書) 2020年5月

「学校で知っておきたい著作権 3」小寺信良著;上沼紫野監修;インターネットユーザー協会監修 汐文社 2017年2月

「楽しい文章教室:今すぐ作家になれる 3巻(手紙がきちんと書ける)」井戸佳奈著 教育画劇 2011年4月

「気をつけよう!SNS 1(SNSってなんだろう?)」小寺信良著 汐文社 2013年11月

「気をつけよう!SNS 2(ソーシャルゲームってどんなもの?)」小寺信良著 汐文社 2013年12月

「気をつけよう!SNS 3(依存しないために)」小寺信良著 汐文社 2014年2月

「気をつけよう!スマートフォン 2(SNSとメッセージ)」小寺信良著 汐文社 2015年1月

「気をつけよう!情報モラル 2(メール・SNS編)」永坂武城監修;秋山浩子文;平田美咲イラスト 汐文社 2013年3月

「気をつけよう!情報モラル 4」原克彦監修;秋山浩子編;イケガメシノイラスト 汐文社 2017年12月

「気をつけよう!情報モラル 5」秋山浩子編集;原克彦監修 汐文社 2018年2月

「気をつけよう!情報モラル 6」秋山浩子編集;原克彦監修;イケガメシノイラスト 汐文社 2018年3月

「疑う力:「常識」の99%はウソである」堀江貴文著 宝島社 2019年5月

情報やメディアの理解を深める

「教室でチャレンジ!SDGsワークショップ 5」稲葉茂勝著 ポプラ社 2023年4月

「劇場化社会:誰もが主役になれる時代で頭角を現す方法」櫻井秀勲著 きずな出版 2019年4月

「決断」中山禎二著 幻冬舎メディアコンサルティング 2017年12月

「月収18万の派遣社員だった私が、「好きなこと」×「SNS」で年収2000万になれた37の方法」プチプラのあや著 PHP研究所 2020年4月

「見てわかる情報モラル:スマホ・SNS時代の情報社会の歩き方22 lesson 第2版」日本文教出版編集部編 日本文教出版 2014年3月

「見てわかる情報モラル:スマホ・SNS時代の情報社会の歩き方22Lessons 第3版」日本文教出版編集部編集 日本文教出版 2016年10月

「現代病「集中できない」を知力に変える読む力最新スキル大全 = NEW READING SKILL ENCYCLOPEDIA:脳が超スピード化し、しかもクリエイティブに動き出す!」佐々木俊尚著 東洋経済新報社 2022年2月

「言葉のひきだし伝わる表現を選ぼう 3」伝わる表現研究会編著;鈴木教夫監修 汐文社 2021年3月

「広報・PRの基本 = The Basics of Public Relations:この1冊ですべてわかる 新版」山見博康著 日本実業出版社 2020年1月

「考えよう!話しあおう!これからの情報モラル:GIGAスクール時代に 3」藤川大祐監修 偕成社 2022年4月

「高校生からのビジネスマナー = BUSINESS MANNERS:社会人を目指す人に役立つビジネスマナーバイブル」実教出版編修部編 実教出版 2019年4月

「仕事の能率を上げる最強最速のスマホ&パソコン活用術」石川温著 朝日新聞出版 2017年3月

「使い分けるパソコン術:タブレット、スマートフォンからクラウドまで」たくきよしみつ著 講談社(ブルーバックス) 2011年9月

「詩の寺子屋」和合亮一著 岩波書店(岩波ジュニア新書) 2015年12月

「事例でわかる情報モラル:30テーマ 2020」実教出版編修部編 実教出版 2020年2月

「時代をきりひらくIT企業と創設者たち 1」スーザン・ドビニク著;熊谷玲美訳;熊坂仁美監修 岩崎書店 2013年2月

「時代をきりひらくIT企業と創設者たち 2」メアリ・レーン・カンバーグ著;熊谷玲美訳;熊坂仁美監修 岩崎書店 2013年2月

「自分のこころとうまく付き合う方法」アリス・ジェームズ著;ルーイ・ストウェル著;西川知佐訳 東京書籍(U18世の中ガイドブック) 2020年4月

「自分の言葉で語る技術」川上徹也著 朝日新聞出版(朝日文庫) 2018年6月

情報やメディアの理解を深める

「自分をみがこう!一生役立つルールとマナー = The book of Rules and Manners―キラかわ★ガール」大塚けいこ監修 ナツメ社 2020年7月

「実技で学ぶ情報モラル」日本情報処理検定協会編 日本情報処理検定協会 2019年4月

「実技で学ぶ情報モラル」日本情報処理検定協会編集 日本情報処理検定協会 2022年4月

「写真のなかの「わたし」:ポートレイトの歴史を読む」鳥原学著 筑摩書房(ちくまプリマー新書) 2016年3月

「手取り13万円のポンコツOLが月収100万円を達成したフリーランスの教科書」池田彩著 総合法令出版 2023年11月

「書くだけで心、もの、お金が整う私のノート、手帳術」主婦の友社編 主婦の友社 2020年10月

「職場体験完全ガイド 73」ポプラ社 2021年4月

「信じてはいけない:民主主義を壊すフェイクニュースの正体」平和博著 朝日新聞出版(朝日新書) 2017年6月

「新・人間関係のルール」辛酸なめ子著 光文社(光文社新書) 2021年6月

「新・図解チャートよくわかる実習〈情報〉: Windows Vista・7/Office2007・2010 第3版」定平誠著;棟居義弘著 技術評論社 2012年11月

「新ヒットの方程式:ソーシャルメディア時代は「モノ」を売るな「共感」を売れ!」物延秀著 宝島社 2017年12月

「震災と情報:あのとき何が伝わったか」徳田雄洋著 岩波書店(岩波新書 新赤版) 2011年12月

「人が集まるSNSのトリセツ:共感×つながり」小桧山美由紀著 総合法令出版 2022年7月

「人とつきあうときに知っておきたいこと―あたらしいマナー・エチケット事典;4」東節子監修 岩崎書店 2021年2月

「人と人とのつながりを財産に変えるオンラインサロンのつくりかた」中里桃子著 技術評論社 2019年2月

「人生を変えるゼロ時間労働」片山真一著 自由国民社 2021年1月

「人生を変える最強のコミュニティづくり:人々を結びつけ、共感を生む方法」美宝れいこ著 ぱる出版 2023年8月

「図解チャートよくわかる実習情報 第4版」定平誠著;斎藤忍著;木村亮太著 技術評論社 2014年1月

「世界をかえたインターネットの会社 1 (Facebookものがたり)」アダム・サザーランド原著;稲葉茂勝訳・著 ほるぷ出版 2012年7月

「世界一やさしい依存症入門:やめられないのは誰かのせい?―14歳の世渡り術」松本俊彦著 河出書房新社 2021年8月

「生きることは闘うことだ」丸山健二著 朝日新聞出版(朝日新書) 2017年3月

情報やメディアの理解を深める

「走る哲学」為末大著 扶桑社(扶桑社新書) 2012年7月

「速攻!!ワザあり面接&エントリーシート[2020年度版]」就活研究所面接班編 永岡書店 2018年5月

「速攻!!ワザあり面接&エントリーシート[2022年度版]」就活研究所面接班編 永岡書店 2020年2月

「速攻!!ワザあり面接&エントリーシート 2023年度版」就活研究所面接班編 永岡書店 2021年2月

「大人になってこまらないマンガで身につくネットのルールとマナー」遠藤美季監修;大野直人マンガ・イラスト 金の星社 2018年6月

「大人になってこまらないマンガで身につくネットのルールとマナー 図書館版」遠藤美季監修;大野直人マンガ・イラスト 金の星社 2018年12月

「知ることからはじめよう感染症教室 4」小林寅喆監修 ポプラ社 2021年4月

「池上彰さんと学ぶ12歳からの政治 1」池上彰監修 学研プラス 2017年2月

「池上彰さんと学ぶみんなのメディアリテラシー：知っていると便利知らなきゃ怖いメディアのルールと落とし穴 3(スマホ・SNSとの正しい付き合い方)」池上彰監修 学研教育出版 2015年2

「池上彰と考えるフェイクニュースの見破り方 3」池上彰監修 文溪堂 2019年3月

「池上彰と考えるフェイクニュースの見破り方 4」池上彰監修 文溪堂 2019年3月

「池上彰と考える災害とメディア 3」池上彰監修 文溪堂 2021年3月

「中高生のためのケータイ・スマホハンドブック」今津孝次郎監修;金城学院中学校高等学校編著 学事出版 2013年9月

「中高生の勉強"まだまだ"あるある、解決します。」池末翔太著;野中祥平著 ディスカヴァー・トゥエンティワン 2014年2月

「中小会社の危機管理がわかる本」田中直才著 セルバ出版 2021年6月

「答えのない道徳の問題どう解く?正解のない時代を生きるキミへ」やまざきひろしぶん;きむらようえ;にさわだいらはるひとえ ポプラ社 2021年11月

「独立・起業の鬼100則」土井貴達著 明日香出版社 2022年12月

「薄っぺらいのに自信満々な人」榎本博明著 日本経済新聞出版社 2015年6月

「便利!危険?自分を守るネットリテラシー[2]」遠藤美季監修 金の星社 2023年12月

「方言萌え!?：ヴァーチャル方言を読み解く」田中ゆかり著 岩波書店(岩波ジュニア新書) 2016年12月

「僕らが生きているよのなかのしくみは「法」でわかる：13歳からの法学入門」遠藤研一郎著 大和書房 2019年6月

情報やメディアの理解を深める

「本当に怖いスマホの話：次はキミの番かもしれない……」遠藤美季監修 金の星社 2015年3月

「無理せず楽に楽しく、好きな仕事で自立する方法："あなたらしさ"を出せば、自然と行列ができる!」中尾亜由美著 つた書房 2017年4月

「友だちづきあいってむずかしい——キッズなやみかいけつ：子どもレジリエンス」オナー・ヘッド文;小林玲子訳;小林朋子日本語版監修 岩崎書店 2021年2月

「話す・聞く・つながるコミュニケーション上手になろう! 3」藤野博監修;松井晴美イラスト 旬報社 2021年1月

「話題を生み出す「しくみ」のつくり方：情報拡散構造から読み解くヒットのルール」西山守著;濱窪大洋編集協力 宣伝会議 2021年3月

SNS（ソーシャル・ネットワーキング・サービス）＞Instagram

「1日30分インスタ運用術」門口妙子著 リベラル社 星雲社 2023年5月

「TikTok活用大全：スマホからヒットを生み出す」朝戸太將著 幻冬舎 2023年2月

「インスタグラムの新しい発信メソッド = The New Method for Instagram：「こだわり」からオファーにつながる!」艸谷真由著 同文舘出版(DO BOOKS) 2023年8月

「インスタで夢を叶えた50人のやり方を1冊にまとめました。= This is how 50 women changed their lives with Instagram」中島侑子著 KADOKAWA 2023年3月

「革命的に稼げるインスタ運用法：3ヶ月で1万フォロワー・月10万円を叶える」カイシャイン著 KADOKAWA 2023年10月

「時給850円のシングルマザーがおうち起業で年商1億円：アメブロ・Instagram・LINE公式まるわかり解説」とみたつづみ著 みらいパブリッシング 星雲社 2023年4月

SNS（ソーシャル・ネットワーキング・サービス）＞X(Twitter)

「己を、奮い立たせる言葉。」岸勇希著 幻冬舎(NewsPicks Book) 2017年10月

SNS（ソーシャル・ネットワーキング・サービス）＞Clubhouse

「新ヒットの方程式：ソーシャルメディア時代は「モノ」を売るな「共感」を売れ!」物延秀著 宝島社 2017年12月

SNS（ソーシャル・ネットワーキング・サービス）＞バズる

「TikTok運用大全：この一冊ですべてが分かる：誰でもフォロワー1万人が達成できる!《初心者大歓迎》」とっしー著 青志社 2023年12月

「WEB文章術プロの仕掛け66：バズる!ハマる!売れる!集まる!」戸田美紀著;藤沢あゆみ著 日本実業出版社 2023年4月

「必ずバズる!TikTok：本当に稼げるTikTokの使い方」しずく社長著 玄文社 2023年4月

情報やメディアの理解を深める

「文芸オタクの私が教えるバズる文章教室―sanctuary books」三宅香帆著 サンクチュアリ出版 2019年6月

SNS（ソーシャル・ネットワーキング・サービス）＞Facebook

「ヒットの設計図：ポケモンGOからトランプ現象まで」デレク・トンプソン著；高橋由紀子訳 早川書房 2018年10月

SNS（ソーシャル・ネットワーキング・サービス）＞LINE

「間違いやすい順社会人の最新マナー大全」明石伸子著 宝島社 2018年3月

「時給850円のシングルマザーがおうち起業で年商1億円：アメブロ・Instagram・LINE公式まるわかり解説」とみたつづみ著 みらいパブリッシング 星雲社 2023年4月

キャッチコピー、ネーミング

「POP1年生：イラストで実況中継！："センス"がなくてもPOPは書ける！」山口茂著 商業界 2017年5月

「コピーライティング技術大全 = Copywriting Ultimate Guide：百年売れ続ける言葉の原則」神田昌典著；衣田順一著 ダイヤモンド社 2021年11月

「コピー年鑑 2017」東京コピーライターズクラブ 宣伝会議 2017年11月

「コピー年鑑 2018」東京コピーライターズクラブ編集 宣伝会議 2018年12月

「コピー年鑑 2021」東京コピーライターズクラブ編集 宣伝会議 2022年1月

「コピー年鑑 2020」東京コピーライターズクラブ編 宣伝会議 2021年3月

「すごいタイトル(秘)法則」川上徹也著 青春出版社（青春新書INTELLIGENCE）2022年5月

「セールスコピー大全：見て、読んで、買ってもらえるコトバの作り方」大橋一慶著 ぱる出版 2021年1月

「なんだ、けっきょく最後は言葉じゃないか。」伊藤公一著 宣伝会議 2021年2月

「プランニングの基本 = The Basics of Planning：この1冊ですべてわかる」高橋宣行著 日本実業出版社 2020年9月

「解決は1行。」細田高広著 三才ブックス 2019年4月

「逆引きキャッチコピー事典：業界／キーワード／季節／流行／環境／テクニックから引ける」長井謙著 翔泳社 2023年9月

「君たちに贈る明日への勇気が湧いてくる広告コピー = Advertising copies that bring courage to tomorrow」パイインターナショナル編集 パイインターナショナル 2021年12月

「広告白書 2018年度版」日経広告研究所編 日経広告研究所 2018年7月

「成功を呼ぶネーミングの技術」平方彰著 竹書房 2020年6月

情報やメディアの理解を深める

「即買いされる技術：キャッチコピーはウリが9割」弓削徹著 秀和システム 2021年7月

「売れるコピーライティング単語帖 = The Perfect Word & Phrase Book for Copywriters：探しているフレーズが必ず見つかる言葉のアイデア2000」神田昌典著;衣田順一著 SBクリエイティブ 2020年4月

「福岡コピーライターズクラブ年鑑 2018」福岡コピーライターズクラブ編集 福岡コピーライターズクラブ 2018年10月

「名作コピーの時間」宣伝会議書籍編集部編 宣伝会議 2018年12月

ゲーム

「12歳からはじめるゼロからのC言語ゲームプログラミング教室」大槻有一郎著 ラトルズ 2016年3月

「12歳からはじめるゼロからのC言語ゲームプログラミング教室 最新版」リブロワークス著 ラトルズ 2020年7月

「13歳からはじめるゼロからのC言語ゲームプログラミング教室：Windows XP/Vista/7対応 初級編」大槻有一郎著 ラトルズ 2010年4月

「13歳からはじめるゼロからのC言語ゲームプログラミング教室：Windows XP/Vista/7対応 入門編」大槻有一郎著 ラトルズ 2010年2月

「14歳からはじめるC言語わくわくゲームプログラミング教室：Windows XP/Vista/7対応 Visual Studio 2010編」大槻有一郎著 ラトルズ 2011年2月

「14歳からはじめるC言語わくわくゲームプログラミング教室 Visual Studio2013編」大槻有一郎著 ラトルズ 2014年7月

「14歳からはじめるHTML5 & JavaScriptわくわくゲームプログラミング教室：Windows/Macintosh対応」大槻有一郎著 ラトルズ 2011年6月

「15歳からはじめるAndroidわくわくゲームプログラミング教室：Windows XP/Vista/7対応」掌田津耶乃著 ラトルズ 2011年1月

「15歳からはじめるAndroidわくわくゲームプログラミング教室 フルカラー最新版」掌田津耶乃著 ラトルズ 2012年9月

「15歳からはじめるiPhone（アイフォーン）わくわくゲームプログラミング教室」沼田哲史著 ラトルズ 2011年11月

「Nintendo Switchで学ぶ!プログラミングワーク = PROGRAMMING LESSONS WITH THE NINTENDO SWITCH：チャレンジ!プチコン4 SmileBASIC」スマイルブーム監修;アレッサンドロ・ビオレッティイラスト・キャラクターデザイン くもん出版 2023年12月

「Raspberry Piではじめるどきどきプログラミング：自分専用のコンピューターでものづくりを楽しもう!」阿部和広監修・著;石原淳也著;塩野禎隆著 日経BP社 2014年2月

「Tamagotchi m!xパーフェクトおせわブック─ワンダーライフスペシャル. バンダイ公式たまごっちBOOK」和田明子著;ヤスコーンイラスト;バンダイ監修 小学館 2016年8月

情報やメディアの理解を深める

「TV ANIMATION妖怪ウォッチ：全妖怪大百科 4―コロコロコミックススペシャル」レベルファイブ原作 小学館 2016年4月

「Unityではじめるおもしろプログラミング入門」藤森将昭著 リックテレコム 2017年3月

「あいだ」バンダイ監修 小学館 2014年10月

「ギネス世界記録 2021」クレイグ・グレンディ編;大木哲訳;海野佳南訳;片岡夏実訳;五味葉訳;権田アスカ訳;藤村友子訳;八尋利恵訳;金井哲夫訳 角川アスキー総合研究所 2020年11月

「ジュニア空想科学読本 13」柳田理科雄著;きっか絵 KADOKAWA（角川つばさ文庫）2018年3月

「ジュニア空想科学読本 14」柳田理科雄著;きっか絵 KADOKAWA（角川つばさ文庫）2018年7月

「ジュニア空想科学読本 20」柳田理科雄著;きっか絵 KADOKAWA（角川つばさ文庫）2020年7月

「ひらがなでたいけん!スクラッチ：はじめてのプログラミング」いけだとしおぶん ジャムハウス（ときめき×サイエンス：ジャムハウスの科学の本.ジュニア）2020年3月

「ひらがなでたいけん!スクラッチ：はじめてのプログラミング」いけだとしおぶん ジャムハウス（ときめき×サイエンス：ジャムハウスの科学の本）2020年3月

「プログラミングでなにができる？：ゲーム・ロボット・AR・アプリ・Webサイト……新時代のモノづくりを体験」杉浦学著;阿部和広監修 誠文堂新光社（子供の科学★ミライサイエンス）2018年5月

「プログラミングのはじめかた：Unityで体験するゲーム作り」あすなこうじ著 SBクリエイティブ 2018年4月

「マクドナルドはなぜケータイで安売りを始めたのか？：クーポン・オマケ・ゲームのビジネス戦略―講談社biz」吉本佳生著 講談社 2010年11月

「楽しくリサイクル!こども工作ワンダーランド：バザー・ワークショップでの利用もOK!―レディブティックシリーズ」佐藤京子著 ブティック社 2019年7月

「実物でたどるコンピュータの歴史：石ころからリンゴへ―東京理科大学坊ちゃん科学シリーズ；2」東京理科大学出版センター編;竹内伸著 東京書籍 2012年8月

「平和を考える戦争遺物 1」岩脇彰編集 汐文社 2013年6月

個人情報

「10代からの情報キャッチボール入門：使えるメディア・リテラシー」下村健一著 岩波書店 2015年4月

「AI時代を生き抜くプログラミング的思考が身につくシリーズ 3」土屋誠司著 創元社 2020年9月

情報やメディアの理解を深める

「AI時代を生き抜くプログラミング的思考が身につくシリーズ 8」土屋誠司著 創元社 2021年9月

「AI時代を生き抜くプログラミング的思考が身につくシリーズ 9」土屋誠司著 創元社 2021年9月

「ネットの約束:今から知っておきたいルールとマナー」日経BPコンサルティング情報セキュリティ研究会著;NTT東日本経営企画部営業戦略推進室監修 日経BPコンサルティング 2021年4月

「ネット検索が怖い:ネット被害に遭わないために」神田知宏著 ポプラ社(ポプラ選書.未来へのトビラ) 2019年4月

「ポイント整理情報モラル 第8版」数研出版編集部編 数研出版 2016年10月

「ルビィのぼうけん [3]」リンダ・リウカス作;鳥井雪訳 翔泳社 2018年12月

「気をつけよう!スマートフォン 2 (SNSとメッセージ)」小寺信良著 汐文社 2015年1月

「気をつけよう!情報モラル 4」原克彦監修;秋山浩子編;イケガメシノイラスト 汐文社 2017年12月

「見てわかる情報モラル:スマホ・SNS時代の情報社会の歩き方22Lessons 第3版」日本文教出版編集部編集 日本文教出版 2016年10月

「個人情報保護・管理の基本と書式」長谷川俊明編著;江川淳執筆;前田智弥執筆 中央経済社 2019年9月

「考えよう!話しあおう!これからの情報モラル:GIGAスクール時代に 2」藤川大祐監修 偕成社 2022年4月

「事例でわかる情報モラル:30テーマ 2018」実教出版編修部編 実教出版 2018年2月

「事例でわかる情報モラル:30テーマ 2020」実教出版編修部編 実教出版 2020年2月

「事例でわかる情報モラル:30テーマ 2021」実教出版編修部編 実教出版 2021年2月

「実技で学ぶ情報モラル」日本情報処理検定協会編 日本情報処理検定協会 2019年4月

「大人を黙らせるインターネットの歩き方」小木曽健著 筑摩書房(ちくまプリマー新書) 2017年5月

「法は君のためにある:みんなとうまく生きるには?」小貫篤著 筑摩書房(ちくまQブックス) 2021年10月

情報、通信、メディア一般

「「テロに屈するな!」に屈するな」森達也著 岩波書店(岩波ブックレット) 2015年9月

「K-POP:新感覚のメディア」金成玟著 岩波書店(岩波新書 新赤版) 2018年7月

「ジャーナリストという仕事」斎藤貴男著 岩波書店(岩波ジュニア新書) 2016年1月

「テレビ局削減論」石光勝著 新潮社(新潮新書) 2011年12月

情報やメディアの理解を深める

「ニホンという滅び行く国に生まれた若い君たちへOUTBREAK：17歳から始める反抗するための社会学」秋嶋亮著 白馬社 2021年7月

「ネット検索が怖い：ネット被害に遭わないために」神田知宏著 ポプラ社(ポプラ選書. 未来へのトビラ) 2019年4月

「フェイクニュースがあふれる世界に生きる君たちへ：世界を信じるためのメソッド 増補新版」森達也著 ミツイパブリッシング 2019年12月

「メディアに操作される憲法改正国民投票」本間龍著 岩波書店(岩波ブックレット) 2017年9月

「楽しいウェブカラーの世界へようこそ!」ジョン・C・ヴァンデン-ヒューヴェル著;ラパン訳;大日本印刷株式会社訳 教育画劇(プログラミングはじめのいっぽ絵本) 2019年4月

「現代社会ライブラリーへようこそ! 2020-21」現代社会ライブラリーへようこそ！編集委員会編集 清水書院 2020年8月

「現代用語の基礎知識：学習版 2019-2020」現代用語検定協会監修 自由国民社 2019年7月

「現代用語の基礎知識学習版 2010→2011」現代用語検定協会監修 自由国民社 2010年2月

「高校球児に伝えたい!プロだけが知っているデータで試合に勝つ法」データスタジアム株式会社データ提供・監修 東邦出版 2014年8月

「最新情報モラル：ネット社会を賢く生きよう!：高校版：積極的にネットを活用するための基礎知識と実践スタディ」大橋真也著;森夏節著;早坂成人著;曽我聡起著;高瀬敏樹著 日経BP社 2015年2月

「社会の真実の見つけかた」堤未果著 岩波書店(岩波ジュニア新書) 2011年2月

「情報最新トピック集：高校版 2013」久野靖監修;佐藤義弘監修;辰己丈夫監修;中野由章監修 日経BP社 2012年12月

「情報最新トピック集：高校版 2015」久野靖監修;佐藤義弘監修;辰己丈夫監修;中野由章監修;佐藤義弘著;辰己丈夫著;中野由章著;清水哲郎著;岩元直久著;大島篤著;勝村幸博著 日経BP社 2015年1月

「情報最新トピック集：高校版 2018」久野靖監修;佐藤義弘監修;辰己丈夫監修;中野由章監修;佐藤義弘著;辰己丈夫著;中野由章著;清水哲郎著;能城茂雄著;岩元直久;大島篤著;勝村幸博著 日経BP社 2018年1月

「情報最新トピック集：高校版 2020」久野靖監修;佐藤義弘監修;辰己丈夫監修;中野由章監修;佐藤義弘著;辰己丈夫著;中野由章著;清水哲郎著;能城茂雄著;岩元直久著;大島篤著;勝村幸博著 日経BP 2020年1月

「人間はだまされる：フェイクニュースを見分けるには―世界をカエル10代からの羅針盤」三浦準司著 理論社 2017年6月

「川端康成：孤独を駆ける」十重田裕一著 岩波書店(岩波新書 新赤版) 2023年3月

「窓をひろげて考えよう：体験!メディアリテラシー」下村健一著 かもがわ出版 2017年7月

「池上彰と考えるフェイクニュースの見破り方 1」池上彰監修 文溪堂 2019年2月

情報やメディアの理解を深める

「池上彰と考えるフェイクニュースの見破り方2」池上彰監修 文溪堂 2019年2月

「池上彰と考えるフェイクニュースの見破り方3」池上彰監修 文溪堂 2019年3月

「池上彰と考えるフェイクニュースの見破り方4」池上彰監修 文溪堂 2019年3月

「未来をつくるBOOK：東日本大震災をふりかえり、今を見つめ、対話する：持続可能な地球と地域をつくるあなたへ」ESD-J「未来をつくるBOOK」制作チーム著 持続可能な開発のための教育の10年推進会議 2011年11月

「明日のプランニング：伝わらない時代の「伝わる」方法」佐藤尚之著 講談社（講談社現代新書）2015年5月

情報化社会、情報社会

「知っておきたい情報社会の安全知識」坂井修一著 岩波書店（岩波ジュニア新書）2010年3月

情報活用、情報利用法

「ネット情報におぼれない学び方」梅澤貴典著 岩波書店（岩波ジュニア新書）2023年2月

「プロのプロセス = Process of the Professionals：情報活用術を身につけよう1」NHK「アクティブ10プロのプロセス」制作班編 NHK出版（NHK for School）2021年1月

「プロのプロセス = Process of the Professionals：情報活用術を身につけよう2」NHK「アクティブ10プロのプロセス」制作班編 NHK出版（NHK for School）2021年1月

「プロのプロセス = Process of the Professionals：情報活用術を身につけよう3」NHK「アクティブ10プロのプロセス」制作班編 NHK出版（NHK for School）2021年1月

「プロのプロセス = Process of the Professionals：情報活用術を身につけよう4」NHK「アクティブ10プロのプロセス」制作班編 NHK出版（NHK for School）2021年1月

「わたしたちとじょうほう 情報活用スキル編」堀田龍也監修 学研教育みらい 2021年3月

「学びを結果に変えるアウトプット大全 = THE POWER OF OUTPUT:How to Change Learning to Outcome—sanctuary books」樺沢紫苑著 サンクチュアリ出版 2018年8月

「学び効率が最大化するインプット大全 = THE POWER OF INPUT:How to Maximize Learning—sanctuary books」樺沢紫苑著 サンクチュアリ出版 2019年8月

「私たちと情報 情報社会探究編」堀田龍也監修 学研教育みらい 2021年3月

「新聞力：できる人はこう読んでいる」齋藤孝著 筑摩書房（ちくまプリマー新書）2016年10月

テレビ

「家電の科学：ここまで進化した驚異の技術」山名一郎著;家電テクノロジー研究会著 PHP研究所 2014年2月

情報やメディアの理解を深める

「図解・テレビの仕組み：白黒テレビから地上デジタル放送まで」青木則夫著 講談社（ブルーバックス）2011年9月

情報収集

「とことん調べる人だけが夢を実現できる = RESEARCH FOR YOUR DREAM―sanctuary books」方喰正彰著 サンクチュアリ出版 2016年5月

情報発信

「発信力の育てかた：ジャーナリストが教える「伝える」レッスン―14歳の世渡り術」外岡秀俊著 河出書房新社 2015年9月

情報モラル

「12歳からのマナー集：インターネット・ケータイ電車内マナーからなぜ、「いじめ」てはいけないのかまで」多湖輝著 新講社（WIDE SHINSHO）2012年10月

「AI時代を生き抜くプログラミング的思考が身につくシリーズ 3」土屋誠司著 創元社 2020年9月

「AI時代を生き抜くプログラミング的思考が身につくシリーズ 9」土屋誠司著 創元社 2021年9月

「最新情報モラル：ネット社会を賢く生きよう！：高校版：積極的にネットを活用するための基礎知識と実践スタディ」大橋真也著；森夏節著；早坂成人著；曽我聡起著；高瀬敏樹著 日経BP社 2015年2月

「産業社会と人間：よりよき高校生活のために 3訂版」服部次郎編著 学事出版 2014年2月

「産業社会と人間：よりよき高校生活のために 4訂版」服部次郎編著 学事出版 2020年2月

情報リテラシー、情報倫理

「GIGAスクール時代のネットリテラシー 1」遠藤美季監修 ポプラ社 2023年4月

「GIGAスクール時代のネットリテラシー 2」遠藤美季監修 ポプラ社 2023年4月

「GIGAスクール時代のネットリテラシー 3」遠藤美季監修 ポプラ社 2023年4月

「パーフェクトガイド情報」実教出版編修部編 実教出版 2023年2月

「まんがで学ぶオンラインゲーム―ルールを守って楽しもう！」日本オンラインゲーム協会カスタマーサポート・ワーキンググループ監修 保育社 2023年8月

「マンガで学ぶ情報倫理：わたしたちは情報化社会とどうつきあえばよいのか」水谷雅彦著；森下恵マンガ 化学同人 2023年7月

「ミラクル相談室ネット＆スマホのトリセツ」西谷雅史監修 西東社 2022年9月

「最新ネットのキーワード図鑑：情報モラルを身につけよう！」島袋コウ監修；河合千明ブックデザイン・イラスト；にしだきょうこマンガ 旬報社 2023年2月

情報やメディアの理解を深める

「子どもコンプライアンス」山本一宗著;どんぐり。イラスト ワニブックス 2023年4月

「事例でわかる情報モラル&セキュリティ：30テーマ 2022」実教出版編修部編 実教出版 2022年2月

「事例でわかる情報モラル&セキュリティ：30テーマ．2023」実教出版編修部編 実教出版 2023年2月

「実技で学ぶ情報モラル」日本情報処理検定協会編集 日本情報処理検定協会 2022年4月

「実験でわかるインターネット」岡嶋裕史著 岩波書店（岩波ジュニア新書）2010年3月

「身近なモノやサービスから学ぶ「情報」教室 = Information Study for a Passport to the New Era 1」土屋誠司編著 創元社 2023年6月

「中学校の授業でネット中傷を考えた：指先ひとつで加害者にならないために」宇多川はるか著 講談社 2023年7月

「部活でスキルアップ!放送部活躍のポイント―コツがわかる本．ジュニアシリーズ」さらだたまこ監修 メイツユニバーサルコンテンツ 2023年5月

「便利!危険?自分を守るネットリテラシー［1］」遠藤美季監修 金の星社 2023年11月

「便利!危険?自分を守るネットリテラシー［2］」遠藤美季監修 金の星社 2023年12月

新聞、新聞紙、雑誌

「13歳からの反社会学」パオロ・マッツァリーノ著 角川書店 2010年9月

「アクセス現代社会：世の中の動きに強くなる 2010」帝国書院編集部編 帝国書院 2010年2月

「こちらムシムシ新聞社：カタツムリはどこにいる?」三輪一雄作・絵 偕成社 2018年8月

「ジャーナリストという仕事」斎藤貴男著 岩波書店（岩波ジュニア新書）2016年1月

「シリーズ・変わる!学校図書館 1」門内輝行監修 ミネルヴァ書房 2018年2月

「すてずにあそぼうかんたん!手づくりおもちゃ」佐野博志著 子どもの未来社 2011年12月

「たったひとつの「真実」なんてない：メディアは何を伝えているのか?」森達也著 筑摩書房（ちくまプリマー新書）2014年11月

「データと地図で見る日本の産業 7」炭谷晃男監修 ポプラ社 2014年4月

「ニュースの科学用語これでわかった!：180字で理解する、今さら聞けない科学と技術の基礎知識」北海道大学CoSTEPサイエンスライターズ著 技術評論社 2012年1月

「びわ湖疏水探究紀行 工事の様子編 1」琵琶湖疏水アカデミー編集 琵琶湖疏水アカデミー 2021年3月

「学校で役立つ新聞づくり活用大事典」関口修司監修 学研教育出版 2013年2月

「学習に役立つ!なるほど新聞活用術 1（新聞まるごと大かいぼう）」曽木誠監修;市村均文;伊東浩司絵 岩崎書店 2013年3月

情報やメディアの理解を深める

「学習に役立つ!なるほど新聞活用術 2（新聞をつかってことばをさがそう）」曽木誠監修;市村均文;伊東浩司絵 岩崎書店 2013年3月

「学習に役立つ!なるほど新聞活用術 3（新聞をつかって記事をつくろう）」曽木誠監修;市村均文;伊東浩司絵 岩崎書店 2013年3月

「学術出版の来た道」有田正規著 岩波書店（岩波科学ライブラリー）2021年10月

「金岡新聞」金岡陸著 飛鳥新社 2012年8月

「決定版バスレクセレクション 2」神代洋一編著 汐文社 2021年2月

「現代社会ライブラリーへようこそ! 2018-19」現代社会ライブラリーへようこそ!編集委員会著 清水書院 2018年4月

「広げる、まとめる、思考ツール 1—光村の国語」髙木まさき監修;青山由紀編集;松永立志編集 光村教育図書 2021年3月

「産業とくらしを変える情報化 2（情報を伝える新聞）」堀田龍也監修 学研教育出版 2012年2月

「獅子王御書 2」少年少女きぼう新聞編集部編 第三文明社 2020年8月

「社会科見学に役立つわたしたちのくらしとまちのしごと場 5」ニシ工芸児童教育研究所編 金の星社 2013年3月

「手で読む心でさわるやさしい点字 4」日本点字委員会監修;国土社編集部編集 国土社 2018年11月

「書きかたがわかるはじめての文章レッスン 4（新聞・報告書）」金田一秀穂監修 学研教育出版 2013年2月

「情報を整理する新聞術—学び力アップ道場 ; 2」岸尾祐二監修 フレーベル館 2010年1月

「職場体験完全ガイド 69」ポプラ社 2020年4月

「新やさしいこうさく 1（新聞紙でつくろう!）」竹井史郎作 小峰書店 2015年4月

「新聞は、あなたと世界をつなぐ窓：NIE教育に新聞を」木村葉子著 汐文社 2014年11月

「新聞を読もう! 1巻（新聞を読んでみよう!）」鈴木雄雅監修 教育画劇 2012年3月

「新聞を読もう! 2（新聞づくりに挑戦!）」鈴木雄雅監修 教育画劇 2012年4月

「新聞を読もう! 3（新聞博士になろう!）」鈴木雄雅監修 教育画劇 2012年4月

「新聞記者：現代史を記録する」若宮啓文著 筑摩書房（ちくまプリマー新書）2013年9月

「新聞社・出版社で働く人たち：しごとの現場としくみがわかる!—しごと場見学!」山下久猛著 ぺりかん社 2014年7月

「新聞力：できる人はこう読んでいる」齋藤孝著 筑摩書房（ちくまプリマー新書）2016年10月

「人物・テーマごとに深掘り!河合敦先生の歴史でござる」河合敦著;大沢幸子イラスト;すぎうらあきらイラスト 朝日学生新聞社 2018年5月

情報やメディアの理解を深める

「世界を信じるためのメソッド：ぼくらの時代のメディア・リテラシー──よりみちパン!セ；P 19」森達也著 イースト・プレス 2011年10月

「池上彰さんと学ぶみんなのメディアリテラシー：知っていると便利知らなきゃ怖いメディアのルールと落とし穴 1（メディアの役割とその仕組み）」池上彰監修 学研教育出版 2015年2月

「池上彰の新聞活用大事典：調べてまとめて発表しよう! 1（新聞って面白い!）」池上彰監修 文溪堂 2013年3月

「池上彰の新聞活用大事典：調べてまとめて発表しよう! 2（新聞をもっと知ろう!）」池上彰監修 文溪堂 2013年3月

「池上彰の新聞活用大事典：調べてまとめて発表しよう! 3（新聞を使ってみよう!）」池上彰監修 文溪堂 2013年3月

「東日本大震災伝えなければならない100の物語 第4巻（助け合うこと）」学研教育出版著 学研教育出版 2013年2月

「日本の歴史の道具事典」児玉祥一監修 岩崎書店 2013年11月

「文化や歴史やってみよう!6テーマ──光村の国語情報活用調べて、考えて、発信する；1」髙木まさき監修;森山卓郎監修;青山由紀編;成田真紀編 光村教育図書 2015年12月

「平和を考える戦争遺物 3」本庄豊編集 汐文社 2013年12月

「北川先生の作文教室」北川久美子著 武蔵野書院 2017年6月

「毎日新聞社記事づくりの現場─このプロジェクトを追え!」深光富士男文 佼成出版社 2013年8月

スマートフォン

「「スマホ首」が自律神経を壊す」松井孝嘉著 祥伝社（祥伝社新書）2016年10月

「「図解」スマートフォンのしくみ」井上伸雄著 PHP研究所 2012年4月

「10代と考える「スマホ」：ネット・ゲームとかしこくつきあう」竹内和雄著 岩波書店（岩波ジュニアスタートブックス）2022年2月

「12歳からの「心の奥」がわかる本」多湖輝著 新講社（WIDE SHINSHO）2014年10月

「12歳からの心理学」多湖輝著 新講社 2011年2月

「15歳からはじめるAndroidわくわくゲームプログラミング教室：Windows XP/Vista/7対応」掌田津耶乃著 ラトルズ 2011年1月

「15歳からはじめるAndroidわくわくゲームプログラミング教室 フルカラー最新版」掌田津耶乃著 ラトルズ 2012年9月

「15歳からはじめるiPhone（アイフォーン）わくわくゲームプログラミング教室」沼田哲史著 ラトルズ 2011年11月

情報やメディアの理解を深める

「AI時代を生き抜くプログラミング的思考が身につくシリーズ 4」土屋誠司著 創元社 2021年5月

「TABO 8完全攻略ブック―『小学8年生』特別号」 小学館 2017年12月

「スマートフォンその使い方では年5万円損してます―青春新書INTELLIGENCE」武井一巳著 青春出版社 2017年5月

「スマホが学力を破壊する」川島隆太著 集英社(集英社新書) 2018年3月

「スマホでおもちゃを動かしちゃおう!MaBeee活用ブック:ノバルス公認:MaBeeeで電池に魔法をかけよう!」ジャムハウス著 ジャムハウス 2017年12月

「スマホとゲーム障害:上手に使って病気を防ごう!―健康ハッピーシリーズ」内海裕美監修 少年写真新聞社 2020年8月

「スマホはどこまで脳を壊すか」榊浩平著;川島隆太監修 朝日新聞出版(朝日新書) 2023年2月

「スマホ依存から脳を守る」中山秀紀著 朝日新聞出版(朝日新書) 2020年2月

「スマホ危機親子の克服術」石川結貴著 文藝春秋(文春新書) 2021年9月

「スマホ廃人」石川結貴著 文藝春秋(文春新書) 2017年4月

「スマホ料金はなぜ高いのか」山田明著 新潮社(新潮新書) 2020年7月

「ひとりで学べる電磁気学:大切なポイントを余さず理解」中山正敏著 講談社(ブルーバックス) 2016年9月

「プログラミングは、ロボットから始めよう!:スマホやタブレットですぐにできる」加藤エルテス聡志著 小学館 2017年8月

「月1000円!のスマホ活用術―青春新書INTELLIGENCE」武井一巳著 青春出版社 2013年10月

「月900円!からのiPhone活用術―青春新書INTELLIGENCE」武井一巳著 青春出版社 2014年12月

「使い分けるパソコン術:タブレット、スマートフォンからクラウドまで」たくきよしみつ著 講談社(ブルーバックス) 2011年9月

「子どもの目が危ない:「超近視時代」に視力をどう守るか」大石寛人;NHKスペシャル取材班著 NHK出版(NHK出版新書) 2021年6月

「正しいコピペのすすめ:模倣、創造、著作権と私たち」宮武久佳著 岩波書店(岩波ジュニア新書) 2017年3月

「脱スマホ脳かんたんマニュアル」アンデシュ・ハンセン著;マッツ・ヴェンブラード著;久山葉子訳 新潮社(新潮文庫) 2023年4月

「電波の疑問50:電波はスマホ・Wi-Fi・GPSにも必要?―みんなが知りたいシリーズ;11」早川正士著 成山堂書店 2018年9月

情報やメディアの理解を深める

セキュリティ

「12歳までに身につけたいネット・スマホルールの超きほん—未来のキミのためシリーズ」遠藤美季監修 朝日新聞出版 2022年4月

「AI時代を生き抜くプログラミング的思考が身につくシリーズ 6」土屋誠司著 創元社 2021年5月

「AI時代を生き抜くプログラミング的思考が身につくシリーズ 8」土屋誠司著 創元社 2021年9月

「GIGAスクール時代のネットリテラシー 1」遠藤美季監修 ポプラ社 2023年4月

「GIGAスクール時代のネットリテラシー 2」遠藤美季監修 ポプラ社 2023年4月

「GIGAスクール時代のネットリテラシー 3」遠藤美季監修 ポプラ社 2023年4月

「イラスト版10分で身につくネット・スマホの使い方:トラブルを回避する34のワーク」竹内和雄編著;ソーシャルメディア研究会著;吉川徹医学監修 合同出版 2022年8月

「サイバーセキュリティ」谷脇康彦著 岩波書店(岩波新書 新赤版) 2018年10月

「サイバーセキュリティー会社図鑑—未来をつくる仕事がここにある」NRIセキュアテクノロジーズ 監修;いわた慎二郎 絵;日経BPコンサルティング 編集 日経BP 2022年4月

「サイバー攻撃:ネット世界の裏側で起きていること」中島明日香著 講談社(ブルーバックス) 2018年1月

「ネットの約束:今から知っておきたいルールとマナー」日経BPコンサルティング情報セキュリティ研究会著;NTT東日本経営企画部営業戦略推進室監修 日経BPコンサルティング 2021年4月

「ひとりだちするためのビジネスマナー&コミュニケーション」子どもたちの自立を支援する会編 日本教育研究出版 2013年12月

「フェイクウェブ」高野聖玄著;セキュリティ集団スプラウト著 文藝春秋(文春新書) 2019年5月

「ブロックチェーン:相互不信が実現する新しいセキュリティ」岡嶋裕史著 講談社(ブルーバックス) 2019年1月

「まんがで学ぶオンラインゲーム—ルールを守って楽しもう!」日本オンラインゲーム協会カスタマーサポート・ワーキンググループ監修 保育社 2023年8月

「ミラクル相談室ネット&スマホのトリセツ」西谷雅史監修 西東社 2022年9月

「やさしくわかるデジタル時代の情報モラル 3」松下孝太郎共著;山本光共著 技術評論社 2020年8月

「気をつけよう!情報モラル 1(ゲーム・あそび編)」永坂武城監修;秋山浩子文;平田美咲イラスト 汐文社 2012年11月

「気をつけよう!情報モラル 2(メール・SNS編)」永坂武城監修;秋山浩子文;平田美咲イラスト 汐文社 2013年3月

情報やメディアの理解を深める

「月1000円!のスマホ活用術―青春新書INTELLIGENCE」武井一巳著 青春出版社 2013年10月

「現代暗号入門:いかにして秘密は守られるのか」神永正博著 講談社(ブルーバックス) 2017年10月

「個人情報そのやり方では守れません―青春新書INTELLIGENCE」武山知裕著 青春出版社 2013年11月

「最新ネットのキーワード図鑑:情報モラルを身につけよう!」島袋コウ監修;河合千明ブックデザイン・イラスト;にしだきょうこマンガ 旬報社 2023年2月

「事例でわかる情報モラル:30テーマ 2021」実教出版編修部編 実教出版 2021年2月

「事例でわかる情報モラル&セキュリティ:30テーマ 2022」実教出版編修部編 実教出版 2022年2月

「事例でわかる情報モラル&セキュリティ:30テーマ. 2023」実教出版編修部編 実教出版 2023年2月

「身近なモノやサービスから学ぶ「情報」教室 = Information Study for a Passport to the New Era 1」土屋誠司編著 創元社 2023年6月

「知っておきたい情報社会の安全知識」坂井修一著 岩波書店(岩波ジュニア新書) 2010年3月

「知っておきたい情報社会の安全知識」坂井修一著 岩波書店(岩波ジュニア新書) 2010年3月

「中高生のためのケータイ・スマホハンドブック」今津孝次郎監修;金城学院中学校高等学校編著 学事出版 2013年9月

「便利!危険?自分を守るネットリテラシー [1]」遠藤美季監修 金の星社 2023年11月

「便利!危険?自分を守るネットリテラシー [2]」遠藤美季監修 金の星社 2023年12月

セキュリティ>ブロックチェーン

「2025年のブロックチェーン革命:仕事、生活、働き方が変わる―青春新書INTELLIGENCE」水野操著 青春出版社 2018年8月

「ブロックチェーン:相互不信が実現する新しいセキュリティ」岡嶋裕史著 講談社(ブルーバックス) 2019年1月

「知っておきたい電子マネーと仮想通貨」三菱総合研究所編 マイナビ出版(マイナビ新書) 2018年2月

タイピング

「Nintendo Switchで学ぶ!プログラミングワーク = PROGRAMMING LESSONS WITH THE NINTENDO SWITCH : チャレンジ!プチコン4 SmileBASIC」スマイルブーム監修;アレッサンドロ・ビオレッティイラスト・キャラクターデザイン くもん出版 2023年12月

情報やメディアの理解を深める

タブレット

「AI時代を生き抜くプログラミング的思考が身につくシリーズ 4」土屋誠司著 創元社 2021年5月

「GIGAスクール時代のネットリテラシー 1」遠藤美季監修 ポプラ社 2023年4月

「TABO 8完全攻略ブック―『小学8年生』特別号」小学館 2017年12月

「スマホとゲーム障害：上手に使って病気を防ごう！―健康ハッピーシリーズ」内海裕美監修 少年写真新聞社 2020年8月

「はじめてのGmail入門 第5版」桑名由美著 秀和システム（BASIC MASTER SERIES）2021年3月

「プログラミングは、ロボットから始めよう！：スマホやタブレットですぐにできる」加藤エルテス聡志著 小学館 2017年8月

「今日から始めるiPad仕事帖」日経パソコン編;伊藤朝輝執筆;戸田覚執筆;石井智明執筆 日経BP 2022年6月

「小学校・中学校「撮って活用」授業ガイドブック：ふだん使いの1人1台端末・カメラ機能の授業活用―Impress Teachers Learn」D-project編集委員会編著監修 インプレス 2023年3月

通信網、電気通信、無線通信

「5G：大容量・低遅延・多接続のしくみ」岡嶋裕史著 講談社（ブルーバックス）2020年7月

「カラー図解でわかる通信のしくみ：あなたはインターネット&モバイル通信をどこまで理解していますか？」井上伸雄著 SBクリエイティブ 2013年11月

「身近なモノやサービスから学ぶ「情報」教室 = Information Study for a Passport to the New Era 5」土屋誠司編 創元社 2023年9月

「大きな写真と絵でみる地下のひみつ 2（上下水道・電気・ガス・通信網）」土木学会地下空間研究委員会監修;こどもくらぶ編 あすなろ書房 2014年11月

ディープラーニング

「カラー図解Raspberry Piではじめる機械学習：基礎からディープラーニングまで」金丸隆志著 講談社（ブルーバックス）2018年3月

「ディープラーニング革命：人工知能はどのようにして劇的な進化を遂げたのか」テレンス・J.セイノフスキー著;銅谷賢治監訳;藤崎百合訳 ニュートンプレス 2021年12月

「絵と図でよくわかる人工知能：AI時代に役立つ科学知識―14歳からのニュートン超絵解本」ニュートン編集部編著 ニュートンプレス 2023年1月

「高校数学からはじめるディープラーニング：初歩からわかる人工知能が働くしくみ」金丸隆志著 講談社（ブルーバックス）2020年4月

情報やメディアの理解を深める

「深層学習の原理に迫る:数学の挑戦」今泉允聡著 岩波書店(岩波科学ライブラリー) 2021年4月

「人工知能はいかにして強くなるのか?:対戦型AIで学ぶ基本のしくみ」小野田博一著 講談社(ブルーバックス) 2017年1月

「予測の科学はどう変わる?:人工知能と地震・噴火・気象現象」井田喜明著 岩波書店(岩波科学ライブラリー) 2019年2月

データ

「「人気No.1」にダマされないための本」小林直樹著 日経BP 日経BPマーケティング 2023年6月

「シン・ニホン:AI×データ時代における日本の再生と人材育成」安宅和人著 ニューズピックス 2020年2月

「データでわかる世界と日本のエネルギー大転換」レスター・R.ブラウン著;枝廣淳子著 岩波書店(岩波ブックレット) 2016年1月

「もっと知りたい!話したい!セクシュアルマイノリティありのままのきみがいい 1 (セクシュアルマイノリティについて)」日高庸晴著;サカイノビーイラスト 汐文社 2015年12月

「もっと知りたい!話したい!セクシュアルマイノリティありのままのきみがいい 2」日高庸晴著;サカイノビーイラスト 汐文社 2016年2月

「もっと知りたい!話したい!セクシュアルマイノリティありのままのきみがいい 3」日高庸晴著;サカイノビーイラスト 汐文社 2016年3月

「ものの言いかた西東」小林隆著;澤村美幸著 岩波書店(岩波新書 新赤版) 2014年8月

「業界と職種がわかる本:自分に合った業界・職種をみつけよう!'21年版」岸健二編 成美堂出版 2019年6月

「銀行 2020年度版―産業と会社研究シリーズ;1」齋藤裕監修 産学社 2019年3月

「個人情報保護・管理の基本と書式」長谷川俊明編著;江川淳執筆;前田智弥執筆 中央経済社 2019年9月

「広告界就職ガイド 2021」広告界就職ガイド編集部編 宣伝会議 2019年12月

「広告主動態調査 2021年版―有力企業の広告宣伝活動と意識」日経広告研究所編 日経広告研究所 2021年3月

「広告白書 2021年度版」日経広告研究所編 日経広告研究所 日経BPマーケティング 2021年8月

「資格取り方選び方全ガイド = QUALIFICATIONS GUIDEBOOK 2022」高橋書店編集部編 高橋書店 2020年7月

「資格取り方選び方全ガイド = QUALIFICATIONS GUIDEBOOK 2023」高橋書店編集部編 高橋書店 2021年7月

情報やメディアの理解を深める

「就職四季報 2021年版」東洋経済新報社編 東洋経済新報社 2019年12月

「就職四季報 女子版 2022年版」東洋経済新報社編 東洋経済新報社 2020年12月

「就職四季報 総合版 2020年版」東洋経済新報社編 東洋経済新報社 2018年12月

「就職四季報 総合版 2023年版―就職四季報シリーズ」東洋経済新報社編 東洋経済新報社 2021年12月

「就職四季報 優良・中堅企業版 2022年版」東洋経済新報社編 東洋経済新報社 2020年12月

「就職四季報 優良・中堅企業版 2023年版 ―就職四季報シリーズ」東洋経済新報社編 東洋経済新報社 2021年12月

「就職四季報女子版 2020年版」東洋経済新報社編 東洋経済新報社 2018年12月

「就職四季報女子版 2021年版 」東洋経済新報社編 東洋経済新報社 2019年12月

「就職四季報優良・中堅企業版 2020年版」東洋経済新報社編 東洋経済新報社 2018年12月

「就職四季報優良・中堅企業版 2021年版」東洋経済新報社編 東洋経済新報社 2019年12月

「就職四季報優良・中堅企業版 2024年版」東洋経済新報社編 東洋経済新報社 2022年12月

「地図とデータでみる都道府県と市町村の成り立ち」齊藤忠光著 平凡社(平凡社新書) 2020年4月

「中学生・高校生の仕事ガイド 2020-2021年版」進路情報研究会編 桐書房 2019年10月

「日経スマートワークOUTLOOK 2020」日本経済新聞社編 日経BP日本経済新聞出版本部 2020年4月

「日経業界地図 2021年版」日本経済新聞社編 日経BP日本経済新聞出版本部 2020年8月

「保護者に求められる就活支援―就活BOOK ; 2021」吉本隆男著 マイナビ出版 2019年12月

「面白くて仕事に役立つ数学」柳谷晃著 SBクリエイティブ 2017年8月

「有力企業の広告宣伝費 2019年版」日経広告研究所編 日経広告研究所 2019年10月

データ＞図表

「Google流資料作成術」コール・ヌッスバウマー・ナフリック著;村井瑞枝訳 日本実業出版社 2017年2月

「お仕事にすぐ使えるPCスキルが楽しく身につくレシピ：これ1冊でExcel Word PowerPoint Outlookがわかる! 最新版」国本温子執筆;コスモメディ執筆;佐々木康之執筆;日花弘子執筆;大井しょうこ執筆;ONEPUBLISHING編集部執筆 ワン・パブリッシング 2022年12月

「グラフをつくる前に読む本：一瞬で伝わる表現はどのように生まれたのか」松本健太郎著 技術評論社 2017年9月

情報やメディアの理解を深める

「図で考える。シンプルになる。」櫻田潤著 ダイヤモンド社 2017年10月

「説明がなくても伝わる図解の教科書 = GUIDE TO VISUALIZATION」桐山岳寛著 かんき出版 2017年6月

「伝わる図解化 = Easy-To-Understand Diagram-ization」加藤拓海著 ディスカヴァー・トゥエンティワン 2023年12月

データ＞データ処理、データ解析、データ分析

「データサイエンス入門」竹村彰通著 岩波書店 2018年4月

「身につく入門統計学」向後千春著;冨永敦子著 技術評論社 2016年5月

「身近なモノやサービスから学ぶ「情報」教室 = Information Study for a Passport to the New Era 4」土屋誠司編 創元社 2023年8月

「統計ソフト「R」超入門：実例で学ぶ初めてのデータ解析」逸見功著 講談社(ブルーバックス) 2018年2月

「統計学に頼らないデータ分析「超」入門：ポイントは「データの見方」と「目的・仮説思考」にあり!」柏木吉基著 SBクリエイティブ 2016年3月

データ＞データベース

「デジタル・アーカイブの最前線：知識・文化・感性を消滅させないために」時実象一著 講談社(ブルーバックス) 2015年2月

「身近なモノやサービスから学ぶ「情報」教室 = Information Study for a Passport to the New Era 5」土屋誠司編 創元社 2023年9月

データ＞デジタルアーカイブ

「デジタル・アーカイブの最前線：知識・文化・感性を消滅させないために」時実象一著 講談社(ブルーバックス) 2015年2月

データ＞ビッグデータ

「IoT、ロボット、AIそしてビッグデータ小さな企業の活用術：第四次産業革命が従来型産業にもたらす新たなチャンス」日本政策金融公庫総合研究所編 同友館 2021年7月

「ビッグデータで選ぶ地域を支える企業」帝国データバンク編著 日経BP社 2018年5月

「ビッグデータという独裁者：「便利」とひきかえに「自由」を奪う」マルク・デュガン著;クリストフ・ラベ著;鳥取絹子訳 筑摩書房 2017年3月

「絶滅危惧職種図鑑：これからなくなる厳選65職種」七里信一著 あさ出版 2018年10月

動画配信

「9割が知らない!売れる「動画」」大原昌人著 青春出版社 2023年4月

情報やメディアの理解を深める

ニュース

「その情報、本当ですか?：ネット時代のニュースの読み解き方」塚田祐之著 岩波書店(岩波ジュニア新書) 2018年2月

「その情報はどこから?：ネット時代の情報選別力」猪谷千香著 筑摩書房(ちくまプリマー新書) 2019年2月

「たったひとつの「真実」なんてない：メディアは何を伝えているのか?」森達也著 筑摩書房(ちくまプリマー新書) 2014年11月

「テレビの日本語」加藤昌男著 岩波書店(岩波新書 新赤版) 2012年7月

「ドキュメントテレビは原発事故をどう伝えたのか」伊藤守著 平凡社(平凡社新書) 2012年3月

「ニッポンの大問題：池上流・情報分析のヒント44」池上彰著 文藝春秋(文春新書) 2014年3月

「ニュースの科学用語これでわかった!：180字で理解する、今さら聞けない科学と技術の基礎知識」北海道大学CoSTEPサイエンスライターズ著 技術評論社 2012年1月

「ニュースの深層が見えてくるサバイバル世界史—青春新書INTELLIGENCE」茂木誠著 青春出版社 2017年12月

「はじめてのニュース・リテラシー」白戸圭一著 筑摩書房(ちくまプリマー新書) 2021年3月

「ファクトチェックとは何か」立岩陽一郎著;楊井人文著 岩波書店(岩波ブックレット) 2018年4月

「人間はだまされる：フェイクニュースを見分けるには」三浦準司著 理論社(世界をカエル10代からの羅針盤) 2017年6月

「世界が広がる英文読解」田中健一著 岩波書店(岩波ジュニア新書) 2023年7月

「世界史で読み解く現代ニュース 宗教編—未来へのトビラ；File No.006」池上彰著;増田ユリヤ著 ポプラ社(ポプラ選書) 2019年4月

「世界史で読み解く現代ニュース—未来へのトビラ；File No.002」池上彰著;増田ユリヤ著 ポプラ社(ポプラ選書) 2018年4月

「知らないと恥をかく最新科学の話」中村幸司著 KADOKAWA 2019年3月

「池上彰の「ニュース、そこからですか!?」」池上彰著 文藝春秋(文春新書) 2012年3月

「池上彰のニュースに登場する世界の環境問題 3 (食糧)」稲葉茂勝訳・文;サラ・レベーテ原著;池上彰監修 さ・え・ら書房 2010年4月

「池上彰のニュースに登場する世界の環境問題 4 (ゴミ)」稲葉茂勝訳・文;アンジェラ・ロイストン原著;池上彰監修 さ・え・ら書房 2010年4月

「池上彰のニュースに登場する世界の環境問題 5 (健康・病気)」稲葉茂勝訳・文;サラ・レベーテ原著;池上彰監修 さ・え・ら書房 2010年4月

情報やメディアの理解を深める

「池上彰のニュースに登場する世界の環境問題7(人口問題)」稲葉茂勝訳・文;キャサリン・チャンバーズ原著;池上彰監修 さ・え・ら書房 2011年2月

「池上彰のニュースに登場する世界の環境問題8(貧困)」稲葉茂勝訳・文;キャサリン・チャンバーズ原著;池上彰監修 さ・え・ら書房 2011年3月

「本質をつかむ聞く力：ニュースの現場から」松原耕二著 筑摩書房(ちくまプリマー新書) 2018年6月

ニュース＞フェイクニュース、デマ

「その情報はどこから？：ネット時代の情報選別力」猪谷千香著 筑摩書房(ちくまプリマー新書) 2019年2月

「はじめてのニュース・リテラシー」白戸圭一著 筑摩書房(ちくまプリマー新書) 2021年3月

「ファクトチェックとは何か」立岩陽一郎著;楊井人文著 岩波書店(岩波ブックレット) 2018年4月

「信じてはいけない：民主主義を壊すフェイクニュースの正体」平和博著 朝日新聞出版(朝日新書) 2017年6月

「人間はだまされる：フェイクニュースを見分けるには」三浦準司著 理論社(世界をカエル10代からの羅針盤) 2017年6月

「本質をつかむ聞く力：ニュースの現場から」松原耕二著 筑摩書房(ちくまプリマー新書) 2018年6月

電子回路

「たのしい電子回路：すぐ作れて試せるアイデア回路集」西田和明著 講談社(ブルーバックス) 2012年7月

5G

「5G：大容量・低遅延・多接続のしくみ」岡嶋裕史著 講談社(ブルーバックス) 2020年7月

「5Gでビジネスはどう変わるのか」クロサカタツヤ著 日経BP 2019年11月

「5Gの衝撃」小林雅一著 宝島社 2020年2月

「5G時代：アフターデジタルをリードするコアエンジン」孫松林著;配島亜希子訳 中信出版日本 2020年11月

「会社四季報業界地図 2020年版」東洋経済新報社編 東洋経済新報社 2019年9月

ブロードバンド

「5G：大容量・低遅延・多接続のしくみ」岡嶋裕史著 講談社(ブルーバックス) 2020年7月

情報やメディアの理解を深める

放送＞アナログ放送

「図解・テレビの仕組み：白黒テレビから地上デジタル放送まで」青木則夫著 講談社(ブルーバックス) 2011年9月

放送＞デジタル放送

「図解・テレビの仕組み：白黒テレビから地上デジタル放送まで」青木則夫著 講談社(ブルーバックス) 2011年9月

報道、ジャーナリズム

「13歳からのジャーナリスト：社会正義を求め世界を駆ける」伊藤千尋著 かもがわ出版 2019年11月

「くらしをべんりにする新・情報化社会の大研究 1」藤川大祐監修 岩崎書店 2021年3月

「コロナの時代を生きるためのファクトチェック」立岩陽一郎著 講談社 2020年12月

「それって本当?メディアリテラシーはじめよう：フェイクニュースとクリティカルシンキング」ジョイス・グラント著;キャスリーン・マルコット絵;片柳伊佐訳 岩崎書店 2023年12月

「はじめてのニュース・リテラシー」白戸圭一著 筑摩書房(ちくまプリマー新書) 2021年3月

「印刷職人は、なぜ訴えられたのか」ゲイル・ジャロー著;幸田敦子訳 あすなろ書房 2011年10月

「科学報道の真相：ジャーナリズムとマスメディア共同体」瀬川至朗著 筑摩書房 2017年1月

「学習に役立つ!なるほど新聞活用術 1 (新聞まるごと大かいぼう)」曽木誠監修;市村均文;伊東浩司絵 岩崎書店 2013年3月

「社会の今を見つめて：TVドキュメンタリーをつくる」大脇三千代著 岩波書店(岩波ジュニア新書) 2012年10月

「人間はだまされる：フェイクニュースを見分けるには—世界をカエル10代からの羅針盤」三浦準司著 理論社 2017年6月

「人類の歴史を変えた8つのできごと 2 (民主主義・報道機関・産業革命・原子爆弾編)」眞淳平著 岩波書店(岩波ジュニア新書) 2012年5月

「池上彰と考える災害とメディア 1」池上彰監修 文溪堂 2021年2月

「池上彰と考える災害とメディア 2」池上彰監修 文溪堂 2021年3月

「池上彰と考える災害とメディア 3」池上彰監修 文溪堂 2021年3月

「池上彰と考える災害とメディア 4」池上彰監修 文溪堂 2021年3月

「池上彰の新聞活用大事典：調べてまとめて発表しよう! 1 (新聞って面白い!)」池上彰監修 文溪堂 2013年3月

情報やメディアの理解を深める

「池上彰の新聞活用大事典：調べてまとめて発表しよう！2（新聞をもっと知ろう!)」池上彰監修 文溪堂 2013年3月

「発信力の育てかた：ジャーナリストが教える「伝える」レッスン――14歳の世渡り術」外岡秀俊著 河出書房新社 2015年9月

「娘と話すメディアってなに？ 改訂新版」山中速人著 現代企画室 2016年10月

マスメディア

「職場体験完全ガイド 17」 ポプラ社 2010年3月

「職場体験完全ガイド 25」 ポプラ社 2011年3月

「職場体験完全ガイド 69」 ポプラ社 2020年4月

メール

「Webで学ぶ総合実践演習 改訂版」システム・フューチャー株式会社著 実教出版 2013年2月

「メールはなぜ届くのか：インターネットのしくみがよくわかる」草野真一著 講談社（ブルーバックス) 2014年5月

「仕事がぐんぐん加速するパソコン即効冴えワザ82：時間のロスを減らす会心のテクニック」トリプルウイン著 講談社（ブルーバックス) 2011年5月

「振り回されないメール術：状況を改善する「適切な書き方」」田村仁著 講談社（ブルーバックス) 2012年1月

「世界で生きぬく理系のための英文メール術：短く、正確に、要点を押さえて」吉形一樹著 講談社（ブルーバックス) 2015年10月

メディアリテラシー

「10代からの情報キャッチボール入門：使えるメディア・リテラシー」下村健一著 岩波書店 2015年4月

「12歳からのスマホのマナー入門」藤川大祐著 大空出版（大空教育新書) 2014年3月

「コロナの時代を生きるためのファクトチェック」立岩陽一郎著 講談社 2020年12月

「その情報、本当ですか？：ネット時代のニュースの読み解き方」塚田祐之著 岩波書店（岩波ジュニア新書) 2018年2月

「その情報はどこから？：ネット時代の情報選別力」猪谷千香著 筑摩書房（ちくまプリマー新書) 2019年2月

「それって本当？メディアリテラシーはじめよう：フェイクニュースとクリティカルシンキング」ジョイス・グラント著;キャスリーン・マルコット絵;片柳伊佐訳 岩崎書店 2023年12月

「たったひとつの「真実」なんてない：メディアは何を伝えているのか？」森達也著 筑摩書房（ちくまプリマー新書) 2014年11月

情報やメディアの理解を深める

「なぜ科学を学ぶのか」池内了著 筑摩書房(ちくまプリマー新書) 2019年10月

「ネットで見たけどこれってホント? 1」北折一著 少年写真新聞社 2016年9月

「ネットで見たけどこれってホント? 2」北折一著 少年写真新聞社 2016年10月

「ネットで見たけどこれってホント? 3」北折一著 少年写真新聞社 2016年11月

「はじめてのニュース・リテラシー」白戸圭一著 筑摩書房(ちくまプリマー新書) 2021年3月

「ひと目でわかる最新情報モラル：ネット社会を賢く生きる実践スタディ 高校版 第2版」大橋真也;森夏節;立田ルミ;小杉直美;橘孝博;早坂成人;曽我聡起;高瀬敏樹;石坂徹;辰島裕美著 日経BP社 2011年12月

「フェイクニュースがあふれる世界に生きる君たちへ：世界を信じるためのメソッド 増補新版」森達也著 ミツイパブリッシング 2019年12月

「マンガでわかる世の中の「ウソ」から身を守る：情報との正しい接し方」下村健一監修 学研プラス 2021年2月

「家庭でマスター!中学生のスマホ免許：依存・いじめ・炎上・犯罪…SNSのトラブルを防ぐ新・必修スキル」遠藤美季著;坂本ロクタク漫画 誠文堂新光社 2014年12月

「見てわかる情報モラル：スマホ・SNS時代の情報社会の歩き方22 lesson 第2版」日本文教出版編集部編 日本文教出版 2014年3月

「子どもコンプライアンス」山本一宗著;どんぐり。イラスト ワニブックス 2023年4月

「社会の真実の見つけかた」堤未果著 岩波書店(岩波ジュニア新書) 2011年2月

「社会の真実の見つけかた」堤未果著 岩波書店(岩波ジュニア新書) 2011年2月

「情報を整理する新聞術—学び力アップ道場；2」岸尾祐二監修 フレーベル館 2010年1月

「情報最新トピック集：高校版 2013」久野靖監修;佐藤義弘監修;辰己丈夫監修;中野由章監修 日経BP社 2012年12月

「信頼の条件：原発事故をめぐることば」影浦峡著 岩波書店(岩波科学ライブラリー) 2013年4月

「新聞力：できる人はこう読んでいる」齋藤孝著 筑摩書房(ちくまプリマー新書) 2016年10月

「人間はだまされる：フェイクニュースを見分けるには—世界をカエル10代からの羅針盤」三浦準司著 理論社 2017年6月

「世界を信じるためのメソッド：ぼくらの時代のメディア・リテラシー—よりみちパン!セ；P 19」森達也著 イースト・プレス 2011年10月

「窓をひろげて考えよう：体験!メディアリテラシー」下村健一著 かもがわ出版 2017年7月

「池上彰さんと学ぶ12歳からの政治 2」池上彰監修 学研プラス 2017年2月

「池上彰さんと学ぶみんなのメディアリテラシー：知っていると便利知らなきゃ怖いメディアのルールと落とし穴 1 (メディアの役割とその仕組み)」池上彰監修 学研教育出版 2015年2月

情報やメディアの理解を深める

「池上彰さんと学ぶみんなのメディアリテラシー：知っていると便利知らなきゃ怖いメディアのルールと落とし穴 2 (インターネットの便利さ・怖さ)」池上彰監修 学研教育出版 2015年2月

「池上彰さんと学ぶみんなのメディアリテラシー：知っていると便利知らなきゃ怖いメディアのルールと落とし穴 3 (スマホ・SNSとの正しい付き合い方)」池上彰監修 学研教育出版 2015年2

「池上彰と考える災害とメディア 3」池上彰監修 文溪堂 2021年3月

「池上彰のなるほど!現代のメディア 2」池上彰日本語版監修 文溪堂 2011年3月

「池上彰のなるほど!現代のメディア 3」池上彰日本語版監修 文溪堂 2011年3月

「池上彰のなるほど!現代のメディア 4」池上彰日本語版監修 文溪堂 2011年2月

「部活でスキルアップ!放送部活躍のポイント—コツがわかる本. ジュニアシリーズ」さらだたまこ監修 メイツユニバーサルコンテンツ 2023年5月

「本当に怖いスマホの話：次はキミの番かもしれない……」遠藤美季監修 金の星社 2015年3月

「娘と話すメディアってなに? 改訂新版」山中速人著 現代企画室 2016年10月

モバイルデータ通信、モバイル通信

「カラー図解でわかる通信のしくみ：あなたはインターネット&モバイル通信をどこまで理解していますか?」井上伸雄著 SBクリエイティブ 2013年11月

【デジタル・AI・情報関連の仕事を知る】

ITコンサルタント

「ITコンサルティングの基本 = The Basics of IT Consulting：この1冊ですべてわかる 新版」克元亮編著 日本実業出版社 2021年5月

IT産業、情報産業

「自分と未来のつくり方：情報産業社会を生きる」石田英敬著 岩波書店（岩波ジュニア新書）2010年6月

エンジニア、技術者

「GAFAMのエンジニア思考：ゼロからイチを生み出しつづける」アレックス・カントロウィッツ著；小川彩子訳 かんき出版 2021年9月

「IDEA FACTORY：頭をアイデア工場にする20のステップ」アンドリー・セドニエフ著；弓場隆訳 ディスカヴァー・トゥエンティワン 2017年4月

「ITエンジニアの「海外進出」読本」五嶋仁著；高木右近日向著；須藤敏行監修 幻冬舎メディアコンサルティング 2018年2月

「IT素人を説得する技術 = Technique to persuade Information Technology amateurs.：相手を説得し納得させるエバンジェライズ〈伝道〉の極意」黒音こなみ著 シーアンドアール研究所 2020年5月

「Pythonエンジニアファーストブック」鈴木たかのり著；清原弘貴著；嶋田健志著；池内孝啓著；関根裕紀著 技術評論社 2017年9月

「アプリケーションエンジニアになるには―なるにはBOOKS；156」小杉眞紀著；吉田真奈著；山田幸彦著 ぺりかん社 2021年6月

「イチからつくるサステナビリティ部門：元システムエンジニアの挑戦」本田健司著 日経BP 2021年4月

「エンジニアだからこそ見えてきた「提案営業」のカンどころ」小西正秀著 セルバ出版 2017年12月

「エンジニアになりたい君へ：理工系学生のためのキャリア形成ガイドブック」森實敏彦著 幻冬舎メディアコンサルティング 2017年2月

「エンジニアになろう！：つくってわかるテクノロジーのしくみ―見たい、知りたい、ためしたい」キャロル・ボーダマン監修；後藤真理子訳 化学同人 2020年2月

「エンジニアリングマネージャーのしごと：チームが必要とするマネージャーになる方法」JamesStanier著；吉羽龍太郎訳；永瀬美穂訳；原田騎郎訳；竹葉美沙訳 オライリー・ジャパン 2022年8月

デジタル・AI・情報関連の仕事を知る

「キャリア教育に活きる!仕事ファイル：センパイに聞く1」小峰書店編集部編著 小峰書店 2017年4月

「キャリア教育支援ガイドお仕事ナビ 12」お仕事ナビ編集室著 理論社 2017年10月

「こどもプログラミング：なぜプログラミングを学ぶのかがわかる本」たにぐちまこと著 カンゼン 2021年11月

「コミックエンジニア物語：未来を拓く高専のチカラ：高専受験のススメ」国立高等専門学校機構マンガで伝える「エンジニアの姿」実施委員会編 平凡社 2014年6月

「コンピュータ技術者になるには [2010年]—なるにはbooks；24」宍戸周夫著 ぺりかん社 2010年11月

「スピード勝負！夏の競技 1 (車椅子バスケットボール・水泳ほか)—まるわかり!パラリンピック」日本障がい者スポーツ協会監修 文研出版 2014年11月

「デザイン3.0の教科書：誰もがデザインする時代」山岡俊樹著 海文堂出版 2018年10月

「どうなってるの？エンジニアのものづくり：めくって楽しい81のしかけ」ローズ・ホール文；リー・コスグローブ絵；福本友美子訳;大﨑章弘日本版版監修 ひさかたチャイルド 2021年6月

「トヨタチーフエンジニアの仕事」北川尚人著 講談社 2020年6月

「フリーエンジニアで成功するためにやるべき54のこと：年収300万円アップも夢じゃない!」斎藤和明著 秀和システム 2020年3月

「ミーティングのデザイン：エンジニア、デザイナー、マネージャーが知っておくべき会議設計・運営ガイド」ケビン・M・ホフマン著;安藤貴子訳 ビー・エヌ・エヌ新社 2018年9月

「わたし×IT=最強説：女子&ジェンダーマイノリティがITで活躍するための手引書」Waffle著;森田久美子執筆;田中沙弥果監修;斎藤明日美監修;辻田健作監修;森田久美子監修 リトルモア 2023年3月

「異端者たちの挑戦：トヨタ発ベンチャー企業第一号苦闘の軌跡」安部賛著 幻冬舎メディアコンサルティング 2019年10月

「運用☆ちゃんと学ぶシステム運用の基本」沢渡あまね著;湊川あい著 シーアンドアール研究所 2019年4月

「技術の街道をゆく」畑村洋太郎著 岩波書店 (岩波新書 新赤版) 2018年1月

「技術屋の王国：ホンダの不思議力」片山修著 東洋経済新報社 2017年9月

「技術者という生き方―発見!しごと偉人伝」上山明博著 ぺりかん社 2012年3月

「君たちはどう働きますか：不安の時代に効く100の処方箋」西本甲介著 東洋経済新報社 2018年11月

「原価企画とトヨタのエンジニアたち」小林英幸著 中央経済社 (メルコ学術振興財団研究叢書) 2017年11月

「最強のエンジニアになるためのプレゼンの教科書」亀山雅司著 マネジメント社 2019年12月

デジタル・AI・情報関連の仕事を知る

「最強のエンジニアになるための話し方の教科書」亀山雅司著 マネジメント社 2019年1月

「職場体験完全ガイド 13」ポプラ社 2010年3月

「職場体験完全ガイド 15」ポプラ社 2010年3月

「職場体験完全ガイド 49」ポプラ社編集 ポプラ社 2016年4月

「職場体験完全ガイド 55」ポプラ社編集 ポプラ社 2017年4月

「人生で大切なことはすべてソニーから学んだ : Back to the basics yet again.」蓑宮武夫著 PHP研究所 2021年5月

「世界を驚かせた女性の物語 [2]」ジョージア・アムソン-ブラッドショー著;リタ・ペトルッチオーリ絵;阿蘭ヒサコ訳 旬報社 2020年1月

「大人になったら何になりたい?日本の給料&職業図鑑 : こども編」給料BANK著;スタディサプリ進路著 宝島社 2023年3月

「島秀雄 : 新幹線をつくった男—角川まんが学習シリーズ ; N7. まんが人物伝」小野田滋監修 ;桐嶋たけるまんが作画 KADOKAWA 2018年7月

「平賀源内 :「非常の人」の生涯」新戸雅章著 平凡社（平凡社新書）2020年7月

「本田宗一郎 : 夢を追い続けた知的バーバリアン—日本の企業家」野中郁次郎著 PHP研究所（PHP経営叢書）2017年6月

「未来をきりひらく!夢への挑戦者たち 3（学問・研究編）」教育画劇 2014年4月

「理工系のための超頑張らないプレゼン入門」安田陽著 オーム社 2018年8月

エンジニア、技術者＞航空宇宙エンジニア

「航空宇宙エンジニアになるには—なるにはBOOKS ; 159」小熊みどり著 ぺりかん社 2023年1月

エンジニア、技術者＞システムエンジニア（SE）

「新米SEゼロから始めるキャリアプラン設計 : SEとして「将来なりたい自分」になるために」粟竹愼太郎著 幻冬舎メディアコンサルティング 2017年3月

エンジニア、技術者＞情報処理技術者

「世界一流エンジニアの思考法 = How World-Class Engineers Think」牛尾剛著 文藝春秋 2023年10月

エンジニア、技術者＞ロボット開発者

「アンドロイドは人間になれるか」石黒浩著 文藝春秋（文春新書）2015年12月

「ミライの武器 = Strength of the Future :「夢中になれる」を見つける授業—sanctuary books」吉藤オリィ著 サンクチュアリ出版 2021年5月

デジタル・AI・情報関連の仕事を知る

ゲームクリエイター、ゲームプランナー

「ゲーム&クリエイターパソコンのひみつ―学研まんがでよくわかるシリーズ；153」マンガデザイナーズラボまんが；入澤宣幸構成 学研プラス 2019年3月

「ゲームクリエイターになるには?」馬場保仁監修；deroriイラスト；かんくろうマンガ 金の星社（マンガでわかるあこがれのお仕事）2019年6月

「ゲームと生きる!：楽しいが力になる 1」高橋浩徳監修 フレーベル館 2021年11月

「ゲームプランナー入門：アイデア・企画書・仕様書の技術から就職まで」吉冨賢介著 技術評論社 2019年5月

「ゲーム作りの発想法と企画書の作り方：ゲーム業界で活躍する現役クリエイターが明かす独自のアイデア発想法と企画書の作り方。：ゲームデザイナー・プランナー・シナリオライターを目指すなら必読!」畑大典編著；畑大典著；ほか著；時田貴司述；ほか述 総合科学出版 2020年11月

「サイバーエージェント公式こどもプログラミング超入門：Scratchでつくろう!迷路ゲーム」テックキッズスクール著 小学館 2018年2月

「シブサワ・コウ0から1を創造する力」シブサワコウ著 PHP研究所 2017年4月

「ジブン未来図鑑：職場体験完全ガイド＋ 5」ポプラ社編集 ポプラ社 2022年4月

「主人公思考 = Leading Character Thinking」坂上陽三著 KADOKAWA 2021年10月

「職場体験完全ガイド 13」ポプラ社 2010年3月

「田尻智：ポケモンをつくった男」田中顕まんが 小学館（小学館版学習まんがスペシャル）2018年5月

「夢のお仕事さがし大図鑑：名作マンガで「すき!」を見つける 4」夢のお仕事さがし大図鑑編集委員会編 日本図書センター 2016年9月

サウンドクリエイター

「キャリア教育に活きる!仕事ファイル：センパイに聞く 1」小峰書店編集部編著 小峰書店 2017年4月

「ゲームと生きる!：楽しいが力になる 1」高橋浩徳監修 フレーベル館 2021年11月

「ゲームの仕事」オオノマサフミイラスト；株式会社セガゲームス著 ポプラ社（「好き」で見つける仕事ガイド）2019年11月

データサイエンティスト

「21世紀の新しい職業図鑑：未来の職業ガイド」武井一巳著 秀和システム 2020年8月

「データサイエンティストの育て方」斉藤史朗著 海文堂出版 2020年12月

デジタル・AI・情報関連の仕事を知る

「データサイエンティストの要諦」加藤良太郎著;高山博和著;深谷直紀著 幻冬舎メディアコンサルティング 2021年4月

プログラマー

「アルゴリズムを考えよう:ウォーターパークにあつまれ!—お話でわかるプログラミング」ケイトリン・シウ作;マルセロ・バダリ絵;狩野さやか訳・解説 ほるぷ出版 2022年12月

「キャリア教育に活きる!仕事ファイル:センパイに聞く 1」小峰書店編集部編著 小峰書店 2017年4月

「くらしの中のプログラミング:天才プログラマー矢倉大夢がわかりやすく日本語訳!」ヘザー・リオンズ著;矢倉大夢訳 保育社(こどものためのプログラミング) 2019年7月

「ゲームとアニメーション:天才プログラマー矢倉大夢がわかりやすく日本語訳!」ヘザー・リオンズ著;矢倉大夢訳 保育社(こどものためのプログラミング) 2019年7月

「ゲームの仕事」オオノマサフミイラスト;株式会社セガゲームス著 ポプラ社(「好き」で見つける仕事ガイド) 2019年11月

「こどもプログラミング:なぜプログラミングを学ぶのかがわかる本」たにぐちまこと著 カンゼン 2021年11月

「しごとば やっぱりーしごとばシリーズ;6」鈴木のりたけ作 ブロンズ新社 2020年2月

「プログラマーになろう!:遊んで、ためして、よくわかる:楽しく身につくプログラミングのきほん」キキ・プロッツマン著;片岡律子訳 化学同人 2020年11月

「プログラマーの一日—暮らしを支える仕事見る知るシリーズ:10代の君の「知りたい」に答えます」WILLこども知育研究所編著 保育社 2021年1月

「プログラミングという最強の武器—君に伝えたい仕事の話・シリーズ;1」庄司渉著 ロングセラーズ 2022年12月

「月とアポロとマーガレット:月着陸をささえたプログラマー—評論社の児童図書館・絵本の部屋」ディーン・ロビンズぶん;ルーシー・ナイズリーえ;鳥飼玖美子やく 評論社 2018年7月

「順次のかたちで考えよう:はじめての学校—お話でわかるプログラミング」ケイトリン・シウ作;マルセロ・バダリ絵;狩野さやか訳・解説 ほるぷ出版 2023年2月

「小学生でもわかるプログラミングの世界:プログラミングってそういうことか…」林晃著 シーアンドアール研究所 2016年11月

「職場体験完全ガイド 55」ポプラ社編集 ポプラ社 2017年4月

「世界でさいしょのプログラマー:エイダ・ラブレスのものがたり—評論社の児童図書館・絵本の部屋」フィオナ・ロビンソンさく;せなあいこやく 評論社 2017年5月

「世界を驚かせた女性の物語 [2]」ジョージア・アムソン-ブラッドショー著;リタ・ペトルッチオーリ絵;阿蘭ヒサコ訳 旬報社 2020年1月

デジタル・AI・情報関連の仕事を知る

「反復のかたちで考えよう：ツリーハウスをつくろう—お話でわかるプログラミング」ケイトリン・シウ作;マルセロ・バダリ絵;狩野さやか訳・解説 ほるぷ出版 2023年2月

「分解して考えよう：ロックンロールしようよ!—お話でわかるプログラミング」ケイトリン・シウ作;マルセロ・バダリ絵;狩野さやか訳・解説 ほるぷ出版 2023年2月

「分岐のかたちで考えよう：たんじょうびパーティー大作戦!—お話でわかるプログラミング」ケイトリン・シウ作;マルセロ・バダリ絵;狩野さやか訳・解説 ほるぷ出版 2023年2月

「変数をつかって考えよう：本づくりにちょうせん!—お話でわかるプログラミング」ケイトリン・シウ作;マルセロ・バダリ絵;狩野さやか訳・解説 ほるぷ出版 2023年2月

「目指せプログラマー!プログラミング超入門：プログラミング的な考え方をしっかり身につけよう Visual Studio Community・C#編」掌田津耶乃著 マイナビ 2015年6月

【デジタル・AI知識を深める学問】

解析学

「はじめての解析学:微分、積分から量子力学まで」原岡喜重著 講談社(ブルーバックス) 2018年11月

「マンガ「解析学」超入門:微分積分の本質を理解する」ラリー・ゴニック著・絵;鍵本聡訳;坪井美佐訳 講談社(ブルーバックス) 2016年6月

「微分方程式:物理的発想の解析学」中西襄著 丸善出版 2016年10月

「無限」イアン・スチュアート著;川辺治之訳 岩波書店(岩波科学ライブラリー) 2018年5月

解析的整数論

「解析的整数論3」カール・ジーゲル著;片山孝次訳 岩波書店 2023年2月

幾何学

「ガウディーよみがえる天才;6」鳥居徳敏著 筑摩書房(ちくまプリマー新書) 2021年3月

「はじめて読む数学の歴史」上垣渉著 KADOKAWA(角川ソフィア文庫) 2016年8月

経済数学

「経済数学の直観的方法 マクロ経済学編」長沼伸一郎著 講談社(ブルーバックス) 2016年9月

計算複雑性理論

「チューリングの計算理論入門:チューリング・マシンからコンピュータへ」高岡詠子著 講談社(ブルーバックス) 2014年2月

ゲーム理論

「「やられたら、やり返す」は、なぜ最強の戦略なのか:〈ゲーム理論〉で読み解く駆け引きの極意」安部徹也著 SBクリエイティブ(SB新書) 2014年9月

「「意思決定」の科学:なぜ、それを選ぶのか」川越敏司著 講談社(ブルーバックス) 2020年9月

「16歳からのはじめてのゲーム理論:"世の中の意思決定"を解き明かす6.5個の物語」鎌田雄一郎著 ダイヤモンド社 2020年7月

「はじめてのゲーム理論:2つのキーワードで本質がわかる」川越敏司著 講談社(ブルーバックス) 2012年8月

「マンガでわかるゲーム理論:なぜ上司は仕事をサボるのか?近所トラブルはどうして悪化するのか?」ポーポー・ポロダクション著 SBクリエイティブ 2014年6月

デジタル・AI知識を深める学問

「教養としての10年代アニメ」町口哲生著 ポプラ社(ポプラ選書. 未来へのトビラ) 2018年4月

「高校生からのゲーム理論」松井彰彦著 筑摩書房(ちくまプリマー新書) 2010年4月

「市場って何だろう：自立と依存の経済学」松井彰彦著 筑摩書房(ちくまプリマー新書) 2018年7月

「必勝法の数学」徳田雄洋著 岩波書店(岩波科学ライブラリー) 2017年7月

「雷神と心が読めるヘンなタネ：こどものためのゲーム理論」鎌田雄一郎著 河出書房新社 2022年6月

工学、エンジニアリング

「DXとは何か：意識改革からニューノーマルへ」坂村健著 KADOKAWA(角川新書) 2021年4月

「GAFAMのエンジニア思考：ゼロからイチを生み出しつづける」アレックス・カントロウィッツ著; 小川彩子訳 かんき出版 2021年9月

「NHKプロフェッショナル仕事の流儀 3」NHK「プロフェッショナル」制作班編 ポプラ社 2018年4月

「アクチュエータ工学入門：「動き」と「力」を生み出す驚異のメカニズム」鈴森康一著 講談社(ブルーバックス) 2014年7月

「アナロジーで解く高校生のための工学入門」宮内則雄著 批評社 2015年7月

「エネルギー機器―最先端ビジュアル百科「モノ」の仕組み図鑑；5」スティーブ・パーカー著; 上原昌子訳 ゆまに書房 2010年10月

「エンジニアになろう！：つくってわかるテクノロジーのしくみ―見たい、知りたい、ためしたい」キャロル・ボーダマン監修;後藤真理子訳 化学同人 2020年2月

「オリンピックをささえるスポーツ・テクノロジー 1」スポーツデザイン研究所編著 汐文社 2019年12月

「こども実験教室宇宙を飛ぶスゴイ技術！：理系アタマを育てる：「はやぶさ2」「イカロス」に強くなる!!」川口淳一郎著 ビジネス社 2018年8月

「ジェット・エンジンの仕組み：工学から見た原理と仕組み」吉中司著 講談社(ブルーバックス) 2010年9月

「だいこんだんめんれんこんざんねん―かがくのとも絵本」加古里子さく 福音館書店 2010年10月

「だんめんず」加古里子ぶん・え 福音館書店 2018年10月

「デジタル機器―最先端ビジュアル百科「モノ」の仕組み図鑑；3」スティーブ・パーカー著;上原昌子訳 ゆまに書房 2010年7月

「ネットワーク科学：つながりが解き明かす世界のかたち」Guido Caldarelli著;Michele Catanzaro著;高口太朗訳;増田直紀監訳 丸善出版 2014年4月

デジタル・AI知識を深める学問

「バイオ技術者・研究者になるには―なるにはBOOKS」堀川晃菜著 ぺりかん社 2018年8月

「みんなを幸せにする新しい福祉技術2(自分の足で行きたい所に行ける車いす)」孫奈美編著 汐文社 2015年1月

「もののしくみ大図鑑：どうやって動くの？：電球から家庭用ロボットまでもののしくみがよくわかる! 最新版」ジョエル・ルボーム文;クレマン・ルボーム文;村上雅人監修;村井丈美訳;村井忍訳;塩見明子訳 世界文化社 2016年6月

「ロボットはなぜ生き物に似てしまうのか：工学に立ちはだかる「究極の力学構造」」鈴森康一著 講談社(ブルーバックス) 2012年4月

「宇宙ヨットで太陽系を旅しよう：世界初!イカロスの挑戦」森治著 岩波書店(岩波ジュニア新書) 2011年10月

「宇宙探査機・ロケット―最先端ビジュアル百科「モノ」の仕組み図鑑；1」スティーブ・パーカー著;上原昌子訳 ゆまに書房 2010年5月

「科学者の目 新版」かこさとし文と絵 童心社 2019年7月

「古代世界の超技術：あっと驚く「巨石文明」の智慧」志村史夫著 講談社(ブルーバックス) 2013年12月

「古代日本の超技術：あっと驚くご先祖様の智慧 改訂新版」志村史夫著 講談社(ブルーバックス) 2012年12月

「工学で使う力学がわかる：物体の動きがわかれば力やエネルギーもイメージできる!」潮秀樹著 技術評論社 2011年5月

「工学者―世界をうごかした科学者たち」ゲリー・ベイリー文;本郷尚子訳 ほるぷ出版 2019年3月

「航空機―最先端ビジュアル百科「モノ」の仕組み図鑑；6」スティーブ・パーカー著;五十嵐友子訳 ゆまに書房 2010年11月

「国立大学で工学を学ぼう：国立大学56工学系学部では、どんな学問が学べるのか?」国立大学56工学系学部長会議監修;フロムページ夢ナビ編集部企画編集 フロムページ 2019年4月

「国立大学で工学を学ぼう vol.2」国立大学55工学系学部長会議監修;フロムページ夢ナビ編集部企画編集 フロムページ 2022年1月

「錯視の魔術」ジャンニ・A・サルコーネ著;メアリー=ジョー・ウェバー著;大日本印刷株式会社訳 教育画劇 2018年2月

「自動車・バイク―最先端ビジュアル百科「モノ」の仕組み図鑑；2」スティーブ・パーカー著;五十嵐友子訳 ゆまに書房 2010年6月

「鉄道のひみつ = The secrets of railway」谷藤克也監修 小学館(キッズペディアアドバンスなぞ解きビジュアル百科) 2020年9月

「透視絵図鑑なかみのしくみ キッチン」こどもくらぶ編さん 六耀社 2016年2月

「透視絵図鑑なかみのしくみ 家のなか」こどもくらぶ編さん 六耀社 2016年1月

「透視絵図鑑なかみのしくみ 楽器」こどもくらぶ編さん 六耀社 2016年9月

「透視絵図鑑なかみのしくみ 遊園地」こどもくらぶ編さん 六耀社 2016年11月

「日本刀の科学：武器としての合理性と機能美に科学で迫る」臺丸谷政志著 SBクリエイティブ 2016年6月

「物理チャレンジ独習ガイド：力学・電磁気学・現代物理学の基礎力を養う94題」杉山忠男著; 物理オリンピック日本委員会編 丸善出版 2016年12月

「無駄なマシーンを発明しよう!：独創性を育むはじめてのエンジニアリング」藤原麻里菜著;登尾徳誠監修 技術評論社 2021年7月

工学、エンジニアリング＞化学工学

「火薬のはなし：爆発の原理から身のまわりの火薬まで」松永猛裕著 講談社（ブルーバックス） 2014年8月

「新・材料化学の最前線：未来を創る「化学」の力」首都大学東京都市環境学部分子応用化学研究会編 講談社（ブルーバックス）2010年7月

工学、エンジニアリング＞環境工学

「水の危機をどう救うか：環境工学が変える未来」丹保憲仁著 PHP研究所 2012年12月

工学、エンジニアリング＞金融工学

「カラー図解でわかる金融工学「超」入門：投資のプロがやさしく教えるデリバティブ&リスク管理の考え方」田渕直也著 SBクリエイティブ 2015年1月

「物理学者が解き明かす思考の整理法」下條竜夫著 ビジネス社 2017年2月

工学、エンジニアリング＞システム工学

「世界を動かす技術思考：要素からシステムへ」木村英紀編著 講談社（ブルーバックス） 2015年5月

工学、エンジニアリング＞失敗学、失敗工学

「ミスしない大百科 = ENCYCLOPEDIA FOR AN ERROR-FREE LIFE："気をつけてもなくならない"ミスをなくす科学的な方法」飯野謙次著;宇都出雅巳著 SBクリエイティブ 2021年3月

工学、エンジニアリング＞人間工学

「ごめんなさい、もしあなたがちょっとでも行き詰まりを感じているなら、不便をとり入れてみてはどうですか?：不便益という発想」川上浩司著 インプレス（しごとのわ） 2017年3月

工学、エンジニアリング＞バイオテクノロジー（生物工学）

「STARTUP：起業家のリアル」村山恵一著 日本経済新聞出版社 2017年11月

デジタル・AI知識を深める学問

「ミドリムシ博士の超・起業思考:ユーグレナ最強の研究者が語る世界の変え方」鈴木健吾著 日経BP 2021年4月

「日本企業はなぜ世界で通用しなくなったのか」林原健著 ベストセラーズ(ベスト新書) 2018年5月

「僕はミドリムシで世界を救うことに決めた。」出雲充著 小学館(小学館新書) 2017年2月

工学、エンジニアリング>ロボット工学、ロボティクス

「シリコンバレーの一流投資家が教える世界標準のテクノロジー教養 = Liberal arts of Technology」山本康正著 幻冬舎 2021年2月

コンピュータサイエンス

「コンピュータサイエンス:計算を通して世界を観る」渡辺治著 丸善出版 2015年9月

情報科学、情報学

「〈弱いロボット〉の思考:わたし・身体・コミュニケーション」岡田美智男著 講談社(講談社現代新書) 2017年6月

「99.996%はスルー:進化と脳の情報学」竹内薫著;丸山篤史著 講談社(ブルーバックス) 2015年2月

「AIの衝撃:人工知能は人類の敵か」小林雅一著 講談社(講談社現代新書) 2015年3月

「AIの壁:人間の知性を問いなおす」養老孟司著 PHP研究所(PHP新書) 2020年10月

「AI時代を生き残る仕事の新ルール―青春新書INTELLIGENCE」水野操著 青春出版社 2017年11月

「ChatGPT時代の文系AI人材になる = How AI & the Humanities Work Together in the Generative AI Era:AIを操る7つのチカラ」野口竜司著 東洋経済新報社 2023年10月

「IoTは"三河屋さん"である:IoTビジネスの教科書」児玉哲彦著 マイナビ出版(マイナビ新書) 2017年4月

「SNS変遷史:「いいね!」でつながる社会のゆくえ」天野彬著 イースト・プレス(イースト新書) 2019年10月

「あなたのアクセスはいつも誰かに見られている:Amazon、Yahoo!、Google…大手サイトの裏側」小川卓著 扶桑社(扶桑社新書) 2016年5月

「クラウドの未来:超集中と超分散の世界」小池良次著 講談社(講談社現代新書) 2012年1月

「シャノンの情報理論入門:価値ある情報を高速に、正確に送る」高岡詠子著 講談社(ブルーバックス) 2012年12月

「デジタルは人間を奪うのか」小川和也著 講談社(講談社現代新書) 2014年9月

デジタル・AI知識を深める学問

「ポイントでマスター基礎からはじめる情報リテラシー」杉本くみ子ほか著;大澤栄子ほか著 実教出版 2023年2月

「ポイント整理情報モラル 第5版」数研出版編集部編 数研出版 2013年11月

「めざせ国際科学オリンピック!―東京理科大学坊っちゃん科学シリーズ;8」東京理科大学出版センター編;渡辺正共著;秋山仁共著;北原和夫共著;松田良一共著;齋藤淳一共著;谷聖一共著 東京書籍 2014年4月

「よくわかる実習「情報」:図解チャート:Windows Vista・7 Office 2007対応 改訂新版」定平誠;棟居義弘著 技術評論社 2010年1月

「よくわかる実習「情報」:図解チャート:Windows XP Office 2002・2003対応 改訂新版」定平誠;棟居義弘著 技術評論社 2010年1月

「高校生からのPython入門」立山秀利著 ジャムハウス 2022年4月

「冗長性から見た情報技術:やさしく理解する原理と仕組み」青木直史著 講談社(ブルーバックス) 2011年3月

「情報最新トピック集:高校版 2014」久野靖監修;佐藤義弘監修;辰己丈夫監修;中野由章監修;佐藤義弘著;辰己丈夫著;中野由章著;清水哲郎著;岩元直久著;大島篤著;勝村幸博著 日経BP社 2013年12月

「情報最新トピック集:高校版 2016」久野靖監修;佐藤義弘監修;辰己丈夫監修;中野由章監修;佐藤義弘著;辰己丈夫著;中野由章著;清水哲郎著;岩元直久著;大島篤著;勝村幸博著 日経BP社 2016年1月

「情報最新トピック集:高校版 2022」佐藤義弘監修;辰己丈夫監修;中野由章監修;佐藤義弘著;辰己丈夫著;中野由章著;清水哲郎著;能城茂雄著;松浦敏雄著;岩元直久著;大島篤著;勝村幸博著 日経BP 2022年2月

「情報最新トピック集:高校版 第3版」久野靖;辰己丈夫;佐藤義弘監修 日経BP社 2010年12月

「情報最新トピック集:高校版 第4版」辰己丈夫;佐藤義弘;清水哲郎;中野由章;大島篤;岩元直久著;久野靖;辰己丈夫;佐藤義弘監修 日経BP社 2011年12月

「身近なモノやサービスから学ぶ「情報」教室 = Information Study for a Passport to the New Era 2」土屋誠司編 創元社 2023年7月

「身近なモノやサービスから学ぶ「情報」教室 = Information Study for a Passport to the New Era 3」土屋誠司編 創元社 2023年7月

「人工知能は私たちの生活をどう変えるのか―青春新書INTELLIGENCE」水野操著 青春出版社 2016年10月

「人工知能時代を〈善く生きる〉技術」堀内進之介著 集英社(集英社新書) 2018年3月

「必勝法の数学」徳田雄洋著 岩波書店(岩波科学ライブラリー) 2017年7月

デジタル・AI知識を深める学問

「表現を究める―スタディサプリ三賢人の学問探究ノート：今を生きる学問の最前線読本；4」ドミニク・チェン著;川添愛著;水野祐著 ポプラ社 2021年3月

情報理論、エントロピー

「エントロピーがわかる：神秘のベールをはぐ7つのゲーム」アリー・ベン-ナイム著;中嶋一雄訳 講談社(ブルーバックス) 2010年7月

「エントロピーをめぐる冒険：初心者のための統計熱力学」鈴木炎著 講談社(ブルーバックス) 2014年12月

「シャノンの情報理論入門：価値ある情報を高速に、正確に送る」高岡詠子著 講談社(ブルーバックス) 2012年12月

「ディープラーニング革命：人工知能はどのようにして劇的な進化を遂げたのか」テレンス・J.セイノフスキー著;銅谷賢治監訳;藤崎百合訳 ニュートンプレス 2021年12月

「ドラえもんを本気でつくる」大澤正彦著 PHP研究所(PHP新書) 2020年2月

「絵でわかる人工知能：明日使いたくなるキーワード68」三宅陽一郎著;森川幸人著 SBクリエイティブ 2016年9月

「絵と図でよくわかる人工知能：AI時代に役立つ科学知識―14歳からのニュートン超絵解本」ニュートン編集部編著 ニュートンプレス 2023年1月

「冗長性から見た情報技術：やさしく理解する原理と仕組み」青木直史著 講談社(ブルーバックス) 2011年3月

「情報最新トピック集：高校版 2023」奥村晴彦監修;佐藤義弘監修;中野由章監修;奥村晴彦著;佐藤義弘著;中野由章著;清水哲郎著;能城茂雄著;松浦敏雄著;岩元直久著;大島篤著;勝村幸博著 日経BP 日本文教出版 2023年1月

「深層学習の原理に迫る：数学の挑戦」今泉允聡著 岩波書店(岩波科学ライブラリー) 2021年4月

「人工知能に哲学を教えたら」岡本裕一朗著 SBクリエイティブ(SB新書) 2018年9月

「中学数学からはじめる暗号入門：現代の暗号はどのようにして作られたのか」関根章道著 技術評論社 2019年2月

「僕らのAI論：9名の識者が語る人工知能と「こころ」」森川幸人編著 SBクリエイティブ 2019年6月

数学、算数

「「%」が分からない大学生：日本の数学教育の致命的欠陥」芳沢光雄著 光文社(光文社新書) 2019年4月

「6ケ月で早慶に受かる超勉強法」城野優著 エール出版社(Yell books) 2011年5月

「6年後東大に合格できる中学受験算数思考のルール」五本毛眼鏡著 エール出版社(Yell books) 2011年9月

デジタル・AI知識を深める学問

「お絵かき算数：東大卒のお母さんが教える!」中村希著 エール出版社(Yell books) 2021年5月

「ケンブリッジ数学史探偵」北川智子著 新潮社(新潮新書) 2015年8月

「こんなふうに教わりたかった!高校数学教室」定松勝幸著 SBクリエイティブ(SB新書) 2015年4月

「こんなふうに教わりたかった!中学数学教室」定松勝幸著 SBクリエイティブ(SB新書) 2014年2月

「なぜ男は女より多く産まれるのか：絶滅回避の進化論」吉村仁著 筑摩書房(ちくまプリマー新書) 2012年4月

「ヌードルたべるプードル」エマ・ヴィルケぶん;タカハシモグえ;坂本和加やく NHK出版 2023年10月

「はじまりの数学」野﨑昭弘著 筑摩書房(ちくまプリマー新書) 2012年10月

「はじめて読む数学の歴史」上垣渉著 KADOKAWA(角川ソフィア文庫) 2016年8月

「ハッピーになれる算数 増補新版」新井紀子著 新曜社(よりみちパン!セ) 2021年5月

「ひらめき力は、小学算数で鍛えよ―ディスカヴァー携書」伊藤邦人[著] ディスカヴァー・トゥエンティワン 2015年8月

「リベラルアーツの学び：理系的思考のすすめ」芳沢光雄著 岩波書店(岩波ジュニア新書) 2018年4月

「一週間はなぜ7日になったのか：数学者も驚いた、人間の知恵と宇宙観―青春新書INTELLIGENCE」柳谷晃著 青春出版社 2012年6月

「楽しむ数学10話 新版」足立恒雄著 岩波書店(岩波ジュニア新書) 2012年11月

「教養としての「数学1・A」：論理的思考力を最短で手に入れる」永野裕之著 NHK出版(NHK出版新書) 2022年4月

「現役京大生が教える大学入試数学の効率的勉強法 入門編―解ける数学シリーズ」本多翔一著 エール出版社(Yell books) 2012年10月

「現役京大生が伝授する大学入試数学の効率的勉強法 基本編―解ける数学シリーズ」本多翔一著 エール出版社(Yell books) 2013年1月

「高校生からの統計入門」加藤久和著 筑摩書房(ちくまプリマー新書) 2016年5月

「高校生が感動した確率・統計の授業」山本俊郎著 PHP研究所(PHP新書) 2017年9月

「仕事で差がつく図形思考：見るだけで頭が冴える100題―青春新書INTELLIGENCE」小林吹代著 青春出版社 2012年4月

「私立国立中学入試対策算数の極意」堤紀磨著 エール出版社(Yell books) 2016年9月

「深掘り!中学数学：教科書に書かれていない数学の話」坂間千秋著 岩波書店(岩波ジュニア新書) 2021年5月

デジタル・AI知識を深める学問

「数に強くなろう：ピーター流数学あそび」ピーター・フランクル著 岩波書店（岩波ジュニア新書）2015年6月

「数学と恋に落ちて 方程式を極める篇」ダニカ・マッケラー著;菅野仁子訳 岩波書店（岩波ジュニア新書）2018年12月

「数学と恋に落ちて 未知数に親しむ篇」ダニカ・マッケラー著;菅野仁子訳 岩波書店（岩波ジュニア新書）2018年12月

「数学はなぜ生まれたのか?」柳谷晃著 文藝春秋（文春新書）2014年4月

「数学を嫌いにならないで 基本のおさらい篇」ダニカ・マッケラー著;菅野仁子訳 岩波書店（岩波ジュニア新書）2018年6月

「数学を嫌いにならないで 文章題にいどむ篇」ダニカ・マッケラー著;菅野仁子訳 岩波書店（岩波ジュニア新書）2018年6月

「世界の見方が変わる「数学」入門—14歳の世渡り術」桜井進著 河出書房新社 2014年11月

「生き抜くための数学入門 増補新版」新井紀子著 新曜社（よりみちパン!セ）2021年5月

「中学受験算数ハイレベル問題集 改訂新版」熊野孝哉著 エール出版社（Yell books）2015年11月

「中学入試レベル大人の算数トレーニング—ディスカヴァー携書」栗田哲也［著］ディスカヴァー・トゥエンティワン 2014年6月

「難関中学に合格する!!算数脳を鍛える図形トレーニング：贊数仙人の教え：入試によく出る角度・長さ・面積86問 増補改訂版」井上慶一著 エール出版社（Yell books）2010年9月

「難関中学に合格する!!相似形と面積比・図形の移動トレーニング：入試によく出る図形問題106問 増補改訂4版—贊数仙人の教え」井上慶一著 エール出版社（Yell books）2020年1月

「入試数学の掌握：総論編：テーマ別演習1」近藤至徳著 エール出版社（Yell books）2011年10月

「僕に方程式を教えてください：少年院の数学教室」髙橋一雄著;瀬山士郎著;村尾博司著 集英社（集英社新書）2022年3月

「流体力学超入門—岩波科学ライブラリー」エリック・ラウガ著;石本健太訳 岩波書店 2023年12月

「論理的に解く力をつけよう」徳田雄洋著 岩波書店（岩波ジュニア新書）2013年8月

数学、算数＞暗算

「小学生〜大人まで16000×0.45が3秒で暗算できる」鍵本聡著 講談社 2023年11月

「池上彰の世界の見方 = Akira Ikegami,How To See the World インド」池上彰著 小学館 2020年7月

デジタル・AI知識を深める学問

数学、算数＞確率

「デタラメにひそむ確率法則：地震発生確率87%の意味するもの」小林道正著 岩波書店(岩波科学ライブラリー) 2012年7月

「はじめて読む数学の歴史」上垣渉著 KADOKAWA(角川ソフィア文庫) 2016年8月

「ホイヘンスが教えてくれる確率論：勝つための賭け方」岩沢宏和著 技術評論社 2016年3月

「マーケティングの必勝方程式：確率で組み立てる成功のシナリオ」寺澤慎祐著 マイナビ出版(マイナビ新書) 2016年3月

「まんがで身につくめざせ!あしたの算数王 1 (可能性の数、確率)」ゴムドリco.文;朴康鎬絵;猪川なと訳;竹内洋人監修 岩崎書店 2016年3月

「マンガで読むマックスウェルの悪魔」月路よなぎ漫画 講談社(ブルーバックス.BLUE BACKS COMIC) 2011年11月

「確率：不確かさを扱う」John Haigh著;木村邦博訳 丸善出版 2015年8月

「確率・統計でわかる「金融リスク」のからくり：「想定外の損失」をどう避けるか」吉本佳生著 講談社(ブルーバックス) 2012年8月

「確率がわかる：豊富な例題と図解で、基本からやさしく解説!集合からていねいに勉強したい人に最適!」小泉力一著 技術評論社 2017年3月

「確率のエッセンス：大数学者たちと魔法のテクニック」岩沢宏和著 技術評論社 2013年12月

「確率を攻略する：ギャンブルから未来を決める最新理論まで」小島寛之著 講談社(ブルーバックス) 2015年7月

「経済数学の直観的方法 確率・統計編」長沼伸一郎著 講談社(ブルーバックス) 2016年11月

「高校生が感動した確率・統計の授業」山本俊郎著 PHP研究所(PHP新書) 2017年9月

「心配学：「本当の確率」となぜずれる?」島崎敢著 光文社(光文社新書) 2016年1月

「新体系・高校数学の教科書 下」芳沢光雄著 講談社(ブルーバックス) 2010年3月

「新体系・中学数学の教科書 下」芳沢光雄著 講談社(ブルーバックス) 2012年3月

「身近なアレを数学で説明してみる：「なんでだろう?」が「そうなんだ!」に変わる」佐々木淳著 SBクリエイティブ 2019年1月

「図解・ベイズ統計「超」入門：あいまいなデータから未来を予測する技術」涌井貞美著 SBクリエイティブ 2013年12月

「数学で未来を予測する：ギャンブルから経済まで」野崎昭弘著 PHP研究所 2011年10月

「世の中の真実がわかる「確率」入門：偶然を味方につける数学的思考力」小林道正著 講談社(ブルーバックス) 2016年4月

「統計・確率思考で世の中のカラクリが分かる」高橋洋一著 光文社(光文社新書) 2011年10月

デジタル・AI知識を深める学問

「本当は面白い数学の話：確率がわかればイカサマを見抜ける?紙を100回折ると宇宙の果てまで届く?」岡部恒治著;本丸諒著 SBクリエイティブ 2018年3月

「予測の技術：微分・積分と確率・統計でビジネスの未来を読む」内山力著 SBクリエイティブ 2017年3月

数学、算数＞関数

「解析的整数論 3」カール・ジーゲル著;片山孝次訳 岩波書店 2023年2月

「数学と恋に落ちて 方程式を極める篇」ダニカ・マッケラー著;菅野仁子訳 岩波書店(岩波ジュニア新書) 2018年12月

「中学の知識でオイラーの公式がわかる」鈴木貫太郎著 光文社(光文社新書) 2020年1月

数学、算数＞グラフ理論

「四色問題：どう解かれ何をもたらしたのか」一松信著 講談社(ブルーバックス) 2016年5月

数学、算数＞計算量理論

「「P≠NP」問題：現代数学の超難問」野﨑昭弘著 講談社(ブルーバックス) 2015年9月

数学、算数＞工業数学

「工業数学がわかる：基礎からやさしく解説もの創りのための数学レッスン!」井上満著 技術評論社 2010年3月

数学、算数＞数学基礎論

「数の概念」髙木貞治著 講談社(ブルーバックス) 2019年10月

数学、算数＞数式

「自然現象はなぜ数式で記述できるのか」志村史夫著 PHP研究所 2010年12月

「量子力学がわかる：逐一数式の意味が解説され、思考の筋道が理解できる入門書」伊東正人著 技術評論社 2010年7月

数学、算数＞数理科学

「必勝法の数学」徳田雄洋著 岩波書店(岩波科学ライブラリー) 2017年7月

数学、算数＞数理統計学

「13歳からのデータ活用大全：いますぐ問題解決したくなる」中野崇著 PHP研究所 2023年9月

「こども統計学：なぜ統計学が必要なのかがわかる本」渡辺美智子監修;バウンド著 カンゼン 2020年12月

デジタル・AI知識を深める学問

「データの達人：表とグラフを使いこなせ! 1」今野紀雄監修 ポプラ社 2020年4月

「データの達人：表とグラフを使いこなせ! 2」今野紀雄監修 ポプラ社 2020年4月

「データの達人：表とグラフを使いこなせ! 3」今野紀雄監修 ポプラ社 2020年4月

「データの達人：表とグラフを使いこなせ! 4」今野紀雄監修 ポプラ社 2020年4月

「マーケティングの必勝方程式：確率で組み立てる成功のシナリオ」寺澤慎祐著 マイナビ出版（マイナビ新書）2016年3月

「結果から原因を推理する「超」入門ベイズ統計」石村貞夫著 講談社（ブルーバックス）2016年12月

「高校数学でわかる統計学：本格的に理解するために」竹内淳著 講談社（ブルーバックス）2012年2月

「高校生からの統計入門」加藤久和著 筑摩書房（ちくまプリマー新書）2016年5月

「今日から使える統計解析：理論の基礎と実用の"勘どころ"普及版」大村平著 講談社（ブルーバックス）2019年2月

「仕事で役立つ統計学―倍速講義」野村総合研究所未来創発センター生活DX・データ研究室監修 日経BP日本経済新聞出版 日経BPマーケティング 2023年10月

「子どもも大人もたのしく読める算数&数学ビジュアル図鑑 = An Illustrated Guide to Math for Kids and Adults：学研のスタディ図鑑」中村享史監修;新海大博ほか著;清野辰彦ほか著;早川健ほか著;山本英樹ほか著 学研教育出版 2014年7月

「身につくベイズ統計学」涌井良幸著;涌井貞美著 技術評論社 2016年5月

「身につく入門統計学」向後千春著;冨永敦子著 技術評論社 2016年5月

「図解・ベイズ統計「超」入門：あいまいなデータから未来を予測する技術」涌井貞美著 SBクリエイティブ 2013年12月

「数字のウソを見破る」中原英臣;佐川峻著 PHP研究所（PHP新書）2010年1月

「統計：データの分析力が身につく―14歳からのニュートン超絵解本」ニュートン編集部編著 ニュートンプレス 2022年8月

「統計・確率思考で世の中のカラクリが分かる」高橋洋一著 光文社（光文社新書）2011年10月

「統計ソフト「R」超入門：実例で学ぶ初めてのデータ解析」逸見功著 講談社（ブルーバックス）2018年2月

「統計解析がわかる：豊富な図とわかりやすい例で実用的な統計解析がしっかり身に付く!」涌井良幸著;涌井貞美著 技術評論社 2010年7月

「統計学をめぐる散歩道：ツキは続く?続かない?」石黒真木夫著 岩波書店（岩波ジュニア新書）2020年2月

「統計学最高の教科書：現実を分析して未来を予測する技術を身につける」今野紀雄著 SBクリエイティブ 2019年4月

デジタル・AI知識を深める学問

数学、算数＞数列

「なるほど高校数学数列の物語：なっとくして、ほんとうに理解できる」宇野勝博著 講談社(ブルーバックス) 2011年1月

数学、算数＞線形代数

「Pythonでしっかり学ぶ線形代数 = Learning Linear Algebra through Python Programming：行列の基礎から特異値分解まで」神永正博著 講談社 2023年1月

数学、算数＞多変量解析

「ようこそ「多変量解析」クラブへ：何をどう計算するのか」小野田博一著 講談社(ブルーバックス) 2014年11月

「多変量解析がわかる：多変量解析の入門書として最適具体的な例や図が豊富でわかりやすい!」涌井良幸著;涌井貞美著 技術評論社 2011年5月

数学、算数＞離散数学

「離散数学「ものを分ける理論」：問題解決のアルゴリズムをつくる」徳田雄洋著 講談社(ブルーバックス) 2018年5月

「離散数学入門：整数の誕生から「無限」まで」芳沢光雄著 講談社(ブルーバックス) 2019年12月

数学、算数＞割合

「お絵かき算数：東大卒のお母さんが教える!」中村希著 エール出版社(Yell books) 2021年5月

「数学を嫌いにならないで 文章題にいどむ篇」ダニカ・マッケラー著;菅野仁子訳 岩波書店(岩波ジュニア新書) 2018年6月

データサイエンス

「データ×AI人材キャリア大全：職種・業務別に見る必要なスキルとキャリア設計」村上智之著 翔泳社 2022年6月

「データサイエンスが解く邪馬台国：北部九州説はゆるがない」安本美典著 朝日新聞出版 2021年1月

「データサイエンス入門」竹村彰通著 岩波書店 2018年4月

「外資系データサイエンティストの知的生産術：どこへ行っても通用する人になる超基本50」山本康正著;松谷恵著 東洋経済新報社 2023年12月

「仕事で役立つ統計学―倍速講義」野村総合研究所未来創発センター生活DX・データ研究室監修 日経BP日本経済新聞出版 日経BPマーケティング 2023年10月

デジタル・AI知識を深める学問

「予測不能の時代:データが明かす新たな生き方、企業、そして幸せ」矢野和男著 草思社 2021年5月

統計学

「「人気No.1」にダマされないための本」小林直樹著 日経BP 日経BPマーケティング 2023年6月

「1からのデータ分析 = The 1st step to data analysis」古川一郎編著;上原渉編著 碩学舎 2022年9月

「ウソを見破る統計学:退屈させない統計入門」神永正博著 講談社(ブルーバックス) 2011年4月

「こども統計学:なぜ統計学が必要なのかがわかる本」渡辺美智子監修;バウンド著 カンゼン 2020年12月

「サンプリングって何だろう:統計を使って全体を知る方法」廣瀬雅代著;稲垣佑典著;深谷肇一著 岩波書店(岩波科学ライブラリー) 2018年3月

「データサイエンスが解く邪馬台国:北部九州説はゆるがない」安本美典著 朝日新聞出版 2021年1月

「データサイエンス入門」竹村彰通著 岩波書店 2018年4月

「データ思考入門」荻原和樹著 講談社(講談社現代新書) 2023年2月

「できる人は統計思考で判断する」篠原拓也著 三笠書房 2018年7月

「デタラメにひそむ確率法則:地震発生確率87%の意味するもの」小林道正著 岩波書店(岩波科学ライブラリー) 2012年7月

「マンガ統計学入門:学びたい人のための最短コース」アイリーン・マグネロ文;ボリン・V.ルーン絵;神永正博監訳;井口耕二訳 講談社(ブルーバックス) 2010年4月

「高校数学でわかる統計学:本格的に理解するために」竹内淳著 講談社(ブルーバックス) 2012年2月

「高校生からの統計入門」加藤久和著 筑摩書房(ちくまプリマー新書) 2016年5月

「高校生が感動した確率・統計の授業」山本俊郎著 PHP研究所(PHP新書) 2017年9月

「勝てる野球の統計学:セイバーメトリクス」鳥越規央著;データスタジアム野球事業部著 岩波書店(岩波科学ライブラリー) 2014年3月

「親子で学ぶ!統計学はじめて図鑑:レッツ!データサイエンス」渡辺美智子監修;青山和裕著;川上貴著;山口和範著;渡辺美智子著;友永たろイラスト 日本図書センター 2017年4月

「身につくベイズ統計学」涌井良幸著;涌井貞美著 技術評論社 2016年5月

「身につく入門統計学」向後千春著;冨永敦子著 技術評論社 2016年5月

「図解・ベイズ統計「超」入門：あいまいなデータから未来を予測する技術」涌井貞美著 SBクリエイティブ 2013年12月

「統計：データの分析力が身につく─14歳からのニュートン超絵解本」ニュートン編集部編著 ニュートンプレス 2022年8月

「統計ってなんの役に立つの？：数・表・グラフを自在に使ってビッグデータ時代を生き抜く」涌井良幸著;子供の科学編集部編 誠文堂新光社(子供の科学★ミライサイエンス) 2018年5月

「統計解析がわかる：豊富な図とわかりやすい例で実用的な統計解析がしっかり身に付く!」涌井良幸著;涌井貞美著 技術評論社 2010年7月

「統計学」David J.Hand著;上田修功訳 丸善出版 2014年1月

「統計学をめぐる散歩道：ツキは続く?続かない?」石黒真木夫著 岩波書店(岩波ジュニア新書) 2020年2月

「統計学最高の教科書：現実を分析して未来を予測する技術を身につける」今野紀雄著 SBクリエイティブ 2019年4月

「頭の良い子に育つ楽しい算数365：1日1ページで身につく」桜井進監修 SBクリエイティブ 2022年2月

「表とグラフを使おう!：自由研究・プレゼンにチャレンジ 1 (やってみよう自由研究・プレゼン)」渡辺美智子監修 汐文社 2014年11月

「表とグラフを使おう!：自由研究・プレゼンにチャレンジ 2 (もしも表とグラフがなかったら?)」渡辺美智子監修 汐文社 2014年12月

統計学＞医療統計学、医学統計学

「宇宙怪人しまりすの医療統計を学ぶ 検定の巻」佐藤俊哉著 岩波書店(岩波科学ライブラリー) 2012年6月

統計学＞大数の法則

「「大数の法則」がわかれば、世の中のすべてがわかる!」冨島佑允著 ウェッジ 2017年3月

統計学＞統計解析

「今日から使える統計解析：理論の基礎と実用の"勘どころ" 普及版」大村平著 講談社(ブルーバックス) 2019年2月

「統計解析がわかる：豊富な図とわかりやすい例で実用的な統計解析がしっかり身に付く!」涌井良幸著;涌井貞美著 技術評論社 2010年7月

統計学＞ベイズ統計学

「結果から原因を推理する「超」入門ベイズ統計」石村貞夫著 講談社(ブルーバックス) 2016年12月

デジタル・AI知識を深める学問

「身につくベイズ統計学」涌井良幸著;涌井貞美著 技術評論社 2016年5月

「図解・ベイズ統計「超」入門：あいまいなデータから未来を予測する技術」涌井貞美著 SBクリエイティブ 2013年12月

ネットワーク科学

「ネットワーク科学：つながりが解き明かす世界のかたち」Guido Caldarelli著;Michele Catanzaro著;高口太朗訳;増田直紀監訳 丸善出版 2014年4月

物理学＞電磁気学、電気磁器学

「「ファインマン物理学」を読む：電磁気学を中心として 普及版」竹内薫著 講談社(ブルーバックス) 2020年2月

「カラー図解でわかる高校物理超入門」北村俊樹著 SBクリエイティブ 2014年2月

「ファラデーと電磁力」ブライアン・バウアーズ作;坂口美佳子訳 玉川大学出版部(世界の伝記 科学のパイオニア) 2016年5月

「呼鈴の科学：電子工作から物理理論へ」吉田武著 講談社 2014年1月

「光と電磁気ファラデーとマクスウェルが考えたこと：電場とは何か?磁場とは何か?」小山慶太著 講談社(ブルーバックス) 2016年8月

「高校数学でわかる相対性理論：特殊相対論の完全理解を目指して」竹内淳著 講談社(ブルーバックス) 2013年2月

「時間とはなんだろう：最新物理学で探る「時」の正体」松浦壮著 講談社(ブルーバックス) 2017年9月

「電磁気学がわかる：時間変化する電磁場の世界」田原真人著 技術評論社 2011年8月

物理学＞物理数学

「今日から使える物理数学：難解な概念を便利な道具にする 普及版」岸野正剛著 講談社(ブルーバックス) 2018年12月

「物理数学がわかる：意味がわかれば面白い!数学をツールとして使うための入門書」潮秀樹著 技術評論社 2010年5月

物理学＞量子光学

「「シュレーディンガーの猫」のパラドックスが解けた!：生きていて死んでいる状態をつくる」古澤明著 講談社(ブルーバックス) 2012年9月

物理学＞量子力学

「「シュレーディンガーの猫」のパラドックスが解けた!：生きていて死んでいる状態をつくる」古澤明著 講談社(ブルーバックス) 2012年9月

デジタル・AI知識を深める学問

「「ファインマン物理学」を読む：量子力学と相対性理論を中心として 普及版」竹内薫著 講談社(ブルーバックス) 2019年10月

「「超」入門相対性理論：アインシュタインは何を考えたのか」福江純著 講談社(ブルーバックス) 2019年2月

「2つの粒子で世界がわかる：量子力学から見た物質と力」森弘之著 講談社(ブルーバックス) 2019年5月

「アインシュタインと相対性理論」D・J・レイン作;ないとうふみこ訳 玉川大学出版部(世界の伝記科学のパイオニア) 2015年12月

「アメリカ最優秀教師が教える相対論&量子論：はじめて学ぶ二大理論」スティーヴン・L.マンリー著;スティーヴン・フォーニア絵;吉田三知世訳 講談社(ブルーバックス) 2011年10月

「ペンローズのねじれた四次元：時空はいかにして生まれたのか 増補新版」竹内薫著 講談社(ブルーバックス) 2017年12月

「マンガでわかる量子力学：日常の常識でははかりしれないミクロな世界の現象を解き明かす」福江純著 SBクリエイティブ 2014年1月

「マンガ現代物理学を築いた巨人ニールス・ボーアの量子論」ジム・オッタヴィアニ原作;リーランド・パーヴィス他漫画;今枝麻子訳;園田英徳訳 講談社(ブルーバックス) 2016年7月

「マンガ量子力学：この世を支配する奇妙な法則」石川真之介原作・漫画 講談社(ブルーバックス) 2011年11月

「宇宙は「もつれ」でできている：「量子論最大の難問」はどう解き明かされたか」ルイーザ・ギルダー著;山田克哉監訳;窪田恭子訳 講談社(ブルーバックス) 2016年10月

「高校数学でわかる線形代数：行列の基礎から固有値まで」竹内淳著 講談社(ブルーバックス) 2010年11月

「佐藤文隆先生の量子論：干渉実験・量子もつれ・解釈問題」佐藤文隆著 講談社(ブルーバックス) 2017年9月

「身につくシュレーディンガー方程式」牟田淳著 技術評論社 2015年1月

「相対性理論から100年でわかったこと」佐藤勝彦著 PHP研究所 2010年10月

「大栗先生の超弦理論入門：九次元世界にあった究極の理論」大栗博司著 講談社(ブルーバックス) 2013年8月

「量子とはなんだろう：宇宙を支配する究極のしくみ」松浦壮著 講談社(ブルーバックス) 2020年6月

「量子もつれとは何か：「不確定性原理」と複数の量子を扱う量子力学」古澤明著 講談社(ブルーバックス) 2011年2月

「量子重力理論とはなにか：二重相対論からかいま見る究極の時空理論」竹内薫著 講談社(ブルーバックス) 2010年3月

「量子的世界像101の新知識:現代物理学の本質がわかる」ケネス・フォード著;青木薫監訳;塩原通緒訳 講談社(ブルーバックス) 2014年3月

「量子力学の反常識と素粒子の自由意志」筒井泉著 岩波書店(岩波科学ライブラリー) 2011年4月

「量子力学はミステリー」山田克哉著 PHP研究所 2010年9月

物理学＞量子論

「アメリカ最優秀教師が教える相対論&量子論:はじめて学ぶ二大理論」スティーヴン・L.マンリー著;スティーヴン・フォーニア絵;吉田三知世訳 講談社(ブルーバックス) 2011年10月

「マンガでわかる量子力学:日常の常識でははかりしれないミクロな世界の現象を解き明かす」福江純著 SBクリエイティブ 2014年1月

「マンガ現代物理学を築いた巨人ニールス・ボーアの量子論」ジム・オッタヴィアニ原作;リーランド・パーヴィス他漫画;今枝麻子訳;園田英徳訳 講談社(ブルーバックス) 2016年7月

「宇宙は「もつれ」でできている:「量子論最大の難問」はどう解き明かされたか」ルイーザ・ギルダー著;山田克哉監訳;窪田恭子訳 講談社(ブルーバックス) 2016年10月

「佐藤文隆先生の量子論:干渉実験・量子もつれ・解釈問題」佐藤文隆著 講談社(ブルーバックス) 2017年9月

「身につくシュレーディンガー方程式」牟田淳著 技術評論社 2015年1月

「世界は2乗でできている:自然にひそむ平方数の不思議」小島寛之著 講談社(ブルーバックス) 2013年8月

論理学

「パラドックスとは何か:基本的な考え方から、名作パラドックスの解決策、新たな思考法まで」マーガレット・カオンゾ著;高橋昌一郎監訳;増田千苗訳 ニュートンプレス 2021年12月

「よくわかる思考実験」髙坂庵行[著] イースト・プレス(イースト新書) 2020年9月

「ロジックの世界:論理学の哲人たちがあなたの思考を変える」ダン・クライアン文;シャロン・シュアティル文;ビル・メイブリン絵;田中一之訳 講談社(ブルーバックス) 2015年3月

「知性の限界:不可測性・不確実性・不可知性」高橋昌一郎著 講談社(講談社現代新書) 2010年4月

「日本語と論理:哲学者、その謎に挑む」飯田隆著 NHK出版(NHK出版新書) 2019年9月

「論理の鬼:じょうずに考え、伝えるための〈論理〉入門—14歳の世渡り術」小野田博一著;はしゃイラスト 河出書房新社 2023年7月

「論理学超入門」グレアム・プリースト著;菅沼聡訳;廣瀬覚訳 岩波書店(岩波科学ライブラリー) 2019年5月

「論理的に解く力をつけよう」徳田雄洋著 岩波書店(岩波ジュニア新書) 2013年8月

「論理的思考最高の教科書：論証を知り、誤謬に敏感になるための練習」福澤一吉著 SBクリエイティブ 2017年8月

収録作品一覧（作者の字順→出版社の字順並び）

18歳選挙権で政治は変わるのか―ディスカヴァー携書／21世紀の政治を考える政策秘書有志の会[著]／ディスカヴァー・トゥエンティワン／2016年6月
ACC 日本のクリエイティビティ 2022／ACC編集／宣伝会議／2023年3月
「夢を手に入れる」人がやっている時間術／aya著／自由国民社／2022年2月
アインシュタインと相対性理論／D・J・レイン作ないとうふみこ訳／玉川大学出版部（世界の伝記科学のパイオニア）／2015年12月
サバイバル!炎上アイドル三姉妹がゆく：マンガで学ぶデジタル時代の「人を動かす」／D・カーネギー協会原作たかうま漫画／創元社／2017年4月
統計学／David J.Hand著;上田修功訳／丸善出版／2014年1月
小学校・中学校「撮って活用」授業ガイドブック：ふだん使いの1人1台端末・カメラ機能の授業活用―Impress Teachers Learn／D-project編集委員会編著監修／インプレス／2023年3月
未来をつくるBOOK：東日本大震災をふりかえり、今を見つめ、対話する：持続可能な地球と地域をつくるあなたへ／ESD-J「未来をつくるBOOK」制作チーム著／持続可能な開発のための教育の10年推進会議／2011年11月
AMAZON：アマゾンがわかる／GAFAリサーチ・ジャパン編著／ソシム／2018年5月
ネットワーク科学：つながりが解き明かす世界のかたち／Guido Caldarelli著;Michele Catanzaro著;高口太朗訳;増田直紀監訳／丸善出版／2014年4月
IoTのしくみと技術がこれ1冊でしっかりわかる教科書／IoT検定ユーザー教育推進ワーキンググループ著／技術評論社（図解即戦力：豊富な図解と丁寧な解説で、知識0でもわかりやすい!）／2020年3月
AI・クラウド・IoT 2020年度版-産業と会社研究シリーズ；4／IT産業研究会著;岩﨑尊史著／産学社／2018年10月
13歳からのPython入門：新時代のヒーロー養成塾―DIGITAL FOREST／JamesR.Payne著;竹内薫監訳;柳田拓人訳／東京化学同人／2021年7月
エンジニアリングマネージャーのしごと：チームが必要とするマネージャーになる方法／JamesStanier著;吉羽龍太郎訳;永瀬美穂訳;原田騎郎訳;竹葉美沙訳／オライリー・ジャパン／2022年8月
確率：不確かさを扱う／John Haigh著;木村邦博訳／丸善出版／2015年8月
100倍売れる文章が書ける!Webライティングのすべてがわかる本／KYOKO著／ソーテック社／2023年1月
子どもから大人までスラスラ読めるJavaScript Kidsふりがなプログラミング：ゲームを作りながら楽しく学ぼう!／LITALICOワンダー監修;リブロワークス文;ア・メリカ絵／インプレス／2019年11月
まんがでわかる「もっと幸せに働こう」：最速でインフルエンサーになる方法／MB著;堀田純司シナリオ;瀬川サユリ作画／集英社／2021年7月
プロのプロセス＝Process of the Professionals：情報活用術を身につけよう 1／NHK「アクティブ10プロのプロセス」制作班編／NHK出版／2021年1月
プロのプロセス＝Process of the Professionals：情報活用術を身につけよう 2／NHK「アクティブ10プロのプロセス」制作班編／NHK出版／2021年1月
プロのプロセス＝Process of the Professionals：情報活用術を身につけよう 3／NHK「アクティブ10プロのプロセス」制作班編／NHK出版／2021年1月
プロのプロセス＝Process of the Professionals：情報活用術を身につけよう 4／NHK「アクティブ10プロのプロセス」制作班編／NHK出版／2021年1月
プロのプロセス＝Process of the Professionals：情報活用術を身につけよう 1／NHK「アクティブ10プロのプロセス」制作班編／NHK出版（NHK for School）／2021年1月
プロのプロセス＝Process of the Professionals：情報活用術を身につけよう 2／NHK「アクティブ10プロのプロセス」制作班編／NHK出版（NHK for School）／2021年1月

プロのプロセス＝Process of the Professionals：情報活用術を身につけよう 3／NHK「アクティブ10プロのプロセス」制作班編／NHK出版（NHK for School）／2021年1月

プロのプロセス＝Process of the Professionals：情報活用術を身につけよう 4／NHK「アクティブ10プロのプロセス」制作班編／NHK出版（NHK for School）／2021年1月

NHKプロフェッショナル仕事の流儀 3／NHK「プロフェッショナル」制作班編／ポプラ社／2018年4月

暴走するネット広告：1兆8000億円市場の落とし穴／NHK取材班著／NHK出版（NHK出版新書）／2019年6月

サイバーセキュリティー会社図鑑―未来をつくる仕事がここにある／NRIセキュアテクノロジーズ監修;いわた慎二郎絵;日経BPコンサルティング編集／日経BP／2022年4月

通信会社図鑑―未来をつくる仕事がここにある／NTT東日本監修;いわた慎二郎絵;日経BPコンサルティング編集／日経BP／2021年9月

君らしく働くミライへ―QuizKnockの課外授業シリーズ；03／QuizKnock著／朝日新聞出版／2022年4月

Scratch3.0入門：動画でわかるプログラミング!／RYUAN著／ビー・エヌ・エヌ新社／2018年12月

太陽系シミュレーター：時空を超えた惑星間飛行：Windows 7/Vista対応版／SolarSystemSimulatorProject編／講談社（ブルーバックス）／2010年1月

12歳からはじめるHTML5とCSS3／TENTO著／ラトルズ／2013年1月

12歳からはじめるJavaScriptとウェブアプリ／TENTO著／ラトルズ／2017年11月

子どもと学ぶScratch 3プログラミング入門／TENTO著;できるシリーズ編集部著／インプレス（できるキッズ）／2020年3月

わたし×IT＝最強説：女子&ジェンダーマイノリティがITで活躍するための手引書／Waffle著;森田久美子執筆;田中沙弥果監修;斎藤明日美監修;辻田健作監修;森田久美子監修／リトルモア／2023年3月

プログラマーの一日―暮らしを支える仕事見る知るシリーズ：10代の君の「知りたい」に答えます／WILLこども知育研究所編著／保育社／2021年1月

マンガ統計学入門：学びたい人のための最短コース／アイリーン・マグネロ文;ボリン・V.ルーン絵;神永正博訳;井口耕二訳／講談社（ブルーバックス）／2010年4月

プログラミングのはじめかた：Unityで体験するゲーム作り／あすなこうじ著／SBクリエイティブ／2018年4月

世界をかえたインターネットの会社 1 (Facebookものがたり)／アダム・サザーランド原著;稲葉茂勝訳・著／ほるぷ出版／2012年7月

世界をかえたインターネットの会社 2 (Appleものがたり)／アダム・サザーランド原著;稲葉茂勝訳・著／ほるぷ出版／2012年8月

世界をかえたインターネットの会社 3 (Googleものがたり)／アダム・サザーランド原著;稲葉茂勝訳・著／ほるぷ出版／2012年8月

ペンタゴンの頭脳：世界を動かす軍事科学機関DARPA／アニー・ジェイコブセン著;加藤万里子訳／太田出版／2017年4月

エントロピーがわかる：神秘のベールをはぐ7つのゲーム／アリー・ベン・ナイム著;中嶋一雄訳／講談社（ブルーバックス）／2010年7月

自分のこころとうまく付き合う方法／アリス・ジェームズ著;ルーイ・ストウェル著;西川知佐訳／東京書籍（U18世の中ガイドブック）／2020年4月

GAFAMのエンジニア思考：ゼロからイチを生み出しつづける／アレックス・カントロウィッツ著;小川彩子訳／かんき出版／2021年9月

スパイ学：国際スパイになるために／アンディ・ブリッグス著;こどもくらぶ訳・編集／今人舎／2016年9月

脱スマホ脳かんたんマニュアル／アンデシュ・ハンセン著;マッツ・ヴェンブラード著;久山葉子訳／新潮社（新潮文庫）／2023年4月

IDEA FACTORY：頭をアイデア工場にする20のステップ／アンドリー・セドニエフ著;弓場隆訳／ディス

カヴァー・トゥエンティワン／2017年4月
無限／イアン・スチュアート著;川辺治之訳／岩波書店（岩波科学ライブラリー）／2018年5月
ひらがなでたいけん!スクラッチ:はじめてのプログラミング／いけだとしおぶん／ジャムハウス（ときめき×サイエンス:ジャムハウスの科学の本）／2020年3月
ひらがなでたいけん!スクラッチ:はじめてのプログラミング／いけだとしおぶん／ジャムハウス（ときめき×サイエンス:ジャムハウスの科学の本．ジュニア）／2020年3月
絵でわかるコンピューターとプログラムのしくみ／いけだとしお著;KAM絵／ジャムハウス（ときめき×サイエンス:ジャムハウスの科学の本）／2021年12月
絵でわかるコンピューターとプログラムのしくみ／いけだとしお著;KAM絵／ジャムハウス（ときめき×サイエンス:ジャムハウスの科学の本．ジュニア）／2021年12月
AI時代に「必要とされる人」になる:仕事を奪われない8つの思考法／イジソン著;黒河星子訳／大和書房／2023年9月
インターネットにおけるルールとマナーこどもばん公式テキスト 改訂版／インターネット協会著／インターネット協会／2012年3月
図解でわかる14歳から知っておきたいAI／インフォビジュアル研究所著／太田出版／2018年1月
ウェブと調べるインターネットのなりたち―くもんのSTEMナビプログラミング／エコー・エリース・ゴンザレス作;グラハム・ロス絵;山崎正浩訳;石戸奈々子監修／くもん出版／2021年1月
ゼロとワンが紹介プログラミング言語のいろいろ／エコー・エリース・ゴンザレス作;グラハム・ロス絵;山崎正浩訳;石戸奈々子監修／くもん出版（くもんのSTEMナビプログラミング）／2020年12月
ヌードルたべるプードル／エマ・ヴィルケぶん;タカハシモグえ;坂本和加やく／NHK出版／2023年10月
流体力学超入門―岩波科学ライブラリー／エリック・ラウガ著;石本健太訳／岩波書店／2023年12月
学校で知っておきたい知的財産権 3／おおつかのりこ文;細野哲弘監修;藤原ヒロコ絵／汐文社／2021年1月
ゲームの仕事／オオノマサフミイラスト;株式会社セガゲームス著／ポプラ社（「好き」で見つける仕事ガイド）／2019年11月
友だちづきあいってむずかしい―キッズなやみかいけつ:子どもレジリエンス／オナー・ヘッド文;小林玲子訳;小林朋子日本語版監修／岩崎書店／2021年2月
キャリア教育支援ガイドお仕事ナビ 12／お仕事ナビ編集室著／理論社／2017年10月
解析的整数論 3／カール・ジーゲル著;片山孝次訳／岩波書店／2023年2月
革命的に稼げるインスタ運用法:3ヶ月で1万フォロワー・月10万円を叶える／カイシャイン著／KADOKAWA／2023年10月
科学者の目 新版／かこさとし文と絵／童心社／2019年7月
ローリーとふしぎな国の物語:プログラミングとアルゴリズムにふれる旅／カルロス・ブエノ著;奥泉直子訳／マイナビ出版／2017年2月
小学生のためのスター・ウォーズで学ぶはじめてのプログラミング／キキ・プロッツマン著;サイモン・タトム著;多田淑恵監修／学研プラス／2019年10月
アナと雪の女王ディズニーはじめてのプログラミング／キキ・プロッツマン著;小浜杏京訳／KADOKAWA／2019年4月
プログラマーになろう!:遊んで、ためして、よくわかる:楽しく身につくプログラミングのきほん／キキ・プロッツマン著;片岡律子訳／化学同人／2020年11月
キャッシュレス決済がこれ1冊でしっかりわかる教科書─図解即戦力:豊富な図解と丁寧な解説で、知識0でもわかりやすい!／キャッシュレス決済研究会著;山本正行監修／技術評論社／2020年3月
たのしくまなぶPythonプログラミング図鑑／キャロル・ヴォーダマン著;ほか著;山崎正浩訳／創元社／2018年8月
たのしくまなぶPythonゲームプログラミング図鑑／キャロル・ヴォーダマン著;ほか著;山崎正浩訳／創元社／2019年11月
エンジニアになろう!:つくってわかるテクノロジーのしくみ─見たい、知りたい、ためしたい／キャロル・

ボーダマン監修;後藤真理子訳／化学同人／2020年2月
ビジュアル分解大図鑑 コンパクト版／クリス・ウッドフォード著;武田正紀訳／日経ナショナルジオグラフィック社（NATIONAL GEOGRAPHIC）／2019年12月
論理学超入門／グレアム・プリースト著;菅沼聡訳;廣瀬覚訳／岩波書店（岩波科学ライブラリー）／2019年5月
ギネス世界記録 2017／クレイグ・グレンディ編;大木哲訳・翻訳編集;井上美和子訳・翻訳編集;片岡夏実翻訳・翻訳編集;権田アスカ翻訳・翻訳編集;高取和代訳・翻訳編集／角川アスキー総合研究所／2016年9月
ギネス世界記録 2020／クレイグ・グレンディ編;大木哲訳;海野佳南訳;片岡夏実訳;五味葉訳;権田アスカ訳;藤村友子訳;金井哲夫訳／角川アスキー総合研究所／2019年9月
ギネス世界記録 2021／クレイグ・グレンディ編;大木哲訳;海野佳南訳;片岡夏実訳;五味葉訳;権田アスカ訳;藤村友子訳;八尋利恵訳;金井哲夫訳／角川アスキー総合研究所／2020年11月
5Gでビジネスはどう変わるのか／クロサカタツヤ著／日経BP／2019年11月
アルゴリズムを考えよう：ウォーターパークにあつまれ!―お話でわかるプログラミング／ケイトリン・シウ作;マルセロ・バダリ絵;狩野さやか訳・解説／ほるぷ出版／2022年12月
順次のかたちで考えよう：はじめての学校―お話でわかるプログラミング／ケイトリン・シウ作;マルセロ・バダリ絵;狩野さやか訳・解説／ほるぷ出版／2023年2月
反復のかたちで考えよう：ツリーハウスをつくろう―お話でわかるプログラミング／ケイトリン・シウ作;マルセロ・バダリ絵;狩野さやか訳・解説／ほるぷ出版／2023年2月
分解して考えよう：ロックンロールしようよ!―お話でわかるプログラミング／ケイトリン・シウ作;マルセロ・バダリ絵;狩野さやか訳・解説／ほるぷ出版／2023年2月
分岐のかたちで考えよう：たんじょうびパーティー大作戦!―お話でわかるプログラミング／ケイトリン・シウ作;マルセロ・バダリ絵;狩野さやか訳・解説／ほるぷ出版／2023年2月
変数をつかって考えよう：本づくりにちょうせん!―お話でわかるプログラミング／ケイトリン・シウ作;マルセロ・バダリ絵;狩野さやか訳・解説／ほるぷ出版／2023年2月
印刷職人は、なぜ訴えられたのか／ゲイル・ジャロー著;幸田敦子訳／あすなろ書房／2011年10月
量子的世界像101の新知識：現代物理学の本質がわかる／ケネス・フォード著;青木薫監訳;塩原通緒訳／講談社（ブルーバックス）／2014年3月
ミーティングのデザイン：エンジニア、デザイナー、マネージャーが知っておくべき会議設計・運営ガイド／ケビン・M・ホフマン著;安藤貴子訳／ビー・エヌ・エヌ新社／2018年9月
工学者―世界をうごかした科学者たち／ゲリー・ベイリー文;本郷尚子訳／ほるぷ出版／2019年3月
Google流資料作成術／コール・ヌッスバウマー・ナフリック著;村井瑞枝訳／日本実業出版社／2017年2月
noteではじめる新しいアウトプットの教室：楽しく続けるクリエイター生活―できるビジネス／コグレマサト著;まつゆう*著／インプレス／2019年9月
パソコンの「超」裏ワザ：仕事が思い通りにはかどる―青春新書INTELLIGENCE／コスモピアパソコンスクール著／青春出版社／2013年1月
みんなが知りたい!「モノのしくみ」がわかる本―まなぶっく／コスモピア著／メイツ出版／2011年6月
みんなが知りたい!「モノのしくみ」イラスト図鑑―まなぶっく／コスモピア著／メイツ出版／2018年9月
みんなの命と生活をささえるインフラってなに? 3／こどもくらぶ編／筑摩書房／2017年9月
日本のコンピュータ・IT―世界にはばたく日本力／こどもくらぶ編さん／ほるぷ出版／2010年12月
透視絵図鑑なかみのしくみ 家のなか／こどもくらぶ編さん／六耀社／2016年1月
透視絵図鑑なかみのしくみ キッチン／こどもくらぶ編さん／六耀社／2016年2月
透視絵図鑑なかみのしくみ 楽器／こどもくらぶ編さん／六耀社／2016年9月
透視絵図鑑なかみのしくみ 遊園地／こどもくらぶ編さん／六耀社／2016年11月
まんがで身につくめざせ!あしたの算数王 1（可能性の数、確率）／ゴムドリco.文;朴康鎬絵;猪川なと訳;竹内洋人監修／岩崎書店／2016年3月

実験でわかる科学のなぜ?：AI時代を生きぬく理系脳が育つ／コリン・スチュアート著;ガリレオ工房監修;江原健訳／誠文堂新光社（子供の科学STEM体験ブック）／2018年7月

世界一わかりやすい!プログラミングのしくみ／サイボウズ著;月刊Newsがわかる編／毎日新聞出版／2018年3月

オン・ザ・マップ：地図と人類の物語／サイモン・ガーフィールド著;黒川由美訳／太田出版（ヒストリカル・スタディーズ）／2014年12月

部活でスキルアップ!放送部活躍のポイント—コツがわかる本, ジュニアシリーズ／さらだたまこ監修／メイツユニバーサルコンテンツ／2023年5月

超リテラシー大全＝LITERACY ENCYCLOPEDIA—sanctuary books／サンクチュアリ出版編／サンクチュアリ出版／2021年7月

フェイスブックの失墜／シーラ・フレンケル著;セシリア・カン著;長尾莉紗訳;北川蒼訳／早川書房／2022年3月

人類が進化する未来：世界の科学者が考えていること−世界の知性シリーズ／ジェニファー・ダウドナ著;デビッド・A・シンクレア著;リサ・ランドール著;ジョセフ・ヘンリック著;ジョナサン・シルバータウン著;チャールズ・コケル著;マーティン・リース著;ジョナサン・B・ロソス著;大野和基インタビュー・編／PHP研究所／2021年11月

もやもやラボ：キミのお悩み攻略BOOK!／シオリーヌ著／小学館クリエイティブ／2021年6月

必ずバズる!TikTok：本当に稼げるTikTokの使い方／しずく社長著／玄文社／2023年4月

Webで学ぶ総合実践演習 改訂版／システム・フューチャー株式会社著／実教出版／2013年2月

シブサワ・コウ0から1を創造する力／シブサワコウ著／PHP研究所／2017年4月

マンガ現代物理学を築いた巨人ニールス・ボーアの量子論／ジム・オッタヴィアニ原作;リーランド・パーヴィス他漫画;今枝麻子訳;園田英徳訳／講談社（ブルーバックス）／2016年7月

スマホでおもちゃを動かしちゃおう!MaBeee活用ブック：ノバルス公認：MaBeeeで電池に魔法をかけよう!／ジャムハウス著／ジャムハウス／2017年12月

COZMOと学ぶプログラミング／ジャムハウス編集部著／ジャムハウス／2018年8月

ゆび1本ではじめるScratch3.0かんたんプログラミング 応用編／ジャムハウス編集部著／ジャムハウス／2019年7月

錯視の魔術／ジャンニ・A・サルコーネ著;メアリー＝ジョー・ウェバー著;大日本印刷株式会社訳／教育画劇／2018年2月

それって本当?メディアリテラシーはじめよう：フェイクニュースとクリティカルシンキング／ジョイス・グラント著;キャスリーン・マルコット絵;片柳伊佐訳／岩崎書店／2023年12月

もののしくみ大図鑑：どうやって動くの?：電球から家庭用ロボットまでもののしくみがよくわかる! 最新版／ジョエル・ルボーム文;クレマン・ルボーム文;村上雅人監修;村井丈美訳;村井忍訳;塩見明子訳／世界文化社／2016年6月

世界を驚かせた女性の物語 [2]／ジョージア・アムソン-ブラッドショー著;リタ・ペトルッチオーリ絵;阿蘭ヒサコ訳／旬報社／2020年1月

ウェブを学ぼう、ABC／ジョン・C・ヴァンデン・ヒューヴェル著;アンドレイ・オストロヴスキー著;トム・ホルムス絵;ラパン訳;大日本印刷株式会社訳／教育画劇（プログラミングはじめのいっぽ絵本）／2019年2月

子どものためのウェブデザイン入門／ジョン・C・ヴァンデン・ヒューヴェル著;クリスティアン・ターデラ@illustopia.com絵;ラパン訳;大日本印刷株式会社訳／教育画劇（プログラミングはじめのいっぽ絵本）／2019年4月

楽しいウェブカラーの世界へようこそ!／ジョン・C・ヴァンデン・ヒューヴェル著;ラパン訳;大日本印刷株式会社訳／教育画劇（プログラミングはじめのいっぽ絵本）／2019年4月

子どものためのC++言語／ジョン・C・ヴァンデン・ヒューヴェル著;ラパン訳;大日本印刷株式会社訳／教育画劇（プログラミングはじめのいっぽ絵本）／2019年4月

時代をきりひらくIT企業と創設者たち 1／スーザン・ドビニク著;熊谷玲美訳;熊坂仁美監修／岩崎書店／

2013年2月

時代をきりひらくIT企業と創設者たち 5／スーザン・メイヤー著;スタジオアラフ訳;熊坂仁美監修／岩崎書店／2013年2月

未来の乗り物図鑑／スーツ著／KADOKAWA／2022年11月

小学生からはじめるゲームプログラミング：オリジナルキャラクターをつくって遊べる!／スタープログラミングスクール編著／実務教育出版／2019年12月

アメリカ最優秀教師が教える相対論＆量子論：はじめて学ぶ二大理論／スティーヴン・L.マンリー著;スティーヴン・フォーニア絵;吉田三知世訳／講談社（ブルーバックス）／2011年10月

自動車・バイク―最先端ビジュアル百科「モノ」の仕組み図鑑；2／スティーブ・パーカー著;五十嵐友子訳／ゆまに書房／2010年6月

航空機―最先端ビジュアル百科「モノ」の仕組み図鑑；6／スティーブ・パーカー著;五十嵐友子訳／ゆまに書房／2010年11月

宇宙探査機・ロケット―最先端ビジュアル百科「モノ」の仕組み図鑑；1／スティーブ・パーカー著;上原昌子訳／ゆまに書房／2010年5月

デジタル機器―最先端ビジュアル百科「モノ」の仕組み図鑑；3／スティーブ・パーカー著;上原昌子訳／ゆまに書房／2010年7月

エネルギー機器―最先端ビジュアル百科「モノ」の仕組み図鑑；5／スティーブ・パーカー著;上原昌子訳／ゆまに書房／2010年10月

Spotify：新しいコンテンツ王国の誕生／スベン・カールソン著;ヨーナス・レイヨンフーフブッド著;池上明子訳／ダイヤモンド社／2020年6月

オリンピックをささえるスポーツ・テクノロジー 1／スポーツデザイン研究所編著／汐文社／2019年12月

Nintendo Switchで学ぶ!プログラミングワーク ＝ PROGRAMMING LESSONS WITH THE NINTENDO SWITCH：チャレンジ!プチコン4 SmileBASIC／スマイルブーム監修;アレッサンドロ・ビオレッティイラスト・キャラクターデザイン／くもん出版／2023年12月

10代のためのケータイ心得／スメリー;服部元信まんが;こころ部監修／ポプラ社／2010年3月

使い分けるパソコン術：タブレット、スマートフォンからクラウドまで／たくきよしみつ著／講談社（ブルーバックス）／2011年9月

数学を嫌いにならないで 基本のおさらい篇／ダニカ・マッケラー著;菅野仁子訳／岩波書店（岩波ジュニア新書）／2018年6月

数学を嫌いにならないで 文章題にいどむ篇／ダニカ・マッケラー著;菅野仁子訳／岩波書店（岩波ジュニア新書）／2018年6月

数学と恋に落ちて 方程式を極める篇／ダニカ・マッケラー著;菅野仁子訳／岩波書店（岩波ジュニア新書）／2018年12月

数学と恋に落ちて 未知数に親しむ篇／ダニカ・マッケラー著;菅野仁子訳／岩波書店（岩波ジュニア新書）／2018年12月

プログラミング教室 ＝ PROGRAMMING SCHOOL FOR LOVING KIDS バージョンアップ編／たにぐちまこと監修;北神諒漫画／ポプラ社（マンガでマスター）／2020年2月

こどもプログラミング：なぜプログラミングを学ぶのかがわかる本／たにぐちまこと著／カンゼン／2021年11月

いちばんはじめのプログラミング：Scratchで、作りながらかんたん・たのしく学ぼう／たにぐちまこと著／マイナビ出版／2019年4月

ロジックの世界：論理学の哲人たちがあなたの思考を変える／ダン・クライアン文;シャロン・シュアティル文;ビル・メイブリン絵;田中一之訳／講談社（ブルーバックス）／2015年3月

月とアポロとマーガレット：月着陸をささえたプログラマー――評論社の児童図書館・絵本の部屋／ディーン・ロビンズぶん;ルーシー・ナイズリーえ;鳥飼玖美子やく／評論社／2018年7月

高校球児に伝えたい!プロだけが知っているデータで試合に勝つ法／データスタジアム株式会社データ提

供・監修／東邦出版／2014 年 8 月

サイバーエージェント公式こどもプログラミング超入門：Scratch でつくろう!迷路ゲーム／テックキッズスクール著／小学館／2018 年 2 月

ヒットの設計図：ポケモン GO からトランプ現象まで／デレク・トンプソン著;高橋由紀子訳／早川書房／2018 年 10 月

ディープラーニング革命：人工知能はどのようにして劇的な進化を遂げたのか／テレンス・J.セイノフスキー著;銅谷賢治監訳;藤崎百合訳／ニュートンプレス／2021 年 12 月

TikTok 運用大全：この一冊ですべてが分かる：誰でもフォロワー1 万人が達成できる!《初心者大歓迎》／とっしー著／青志社／2023 年 12 月

時給 850 円のシングルマザーがおうち起業で年商 1 億円：アメブロ・Instagram・LINE 公式まるわかり解説／とみたつづみ著／みらいパブリッシング 星雲社／2023 年 4 月

表現を究める―スタディサプリ三賢人の学問探究ノート：今を生きる学問の最前線読本；4／ドミニク・チェン著;川添愛著;水野祐著／ポプラ社／2021 年 3 月

仕事がぐんぐん加速するパソコン即効冴えワザ 82：時間のロスを減らす会心のテクニック／トリプルウイン著／講談社（ブルーバックス）／2011 年 5 月

空飛ぶプログラム：ドローンの自動操縦で学ぶプログラミングの基礎／ドローンエモーション著／シーアンドアール研究所／2020 年 3 月

社会科見学に役立つわたしたちのくらしとまちのしごと場 5／ニシ工芸児童教育研究所編／金の星社／2013 年 3 月

SDGs を学んで新聞を作ろう［5］／ニシ工芸児童教育研究所編／金の星社／2021 年 3 月

ためしてわかる身のまわりのテクノロジー：AI 時代を生きぬく問題解決のチカラが育つ／ニック・アーノルド著;ガリレオ工房監修;江原健訳／誠文堂新光社（子供の科学 STEM 体験ブック）／2018 年 7 月

工作でわかるモノのしくみ：AI 時代を生きぬくモノづくりの創造力が育つ／ニック・アーノルド著;ガリレオ工房監修;江原健訳／誠文堂新光社（子供の科学 STEM 体験ブック）／2018 年 8 月

統計：データの分析力が身につく―14 歳からのニュートン超絵解本／ニュートン編集部編著／ニュートンプレス／2022 年 8 月

量子論：社会が一変する新技術を生む―14 歳からのニュートン超絵解本／ニュートン編集部編著／ニュートンプレス／2022 年 9 月

絵と図でよくわかる人工知能：AI 時代に役立つ科学知識―14 歳からのニュートン超絵解本／ニュートン編集部編著／ニュートンプレス／2023 年 1 月

「自分」を仕事にする生き方／はあちゅう著／幻冬舎／2017 年 12 月

世界のトップ企業 50 は AI をどのように活用しているか?／バーナード・マー著;マット・ワード著;安藤貴子訳／ディスカヴァー・トゥエンティワン／2020 年 10 月

君たちに贈る明日への勇気が湧いてくる広告コピー ＝Advertising copies that bring courage to tomorrow／パイインターナショナル編集／パイインターナショナル／2021 年 12 月

13 歳からの反社会学／パオロ・マッツァリーノ著／角川書店／2010 年 9 月

バナの戦争：ツイートで世界を変えた 7 歳少女の物語／バナ・アベド著;金井真弓訳／飛鳥新社／2017 年 12 月

デジタル・ブランディング：世界のトップブランドがいま実践していること／パブロ・ルビオ・オルダス著;長谷川雅彬監修／クロスメディア・パブリッシング／2022 年 11 月

スティーブ・ジョブズ―ポプラ社ノンフィクション／パム・ポラック著;メグ・ベルヴィソ著;伊藤菜摘子訳／ポプラ社／2012 年 1 月

あいだ／バンダイ監修／小学館／2014 年 10 月

いい質問するねぇ～：一瞬で相手にインパクトを与える技術／バン仲村著／信長出版 サンクチュアリ出版／2023 年 2 月

数に強くなろう：ピーター流数学あそび／ピーター・フランクル著／岩波書店（岩波ジュニア新書）／2015 年 6 月

言語の力：「思考・価値観・感情」なぜ新しい言語を持つと世界が変わるのか?／ビオリカ・マリアン著;今井むつみ監訳・解説;桜田直美訳／KADOKAWA／2023年12月

一瞬で心をつかみ意見を通す対話力／ひきたよしあき著／三笠書房／2021年12月

4次元デジタル宇宙紀行Mitaka：地球から宇宙の果てへ／ビバマンボ著;小久保英一郎監修／講談社（ブルーバックス）／2011年12月

世界一やさしいパソコンの本―Parade Books／ぴよひな著／パレード／2014年5月

プログラマーは世界をどう見ているのか／ひろゆき著／SBクリエイティブ（SB新書）／2022年7月

世界でさいしょのプログラマー：エイダ・ラブレスのものがたり―評論社の児童図書館・絵本の部屋／フィオナ・ロビンソンさく;せなあいこやく／評論社／2017年5月

時代をきりひらくIT企業と創設者たち 3／ブジェジナ著;スタジオアラフ訳;中村伊知哉監修／岩崎書店／2013年2月

月収18万の派遣社員だった私が、「好きなこと」×「SNS」で年収2000万になれた37の方法／プチプラのあや著／PHP研究所／2020年4月

アルゴリズム思考術：問題解決の最強ツール―〈数理を愉しむ〉シリーズ／ブライアン・クリスチャン著;トム・グリフィス著;田沢恭子訳／早川書房（ハヤカワ文庫NF）／2019年4月

ファラデーと電磁力／ブライアン・バウアーズ作;坂口美佳子訳／玉川大学出版部（世界の伝記科学のパイオニア）／2016年5月

ECサイト×ブランディング／フラクタ著／宣伝会議／2017年11月

なぜデジタルなのか＝Why Digital Matters?／プレジデント社企画編集部「経営企画研究会」編;村田聡一郎監修／プレジデント社／2018年12月

3ステップで実現するデジタルトランスフォーメーションの実際／ベイカレント・コンサルティング著／日経BP社／2017年12月

アイデアを形にする、シェアする：天才プログラマー矢倉大夢がわかりやすく日本語訳!／ヘザー・リオンズ著;矢倉大夢訳／保育社（こどものためのプログラミング）／2019年7月

くらしの中のプログラミング：天才プログラマー矢倉大夢がわかりやすく日本語訳!／ヘザー・リオンズ著;矢倉大夢訳／保育社（こどものためのプログラミング）／2019年7月

ゲームとアニメーション：天才プログラマー矢倉大夢がわかりやすく日本語訳!／ヘザー・リオンズ著;矢倉大夢訳／保育社（こどものためのプログラミング）／2019年7月

マンガでわかるゲーム理論：なぜ上司は仕事をサボるのか?近所トラブルはどうして悪化するのか?／ポーポー・ポロダクション著／SBクリエイティブ／2014年6月

職場体験完全ガイド 49／ポプラ社編集／ポプラ社／2016年4月

職場体験完全ガイド 55／ポプラ社編集／ポプラ社／2017年4月

ジブン未来図鑑：職場体験完全ガイド＋5／ポプラ社編集／ポプラ社／2022年4月

ブリタニカ科学まんが図鑑ロボット：未知の世界を冒険しよう!―ナツメ社科学まんが図鑑シリーズ／ボンボンストーリー文;ジョンユンチェ絵;古田貴之監修／ナツメ社／2018年9月

パラドックスとは何か：基本的な考え方から、名作パラドックスの解決策、新たな思考法まで／マーガレット・カオンゾ著;高橋昌一郎監訳;増田千苗訳／ニュートンプレス／2021年12月

マーク・ザッカーバーグの生声：本人自らの発言だからこそ見える真実／マーク・ザッカーバーグ述;ジョージ・ビーム編;今村絵里訳／文響社／2022年11月

まるごとわかる!地デジの本：地デジの「デジ」ってなに?／マイカ作／汐文社／2010年11月

ビジネス用語図鑑：「知ったかぶり」を解消する!／マイストリート編;浜畠かのうイラスト;佐々木常夫監修／WAVE出版／2019年12月

デジタルエコノミーの罠：なぜ不平等が生まれ、メディアは衰亡するのか／マシュー・ハインドマン著;山形浩生訳／NTT出版／2020年11月

ビッグデータという独裁者：「便利」とひきかえに「自由」を奪う／マルク・デュガン著;クリストフ・ラベ著;鳥取絹子訳／筑摩書房／2017年3月

ゲーム＆クリエイターパソコンのひみつ―学研まんがでよくわかるシリーズ；153／マンガデザイナーズラ

ぼまんが;入澤宣幸構成／学研プラス／2019年3月
POPULAR「人気」の法則：[人を惹きつける謎の力]／ミッチ・プリンスタイン著;茂木健一郎訳・解説／三笠書房／2018年8月
ミラクルガール相談室女の子のトリセツスマイルdays／ミラクルガールズ委員会編著／西東社／2023年5月
時代をきりひらくIT企業と創設者たち 2／メアリ・レーン・カンバーグ著;熊谷玲美訳;熊坂仁美監修／岩崎書店／2013年2月
答えのない道徳の問題どう解く?正解のない時代を生きるキミへ／やまざきひろしぶん;きむらようえ;にさわだいらはるひとえ／ポプラ社／2021年11月
ロボ木ーと木一木育絵本シリーズ；2／よこやまみさお文;やましたあきのり監修;たかみねみきこ絵／海青社／2016年7月
マンガ「解析学」超入門：微分積分の本質を理解する／ラリー・ゴニック著・絵;鍵本聡訳;坪井美佐訳／講談社（ブルーバックス）／2016年6月
12歳からはじめるゼロからのC言語ゲームプログラミング教室 最新版／リブロワークス著／ラトルズ／2020年7月
入門者のExcel関数：手順通りにやれば必ずできる／リブロワークス著／講談社（ブルーバックス）／2010年4月
これから始めるクラウド入門：あなたも使えるITの先進技術 2010年度版／リブロワークス著／講談社（ブルーバックス）／2010年9月
瞬間操作!高速キーボード術：マウスに頼らないパソコンの動かし方／リブロワークス著／講談社（ブルーバックス）／2011年10月
Windows8.1はそのまま使うな!―青春新書INTELLIGENCE／リンクアップ著／青春出版社／2014年8月
ルビィのぼうけん [3]／リンダ・リウカス作;鳥井雪訳／翔泳社／2018年12月
ルビィのぼうけん [4]／リンダ・リウカス作;鳥井雪訳／翔泳社／2020年3月
宇宙は「もつれ」でできている：「量子論最大の難問」はどう解き明かされたか／ルイーザ・ギルダー著;山田克哉監訳;窪田恭子訳／講談社（ブルーバックス）／2016年10月
合意ってなに?なぜだいじなの?／ルイーズ・スピルズベリー著;ヤズ・ネジャティ著;小島亜佳莉訳／創元社（国際化の時代に生きるためのQ&A）／2018年11月
コーディングフォービギナーズPYTHON／ルーイ・ストウェル著;ロージー・ディキンズ著;鶴田展之訳／日経BP社／2018年10月
ネットとSNSを安全に使いこなす方法／ルーイ・ストウェル著;小寺敦子訳／東京書籍（U18世の中ガイドブック）／2020年4月
宇宙への扉をあけよう：ホーキング博士の宇宙ノンフィクション／ルーシー・ホーキング著;スティーヴン・ホーキング著;さくまゆみこ訳;佐藤勝彦日本語版監修／岩崎書店／2021年9月
データでわかる世界と日本のエネルギー大転換／レスター・R.ブラウン著;枝廣淳子著／岩波書店（岩波ブックレット）／2016年1月
TV ANIMATION 妖怪ウォッチ：全妖怪大百科 4―コロコロコミックススペシャル／レベルファイブ原作／小学館／2016年4月
コーディングフォービギナーズSCRATCH／ロージー・ディキンズ著;ジョナサン・メルモス著;ルーイ・ストウェル著;鶴田展之訳;成田愛訳／日経BP社／2018年9月
どんどんめくってはっけん!コンピュータのひみつ／ロージー・ディキンズ文;コリン・キング絵;木村敦美訳;石戸奈々子監修／学研プラス／2018年12月
どうなってるの?エンジニアのものづくり：めくって楽しい81のしかけ／ローズ・ホール文;リー・コスグロープ絵;福本友美子訳;大﨑章弘日本語版監修／ひさかたチャイルド／2021年6月
Raspberry Piではじめるどきどきプログラミング：自分専用のコンピューターでものづくりを楽しもう!／阿部和広監修・著;石原淳也著;塩野禎隆著／日経BP社／2014年2月

Raspberry Pi ではじめるどきどきプログラミング：自分専用のコンピューターでものづくりを楽しもう！ 増補改訂第 2 版／阿部和広監修・著;石原淳也著;塩野禎隆著;星野尚著／日経 BP 社／2016 年 7 月

ジブン専用パソコン Raspberry Pi でプログラミング：ゲームづくりから自由研究までなんだってできる！／阿部和広著;塩野祐樹著;子供の科学編集／誠文堂新光社（子供の科学★ミライクリエイティブ）／2019 年 11 月

新米 SE ゼロから始めるキャリアプラン設計：SE として「将来なりたい自分」になるために／栗竹愼太郎著／幻冬舎メディアコンサルティング／2017 年 3 月

シン・ニホン：AI×データ時代における日本の再生と人材育成／安宅和人著／ニューズピックス／2020 年 2 月

理工系のための超頑張らないプレゼン入門／安田陽著／オーム社／2018 年 8 月

究極のホスピタリティを実現する「共感力」の鍛え方：AI にはできない、人にしかできない！／安東徳子著／コスモ 21／2017 年 9 月

RPA の真髄：先進企業に学ぶ成功の条件／安部慶喜共著;金弘潤一郎共著／日経 BP 社／2019 年 2 月

異端者たちの挑戦：トヨタ発ベンチャー企業第一号苦闘の軌跡／安部賛著／幻冬舎メディアコンサルティング／2019 年 10 月

「やられたら、やり返す」は、なぜ最強の戦略なのか：〈ゲーム理論〉で読み解く駆け引きの極意／安部徹也著／SB クリエイティブ（SB 新書）／2014 年 9 月

自分のことがわかる本：ポジティブ・アプローチで描く未来／安部博枝著／岩波書店（岩波ジュニア新書）／2017 年 9 月

データサイエンスが解く邪馬台国：北部九州説はゆるがない／安本美典著／朝日新聞出版／2021 年 1 月

量子力学がわかる：逐一数式の意味が解説され、思考の筋道が理解できる入門書／伊東正人著／技術評論社／2010 年 7 月

日本のインフラ：県別データでよくわかる 4／伊藤毅監修／ほるぷ出版／2017 年 3 月

なんだ、けっきょく最後は言葉じゃないか。／伊藤公一著／宣伝会議／2021 年 2 月

ドキュメントテレビは原発事故をどう伝えたのか／伊藤守著／平凡社（平凡社新書）／2012 年 3 月

日本国憲法ってなに? 2／伊藤真著／新日本出版社／2017 年 4 月

13 歳からのジャーナリスト：社会正義を求め世界を駆ける／伊藤千尋著／かもがわ出版／2019 年 11 月

ひらめき力は、小学算数で鍛えよ―ディスカヴァー携書／伊藤邦人[著]／ディスカヴァー・トゥエンティワン／2015 年 8 月

できる大人は、男も女も断わり上手／伊藤由美著／ワニ・プラス（ワニブックス|PLUS|新書）／2017 年 8 月

走る哲学／為末大著／扶桑社（扶桑社新書）／2012 年 7 月

楽しい文章教室：今すぐ作家になれる 3 巻（手紙がきちんと書ける）／井戸佳奈子著／教育画劇／2011 年 4 月

難関中学に合格する!!算数脳を鍛える図形トレーニング：賛数仙人の教え：入試によく出る角度・長さ・面積 86 問 増補改訂版／井上慶一著／エール出版社（Yell books）／2010 年 9 月

難関中学に合格する!!相似形と面積比・図形の移動トレーニング：入試によく出る図形問題 106 問 増補改訂 4 版―賛数仙人の教え／井上慶一著／エール出版社（Yell books）／2020 年 1 月

「図解」スマートフォンのしくみ／井上伸雄著／PHP 研究所／2012 年 4 月

カラー図解でわかる通信のしくみ：あなたはインターネット&モバイル通信をどこまで理解していますか？／井上伸雄著／SB クリエイティブ／2013 年 11 月

工業数学がわかる：基礎からやさしく解説もの創りのための数学レッスン！／井上満著／技術評論社／2010 年 3 月

予測の科学はどう変わる?：人工知能と地震・噴火・気象現象／井田喜明著／岩波書店（岩波科学ライブラリー）／2019 年 2 月

四色問題：どう解かれ何をもたらしたのか／一松信著／講談社（ブルーバックス）／2016 年 5 月

統計ソフト「R」超入門：実例で学ぶ初めてのデータ解析／逸見功著／講談社（ブルーバックス）／2018

年2月

銀河帝国は必要か?:ロボットと人類の未来／稲葉振一郎著／筑摩書房（ちくまプリマー新書）／2019年9月
教室でチャレンジ!SDGsワークショップ 5／稲葉茂勝著／ポプラ社／2023年4月
シリーズ・道徳と「いじめ」 2／稲葉茂勝著;貝塚茂樹監修・著／ミネルヴァ書房／2018年2月
シリーズ・貧困を考える 2／稲葉茂勝著;池上彰監修／ミネルヴァ書房／2017年2月
池上彰のニュースに登場する世界の環境問題 4 (ゴミ)／稲葉茂勝訳・文;アンジェラ・ロイストン原著;池上彰監修／さ・え・ら書房／2010年4月
池上彰のニュースに登場する世界の環境問題 7 (人口問題)／稲葉茂勝訳・文;キャサリン・チャンバーズ原著;池上彰監修／さ・え・ら書房／2011年2月
池上彰のニュースに登場する世界の環境問題 8 (貧困)／稲葉茂勝訳・文;キャサリン・チャンバーズ原著;池上彰監修／さ・え・ら書房／2011年3月
池上彰のニュースに登場する世界の環境問題 3 (食糧)／稲葉茂勝訳・文;サラ・レベーテ原著;池上彰監修／さ・え・ら書房／2010年4月
池上彰のニュースに登場する世界の環境問題 5 (健康・病気)／稲葉茂勝訳・文;サラ・レベーテ原著;池上彰監修／さ・え・ら書房／2010年4月
中学校の授業でネット中傷を考えた：指先ひとつで加害者にならないために／宇多川はるか著／講談社／2023年7月
なるほど高校数学数列の物語：なっとくして、ほんとうに理解できる／宇野勝博著／講談社（ブルーバックス）／2011年1月
信頼の条件：原発事故をめぐることば／影浦峡著／岩波書店（岩波科学ライブラリー）／2013年4月
気をつけよう!情報モラル 1 (ゲーム・あそび編)／永坂武城監修;秋山浩子文;平田美咲イラスト／汐文社／2012年11月
気をつけよう!情報モラル 2 (メール・SNS編)／永坂武城監修;秋山浩子文;平田美咲イラスト／汐文社／2013年3月
気をつけよう!情報モラル 3 (著作権・肖像権編)／永坂武城監修;秋山浩子文;平田美咲イラスト／汐文社／2013年3月
教養としての「数学1・A」：論理的思考力を最短で手に入れる／永野裕之著／NHK出版（NHK出版新書）／2022年4月
金融がやっていること／永野良佑著／筑摩書房（ちくまプリマー新書）／2012年6月
世界一わかりやすいテレワーク入門BOOK／越川慎司監修／宝島社／2020年6月
「普通」に見えるあの人がなぜすごい成果をあげるのか：17万人のAI分析でわかった新しい成功法則／越川慎司著／KADOKAWA／2021年12月
超・会議術：テレワーク時代の新しい働き方／越川慎司著／技術評論社／2020年12月
薄っぺらいのに自信満々な人／榎本博明著／日本経済新聞出版社／2015年6月
わたしの心と体を守る本：マンガでわかる!性と体の大切なこと／遠見才希子著;アベナオミ漫画;碇優子イラスト／KADOKAWA／2022年8月
ロボットが家にやってきたら…：人間とAIの未来／遠藤薫著／岩波書店（岩波ジュニア新書）／2018年2月
ロボットが家にやってきたら…：人間とAIの未来―〈知の航海〉シリーズ／遠藤薫著／岩波書店（岩波ジュニア新書）／2018年2月
僕らが生きているよのなかのしくみは「法」でわかる：13歳からの法学入門／遠藤研一郎著／大和書房／2019年6月
GIGAスクール時代のネットリテラシー 1／遠藤美季監修／ポプラ社／2023年4月
GIGAスクール時代のネットリテラシー 2／遠藤美季監修／ポプラ社／2023年4月
GIGAスクール時代のネットリテラシー 3／遠藤美季監修／ポプラ社／2023年4月
本当に怖いスマホの話：次はキミの番かもしれない……／遠藤美季監修／金の星社／2015年3月

便利!危険?自分を守るネットリテラシー [1]／遠藤美季監修／金の星社／2023年11月

便利!危険?自分を守るネットリテラシー [2]／遠藤美季監修／金の星社／2023年12月

12歳までに身につけたいネット・スマホルールの超きほん——未来のキミのためシリーズ／遠藤美季監修／朝日新聞出版／2022年4月

大人になってこまらないマンガで身につくネットのルールとマナー／遠藤美季監修;大野直人マンガ・イラスト／金の星社／2018年6月

大人になってこまらないマンガで身につくネットのルールとマナー 図書館版／遠藤美季監修;大野直人マンガ・イラスト／金の星社／2018年12月

家庭でマスター!中学生のスマホ免許:依存・いじめ・炎上・犯罪…SNSのトラブルを防ぐ新・必修スキル／遠藤美季著;坂本ロクタク漫画／誠文堂新光社／2014年12月

朝日新聞ウェブ記者のスマホで「読まれる」「つながる」文章術／奥山晶二郎著／ディスカヴァー・トゥエンティワン／2023年2月

情報最新トピック集:高校版 2023／奥村晴彦監修;佐藤義弘監修;中野由章監修;奥村晴彦著;佐藤義弘著;中野由章著;清水哲郎著;能城茂雄著;松浦敏雄著;岩元直久著;大島篤著;勝村幸博著／日経BP 日本文教出版／2023年1月

日本のロボット:くらしの中の先端技術／奥村悠監修／岩崎書店（調べる学習百科）／2018年9月

メルカリ:希代のスタートアップ、野心と焦りと挑戦の5年間／奥平和行著／日経BP社／2018年11月

英語に好かれるとっておきの方法:4技能を身につける／横山カズ著／岩波書店（岩波ジュニア新書）／2016年6月

もうすぐ大人になる君が知っておくべき13歳からの民法／岡信太郎著／扶桑社／2023年7月

Scratchで遊んでわかる!中学数学:数学をプログラミングでハックする／岡田延昭著;五十嵐康伸著／オライリー・ジャパン オーム社／2023年11月

インターネット・ゲーム依存症:ネトゲからスマホまで／岡田尊司著／文藝春秋（文春新書）／2014年12月

〈弱いロボット〉の思考:わたし・身体・コミュニケーション／岡田美智男著／講談社（講談社現代新書）／2017年6月

デジタルの未来図鑑 = Future Pictorial Book of Digital／岡嶋裕史監修／G.B.／2023年6月

実験でわかるインターネット／岡嶋裕史著／岩波書店（岩波ジュニア新書）／2010年3月

ブロックチェーン:相互不信が実現する新しいセキュリティ／岡嶋裕史著／講談社（ブルーバックス）／2019年1月

5G:大容量・低遅延・多接続のしくみ／岡嶋裕史著／講談社（ブルーバックス）／2020年7月

本当は面白い数学の話:確率がわかればイカサマを見抜ける?紙を100回折ると宇宙の果てまで届く?／岡部恒治著;本丸諒著／SBクリエイティブ／2018年3月

小中学生のための初めて学ぶ著作権:学習指導要領対応——あさがく選書;1／岡本薫著／朝日学生新聞社／2011年6月

小中学生のための初めて学ぶ著作権 新装改訂版／岡本薫著／朝日学生新聞社／2019年8月

ウェブでの〈伝わる〉文章の書き方／岡本真著／講談社（講談社現代新書）／2012年12月

人工知能に哲学を教えたら／岡本裕一朗著／SBクリエイティブ（SB新書）／2018年9月

早稲田式起業論／岡﨑員士著／風詠社／2022年10月

データ思考入門／荻原和樹著／講談社（講談社現代新書）／2023年2月

デジタル時代に知名度ゼロから成功する!ブランディング見るだけノート = How to Master the Basics and the Skills of Branding／乙幡満男監修／宝島社／2021年6月

マンガでわかる世の中の「ウソ」から身を守る:情報との正しい接し方／下村健一監修／学研プラス／2021年2月

窓をひろげて考えよう:体験!メディアリテラシー／下村健一著／かもがわ出版／2017年7月

10代からの情報キャッチボール入門:使えるメディア・リテラシー／下村健一著／岩波書店／2015年4月

物理学者が解き明かす思考の整理法／下條竜夫著／ビジネス社／2017 年 2 月
だいこんだんめんれんこんざんねん―かがくのとも絵本／加古里子さく／福音館書店／2010 年 10 月
だんめんず／加古里子ぶん・え／福音館書店／2018 年 10 月
プログラミングは、ロボットから始めよう!：スマホやタブレットですぐにできる／加藤エルテス聡志著／
  小学館／2017 年 8 月
動かしながら理解する CPU の仕組み：パソコンの中心はどうなっているのか／加藤ただし著／講談社
  （ブルーバックス）／2010 年 1 月
日本あっちこっち：「データ+地図」で読み解く地域のすがた／加藤一誠監修・執筆;河原典史監修・執筆;
  飯塚公藤執筆・編集;河原和之執筆・編集／清水書院／2021 年 8 月
高校生からの統計入門／加藤久和著／筑摩書房（ちくまプリマー新書）／2016 年 5 月
テレビの日本語／加藤昌男著／岩波書店（岩波新書 新赤版）／2012 年 7 月
伝わる図解化 ＝ Easy-To-Understand Diagram-ization／加藤拓海著／ディスカヴァー・トゥエンティワン
  ／2023 年 12 月
データサイエンティストの要諦／加藤良太郎著;高山博和著;深谷直紀著／幻冬舎メディアコンサルティング
  ／2021 年 4 月
ファンをはぐくみ事業を成長させる「コミュニティ」づくりの教科書／河原あず著;藤田祐司著／ダイヤモ
  ンド社／2020 年 6 月
人物・テーマごとに深掘り!河合敦先生の歴史でござる／河合敦著;大沢幸子イラスト;すぎうらあきらイラス
  ト／朝日学生新聞社／2018 年 5 月
旅が好きだ!：21 人が見つけた新たな世界への扉―14 歳の世渡り術／河出書房新社編;角田光代著;ほか著／
  河出書房新社／2020 年 6 月
僕は夢のような街をみんなで創ると決め、世界初の出前サイト「出前館」を起業した。／花蜜幸伸著／ソト
  コト・プラネット／2022 年 2 月
なぜ Ai が必要なのか：死因不明社会 2／海堂尊編著;塩谷清司著;山本正二著;飯野守男著;高野英行著;長谷
  川剛著／講談社（ブルーバックス）／2011 年 8 月
明日、機械がヒトになる：ルポ最新科学／海猫沢めろん著／講談社／2016 年 5 月
発信力の育てかた：ジャーナリストが教える「伝える」レッスン―14 歳の世渡り術／外岡秀俊著／河出書
  房新社／2015 年 9 月
営業デジタル改革／角川淳著／日本経済新聞出版社（日経文庫）／2019 年 1 月
躍進するコンテンツ、淘汰されるメディア：メディア大再編／角川歴彦著／毎日新聞出版／2017 年 6 月
Scratch でつくる!たのしむ!プログラミング道場：CoderDojo Japan 公式ブック：小学生以上対象：この
  本からスタート／角田一平著;とがぞの著;高村みづき著;若林健一著;砂金よしひろ著;安川要平監修／ソー
  テック社／2016 年 12 月
Scratch でつくる!たのしむ!プログラミング道場：CoderDojo Japan 公式ブック：小学生以上対象 改訂第
  2 版／角田一平著;とがぞの著;高村みづき著;若林健一著;砂金よしひろ著;安川要平監修／ソーテック社／
  2019 年 5 月
もしものための防犯ゼミナール／学研プラス編集／学研プラス／2021 年 2 月
未来をつくる仕事図鑑 1／学研プラス編集／学研プラス／2021 年 2 月
話す力・聞く力がぐんぐん育つ発表の時間 1／学研プラス編集／学研プラス／2021 年 2 月
東日本大震災伝えなければならない 100 の物語 第 4 巻 (助け合うこと)／学研教育出版著／学研教育出版／
  2013 年 2 月
マインクラフトでわくわく学ぶ!Python プログラミング入門：小学校・中学校からはじめよう楽しいサン
  プルで論理的思考力を鍛えよう!―ぼうけんキッズ／梶間悠平著／翔泳社／2023 年 3 月
なやみと～る：〈ききめ〉おなやみ解決・はげまし 5／梶塚美帆著;高橋暁子監修;北川雄一監修;つぼいひ
  ろき絵／岩崎書店／2018 年 1 月
学びを結果に変えるアウトプット大全 ＝ THE POWER OF OUTPUT:How to Change Learning to
  Outcome―sanctuary books／樺沢紫苑著／サンクチュアリ出版／2018 年 8 月

学び効率が最大化するインプット大全 ＝THE POWER OF INPUT:How to Maximize Learning―sanctuary books／樺沢紫苑著／サンクチュアリ出版／2019年8月

理系的アタマの使い方：ラクしてゴールへ！／鎌田浩毅著／PHP研究所（PHP文庫）／2021年4月

CASE時代：新たなモビリティの道を探る／鎌田実監修／時評社／2018年10月

16歳からのはじめてのゲーム理論："世の中の意思決定"を解き明かす6.5個の物語／鎌田雄一郎著／ダイヤモンド社／2020年7月

雷神と心が読めるヘンなタネ：こどものためのゲーム理論／鎌田雄一郎著／河出書房新社／2022年6月

手書きでもデジタルでもまとめ・発表カンペキBOOK：実例が見られる！1／鎌田和宏監修／ポプラ社／2023年4月

手書きでもデジタルでもまとめ・発表カンペキBOOK：実例が見られる！2／鎌田和宏監修／ポプラ社／2023年4月

手書きでもデジタルでもまとめ・発表カンペキBOOK：実例が見られる！3／鎌田和宏監修／ポプラ社／2023年4月

手書きでもデジタルでもまとめ・発表カンペキBOOK：実例が見られる！4／鎌田和宏監修／ポプラ社／2023年4月

手書きでもデジタルでもまとめ・発表カンペキBOOK：実例が見られる！5／鎌田和宏監修／ポプラ社／2023年4月

脳・心・人工知能：数理で脳を解き明かす／甘利俊一著／講談社（ブルーバックス）／2016年5月

学校で役立つ新聞づくり活用大事典／関口修司監修／学研教育出版／2013年2月

中学数学からはじめる暗号入門：現代の暗号はどのようにして作られたのか／関根章道著／技術評論社／2019年2月

生きることは闘うことだ／丸山健二著／朝日新聞出版（朝日新書）／2017年3月

業界と職種がわかる本：自分に合った業界・職種をみつけよう！'21年版／岸健二編／成美堂出版／2019年6月

ロボットが日本を救う／岸宣仁著／文藝春秋（文春新書）／2011年8月

情報を整理する新聞術―学び力アップ道場；2／岸尾祐二監修／フレーベル館／2010年1月

今日から使える物理数学：難解な概念を便利な道具にする 普及版／岸野正剛著／講談社（ブルーバックス）／2018年12月

己を、奮い立たせる言葉。／岸勇希著／幻冬舎（NewsPicks Book）／2017年10月

ちくま評論入門：高校生のための現代思想ベーシック 2訂版／岩間輝生編:太田瑞穂編:坂口浩一編:関口隆一編／筑摩書房／2021年11月

文系が20年後も生き残るためにいますべきこと／岩崎日出俊著／イースト・プレス／2017年3月

AI時代に複式簿記は終焉するか／岩崎勇編著／税務経理協会／2021年2月

確率のエッセンス：大数学者たちと魔法のテクニック／岩沢宏和著／技術評論社／2013年12月

ホイヘンスが教えてくれる確率論：勝つための賭け方／岩沢宏和著／技術評論社／2016年3月

世界でいちばん優しいロボット／岩貞るみこ文:片塩広子絵／講談社／2021年6月

キャッシュレスで得する！お金の新常識：電子マネー、スマホ決済…―青春新書INTELLIGENCE／岩田昭男著／青春出版社／2018年7月

平和を考える戦争遺物 1／岩脇彰編集／汐文社／2013年6月

最強のエンジニアになるための話し方の教科書／亀山雅司著／マネジメント社／2019年1月

最強のエンジニアになるためのプレゼンの教科書／亀山雅司著／マネジメント社／2019年12月

IoTを支える技術：あらゆるモノをつなぐ半導体のしくみ／菊地正典著／SBクリエイティブ／2017年3月

マンガでわかる！驚くほど仕事がはかどるITツール活用術 ＝How to Use IT Tools Effectively：効率よく働いて機嫌のいい職場にするために／菊本洋司著:渡辺基子著:かんべみのりマンガ／KADOKAWA／2021年3月

世界で生きぬく理系のための英文メール術：短く、正確に、要点を押さえて／吉形一樹著／講談社（ブル

ーバックス)／2015 年 10 月
なぜ男は女より多く産まれるのか：絶滅回避の進化論／吉村仁著／筑摩書房（ちくまプリマー新書）／2012 年 4 月
高校生からはじめるプログラミング／吉村総一郎著／KADOKAWA／2017 年 4 月
高校生からはじめるプログラミング 改訂版／吉村総一郎著／KADOKAWA／2021 年 7 月
ジェット・エンジンの仕組み：工学から見た原理と仕組み／吉中司著／講談社（ブルーバックス）／2010 年 9 月
本社は田舎に限る／吉田基晴著／講談社（講談社+α新書）／2018 年 9 月
遊べる!わかる!みんなのプログラミング入門：子どもたち集まれ!／吉田潤子著／リックテレコム／2016 年 3 月
呼鈴の科学：電子工作から物理理論へ／吉田武著／講談社／2014 年 1 月
ミライの武器 = Strength of the Future：「夢中になれる」を見つける授業─sanctuary books／吉藤オリィ著／サンクチュアリ出版／2021 年 5 月
ゲームプランナー入門：アイデア・企画書・仕様書の技術から就職まで／吉富賢介著／技術評論社／2019 年 5 月
マクドナルドはなぜケータイで安売りを始めたのか?：クーポン・オマケ・ゲームのビジネス戦略─講談社 biz／吉本佳生著／講談社／2010 年 11 月
確率・統計でわかる「金融リスク」のからくり：「想定外の損失」をどう避けるか／吉本佳生著／講談社（ブルーバックス）／2012 年 8 月
暗号が通貨(カネ)になる「ビットコイン」のからくり：「良貨」になりうる 3 つの理由／吉本佳生著;西田宗千佳著／講談社（ブルーバックス）／2014 年 5 月
保護者に求められる就活支援─就活 BOOK；2021／吉本隆男著／マイナビ出版／2019 年 12 月
13 歳からの著作権：正しく使う・作る・発信するための「権利」とのつきあい方がわかる本─コツがわかる本．ジュニアシリーズ／久保田裕監修／メイツユニバーサルコンテンツ／2022 年 5 月
Makeblock 公式 mBot で楽しむレッツ!ロボットプログラミング 改訂版／久木田寛直著／FOM 出版／2020 年 3 月
情報最新トピック集：高校版 第 3 版／久野靖;辰己丈夫;佐藤義弘監修／日経 BP 社／2010 年 12 月
情報最新トピック集：高校版 2013／久野靖監修;佐藤義弘監修;辰己丈夫監修;中野由章監修／日経 BP 社／2012 年 12 月
情報最新トピック集：高校版 2014／久野靖監修;佐藤義弘監修;辰己丈夫監修;中野由章監修;佐藤義弘著;辰己丈夫著;中野由章著;清水哲郎著;岩元直久著;大島篤著;勝村幸博著／日経 BP 社／2013 年 12 月
情報最新トピック集：高校版 2015／久野靖監修;佐藤義弘監修;辰己丈夫監修;中野由章監修;佐藤義弘著;辰己丈夫著;中野由章著;清水哲郎著;岩元直久著;大島篤著;勝村幸博著／日経 BP 社／2015 年 1 月
情報最新トピック集：高校版 2016／久野靖監修;佐藤義弘監修;辰己丈夫監修;中野由章監修;佐藤義弘著;辰己丈夫著;中野由章著;清水哲郎著;岩元直久著;大島篤著;勝村幸博著／日経 BP 社／2016 年 1 月
情報最新トピック集：高校版 2020／久野靖監修;佐藤義弘監修;辰己丈夫監修;中野由章監修;佐藤義弘著;辰己丈夫著;中野由章著;清水哲郎著;能城茂雄著;岩元直久著;大島篤著;勝村幸博著／日経 BP／2020 年 1 月
情報最新トピック集：高校版 2018／久野靖監修;佐藤義弘監修;辰己丈夫監修;中野由章監修;佐藤義弘著;辰己丈夫著;中野由章著;清水哲郎著;能城茂雄著;岩元直久著;大島篤著;勝村幸博著／日経 BP 社／2018 年 1 月
情報最新トピック集：高校版 2019／久野靖監修;佐藤義弘監修;辰己丈夫監修;中野由章監修;佐藤義弘著;辰己丈夫著;中野由章著;清水哲郎著;能城茂雄著;岩元直久著;大島篤著;勝村幸博著／日経 BP 社／2019 年 2 月
Python 超入門：モンティと学ぶはじめてのプログラミング／及川えり子著／オーム社／2020 年 2 月
アナロジーで解く高校生のための工学入門／宮内則雄著／批評社／2015 年 7 月
正しいコピペのすすめ：模倣、創造、著作権と私たち／宮武久佳著／岩波書店（岩波ジュニア新書）／2017 年 3 月

研究発表のためのスライドデザイン:「わかりやすいスライド」作りのルール／宮野公樹著／講談社（ブルーバックス）／2013 年 4 月

即買いされる技術:キャッチコピーはウリが 9 割／弓削徹著／秀和システム／2021 年 7 月

届く!刺さる!!売れる!!!キャッチコピーの極意／弓削徹著／明日香出版社／2019 年 1 月

大人になったら何になりたい?日本の給料&職業図鑑:こども編／給料 BANK 著;スタディサプリ進路著／宝島社／2023 年 3 月

世界一流エンジニアの思考法 = How World-Class Engineers Think／牛尾剛著／文藝春秋／2023 年 10 月

まんがでプログラミング:進め!けやき坂クリエイターズ Scratch 3.0 編／橋爪香織著;たきりょうこ著;阿部和広監修;うめ監修／インプレス／2021 年 6 月

いじめから脱出しよう!:自分をまもる方法 12 か月分／玉聞伸啓著／小学館／2017 年 1 月

説明がなくても伝わる図解の教科書 = GUIDE TO VISUALIZATION／桐山岳寛著／かんき出版／2017 年 6 月

ICT で生活科:デジタルツールではっぴょうしよう! 3／近畿大学附属小学校著;郡山ザベリオ学園小学校著;森村学園初等部著／フレーベル館／2022 年 2 月

ICT で生活科:デジタルツールではっぴょうしよう! 2／近畿大学附属小学校著・文;郡山ザベリオ学園小学校著・文;森村学園初等部著・文／フレーベル館／2021 年 12 月

入試数学の掌握:総論編:テーマ別演習 1／近藤至徳著／エール出版社（Yell books）／2011 年 10 月

金岡新聞／金岡陸著／飛鳥新社／2012 年 8 月

理系のための Excel グラフ入門:実験データを正しく伝える技術／金丸隆志著／講談社（ブルーバックス）／2013 年 10 月

Raspberry Pi で学ぶ電子工作:超小型コンピュータで電子回路を制御する／金丸隆志著／講談社（ブルーバックス）／2014 年 11 月

実例で学ぶ Raspberry Pi 電子工作:作りながら応用力を身につける／金丸隆志著／講談社（ブルーバックス）／2015 年 12 月

カラー図解最新 Raspberry Pi で学ぶ電子工作:作って動かしてしくみがわかる／金丸隆志著／講談社（ブルーバックス）／2016 年 7 月

カラー図解 Raspberry Pi ではじめる機械学習:基礎からディープラーニングまで／金丸隆志著／講談社（ブルーバックス）／2018 年 3 月

高校数学からはじめるディープラーニング:初歩からわかる人工知能が働くしくみ／金丸隆志著／講談社（ブルーバックス）／2020 年 4 月

カラー図解最新 Raspberry Pi で学ぶ電子工作:作る、動かす、しくみがわかる!／金丸隆志著／講談社（ブルーバックス）／2020 年 6 月

K-POP:新感覚のメディア／金成玟著／岩波書店（岩波新書 新赤版）／2018 年 7 月

AI に負けないためにすべての人が身につけるべき「営業学」／金川顕教著／KADOKAWA／2019 年 3 月

書きかたがわかるはじめての文章レッスン 4 (新聞・報告書)／金田一秀穂監修／学研教育出版／2013 年 2 月

幸せな IoT スタートアップの輪郭 = The outlines of a happy IoT startup／九頭龍雄一郎著／幻冬舎メディアコンサルティング／2022 年 5 月

独立志向:昭和の IT ベンチャー起業家が語る仕事、家族、そして人生／駒井俊之著／幻冬舎メディアコンサルティング／2021 年 3 月

けん玉学:起源から技の種類・世界のけん玉まで／窪田保著;こどもくらぶ編／今人舎／2015 年 7 月

イスラエルがすごい:マネーを呼ぶイノベーション大国／熊谷徹著／新潮社（新潮新書）／2018 年 11 月

中学受験算数ハイレベル問題集 改訂新版／熊野孝哉著／エール出版社（Yell books）／2015 年 11 月

中学入試レベル大人の算数トレーニング—ディスカヴァー携書／栗田哲也[著]／ディスカヴァー・トゥエンティワン／2014 年 6 月

はじめての Gmail 入門 第 5 版／桑名由美著／秀和システム（BASIC MASTER SERIES）／2021 年 3 月

オンラインでも好かれる人・信頼される人の話し方 = THE WAY SOME PEOPLE MANAGE TO BE

LIKED AND TRUSTED EVEN ONLINE／桑野麻衣著／クロスメディア・パブリッシング／2020年10月
誰も教えてくれない起業のリアル／景山厚著／幻冬舎メディアコンサルティング／2017年9月
マンガで読むマックスウェルの悪魔／月路よなぎ漫画／講談社（ブルーバックス.BLUE BACKS COMIC）／2011年11月
東大院生が7つの型で教える神わかり!頭のいい説明力／犬塚壮志著／PHP研究所（PHP文庫）／2021年2月
小学生〜大人まで16000×0.45が3秒で暗算できる／鍵本聡著／講談社／2023年11月
シャープの中からの風景：シャープ社員がブログに綴った3年間／元シャープ社員A著／宝島社／2017年3月
はじめての解析学：微分、積分から量子力学まで／原岡喜重著／講談社（ブルーバックス）／2018年11月
気をつけよう!情報モラル 4／原克彦監修;秋山浩子編;イケガメシノイラスト／汐文社／2017年12月
Z世代：若者はなぜインスタ・TikTokにハマるのか?／原田曜平著／光文社（光文社新書）／2020年11月
現代社会ライブラリーへようこそ! 2018-19／現代社会ライブラリーへようこそ!編集委員会著／清水書院／2018年4月
現代社会ライブラリーへようこそ! 2020-21／現代社会ライブラリーへようこそ！編集委員会編集／清水書院／2020年8月
現代用語の基礎知識学習版 2010→2011／現代用語検定協会監修／自由国民社／2010年2月
現代用語の基礎知識：学習版 2019-2020／現代用語検定協会監修／自由国民社／2019年7月
最新インターンシップ＝Internship：ニューノーマル時代のキャリア形成／古閑博美編著;牛山佳菜代編著／学文社／2023年1月
たのしく考える力が身につくScratchワークブック／古金谷博著／日経BP／2019年9月
1からのデータ分析＝The 1st step to data analysis／古川一郎編著;上原渉編著／碩学舎／2022年9月
量子もつれとは何か：「不確定性原理」と複数の量子を扱う量子力学／古澤明著／講談社（ブルーバックス）／2011年2月
「シュレーディンガーの猫」のパラドックスが解けた!：生きていて死んでいる状態をつくる／古澤明著／講談社（ブルーバックス）／2012年9月
SNSの哲学：リアルとオンラインのあいだ―あいだで考える／戸谷洋志著／創元社／2023年4月
WEB文章術プロの仕掛け66：バズる!ハマる!売れる!集まる!／戸田美紀著;藤沢あゆみ著／日本実業出版社／2023年4月
ITエンジニアの「海外進出」読本／五嶋仁著;高木右近日向著;須藤敏行監修／幻冬舎メディアコンサルティング／2018年2月
6年後東大に合格できる中学受験算数思考のルール／五本毛眼鏡著／エール出版社（Yell books）／2011年9月
Google Earthで行く火星旅行／後藤和久著;小松吾郎著／岩波書店（岩波科学ライブラリー）／2012年8月
身につく入門統計学／向後千春著;冨永敦子著／技術評論社／2016年5月
DX時代の日本企業の戦い方＝How Japanese Companies Compete in the DX Era：京大で学ぶデジタル社会と資本市場／幸田博人編著／中央経済社 中央経済グループパブリッシング／2023年3月
広告界就職ガイド 2021／広告界就職ガイド編集部編集／宣伝会議／2019年12月
ロボット創造学入門―〈知の航海〉シリーズ／広瀬茂男著／岩波書店（岩波ジュニア新書）／2011年6月
学校はなぜ退屈でなぜ大切なのか／広田照幸著／筑摩書房（ちくまプリマー新書）／2022年5月
ずるい検索：賢い人は、「調べ方」で差を付ける／江尻俊章著／クロスメディア・パブリッシング インプレス／2023年7月
近未来科学ファイル20XX 3／荒舩良孝著／田川秀樹イラスト;つぼいひろきイラスト／岩崎書店／2016年3

月

スマホ・パソコン・SNS：こどもあんぜん図鑑：よく知ってネットを使おう!／講談社編;藤川大祐監修／講談社／2015年2月

シャノンの情報理論入門：価値ある情報を高速に、正確に送る／高岡詠子著／講談社（ブルーバックス）／2012年12月

チューリングの計算理論入門：チューリング・マシンからコンピュータへ／高岡詠子著／講談社（ブルーバックス）／2014年2月

営業生産性を高める!「データ分析」の技術／高橋威知郎著／同文舘出版（DO BOOKS）／2017年9月

オンライン自宅教室起業バイブル＝Start a Side Business Bible：3フク業を実現!40歳から始める新時代のオンライン起業法：新・稼げる教室 ZOOM YouTube活用／高橋貴子著／産業能率大学出版部／2021年9月

ゲームと生きる!：楽しいが力になる 1／高橋浩徳監修／フレーベル館／2021年11月

資格取り方選び方全ガイド＝QUALIFICATIONS GUIDEBOOK 2022／高橋書店編集部編／高橋書店／2020年7月

資格取り方選び方全ガイド＝QUALIFICATIONS GUIDEBOOK 2023／高橋書店編集部編／高橋書店／2021年7月

知性の限界：不可測性・不確実性・不可知性／高橋昌一郎著／講談社（講談社現代新書）／2010年4月

プランニングの基本＝The Basics of Planning：この1冊ですべてわかる／高橋宣行著／日本実業出版社／2020年9月

カラー図解 Javaで始めるプログラミング：知識ゼロからの定番言語「超」入門／高橋麻奈著／講談社（ブルーバックス）／2017年4月

統計・確率思考で世の中のカラクリが分かる／高橋洋一著／光文社（光文社新書）／2011年10月

フェイクウェブ／高野聖玄著;セキュリティ集団スプラウト著／文藝春秋（文春新書）／2019年5月

「空気」を読んでも従わない：生き苦しさからラクになる／鴻上尚史著／岩波書店（岩波ジュニア新書）／2019年4月

ITコンサルティングの基本＝The Basics of IT Consulting：この1冊ですべてわかる 新版／克元亮編著／日本実業出版社／2021年5月

手塚治虫：マンガで世界をむすぶ――調べる学習百科／国松俊英著／岩崎書店／2021年11月

お仕事にすぐ使えるPCスキルが楽しく身につくレシピ：これ1冊でExcel Word PowerPoint Outlookがわかる! 最新版／国本温子執筆;コスモメディ執筆;佐々木康之執筆;日花弘子執筆;大井しょうこ執筆;ONEPUBLISHING編集部執筆／ワン・パブリッシング／2022年12月

コミックエンジニア物語：未来を拓く高専のチカラ：高専受験のススメ／国立高等専門学校機構マンガで伝える「エンジニアの姿」実施委員会編／平凡社／2014年6月

国立大学で工学を学ぼう vol.2／国立大学55工学系学部長会議監修;フロムページ夢ナビ編集部企画編集／フロムページ／2022年1月

国立大学で工学を学ぼう：国立大学56工学系学部では、どんな学問が学べるのか?／国立大学56工学系学部長会議監修;フロムページ夢ナビ編集部企画編集／フロムページ／2019年4月

IT素人を説得する技術＝Technique to persuade Information Technology amateurs.：相手を説得し納得させるエバンジェライズ〈伝道〉の極意／黒音こなみ著／シーアンドアール研究所／2020年5月

深層学習の原理に迫る：数学の挑戦／今泉允聡著／岩波書店（岩波科学ライブラリー）／2021年4月

中高生のためのケータイ・スマホハンドブック／今津孝次郎監修;金城学院中学校高等学校編著／学事出版／2013年9月

データの達人：表とグラフを使いこなせ! 1／今野紀雄監修／ポプラ社／2020年4月

データの達人：表とグラフを使いこなせ! 2／今野紀雄監修／ポプラ社／2020年4月

データの達人：表とグラフを使いこなせ! 3／今野紀雄監修／ポプラ社／2020年4月

データの達人：表とグラフを使いこなせ! 4／今野紀雄監修／ポプラ社／2020年4月

統計学最高の教科書：現実を分析して未来を予測する技術を身につける／今野紀雄著／SBクリエイティブ

／2019年4月
「ぴえん」という病：SNS世代の消費と承認／佐々木チワワ著／扶桑社（扶桑社新書）／2022年1月
現代病「集中できない」を知力に変える読む力最新スキル大全＝NEW READING SKILL ENCYCLOPEDIA：脳が超スピード化し、しかもクリエイティブに動き出す！／佐々木俊尚著／東洋経済新報社／2022年2月
身近なアレを数学で説明してみる：「なんでだろう?」が「そうなんだ!」に変わる／佐々木淳著／SBクリエイティブ／2019年1月
Pythonでまなぶプログラミング／佐々木明著;実教出版編修部編／実教出版／2022年10月
オンラインでズバリ伝える力／佐藤綾子著／幻冬舎／2020年9月
情報最新トピック集：高校版 2022／佐藤義弘監修;辰己丈夫監修;中野由章監修;佐藤義弘著;辰己丈夫著;中野由章著;清水哲郎著;能城茂雄著;松浦敏雄著;岩元直久著;大島篤志著;勝村幸博著／日経BP／2022年2月
楽しくリサイクル!こども工作ワンダーランド：バザー・ワークショップでの利用もOK!－レディブティックシリーズ／佐藤京子著／ブティック社／2019年7月
働き方改革とAIの活用／佐藤好男著／東京図書出版／2020年8月
宇宙怪人しまりす医療統計を学ぶ 検定の巻／佐藤俊哉著／岩波書店（岩波科学ライブラリー）／2012年6月
相対性理論から100年でわかったこと／佐藤勝彦著／PHP研究所／2010年10月
明日のプランニング：伝わらない時代の「伝わる」方法／佐藤尚之著／講談社（講談社現代新書）／2015年5月
高校生のための英語学習ガイドブック／佐藤誠司著／岩波書店（岩波ジュニア新書）／2012年3月
社会でがんばるロボットたち 1／佐藤知正監修／鈴木出版／2017年10月
社会でがんばるロボットたち 2／佐藤知正監修／鈴木出版／2017年12月
佐藤文隆先生の量子論：干渉実験・量子もつれ・解釈問題／佐藤文隆著／講談社（ブルーバックス）／2017年9月
AI vs 法：世界で進むAI規制と遅れる日本／佐藤光一著／マイナビ出版（マイナビ新書）／2023年8月
すてずにあそぼうかんたん!手づくりおもちゃ／佐野博志著／子どもの未来社／2011年12月
高校生のための選挙入門＝An Introduction to Election for High School Students／斎藤一久編著／三省堂／2016年7月
ジャーナリストという仕事／斎藤貴男著／岩波書店（岩波ジュニア新書）／2016年1月
図解コレ1枚でわかる最新ITトレンド 増補改訂4版／斎藤昌義著／技術評論社／2022年10月
フリーエンジニアで成功するためにやるべき54のこと：年収300万円アップも夢じゃない!／斎藤和明著／秀和システム／2020年3月
ある日突然AIがあなたの会社に／細川義洋著／マイナビ出版（マイナビ新書）／2018年4月
解決は1行。／細田高広著／三才ブックス／2019年4月
知っておきたい情報社会の安全知識／坂井修一著／岩波書店（岩波ジュニア新書）／2010年3月
深掘り!中学数学：教科書に書かれていない数学の話／坂間千秋著／岩波書店（岩波ジュニア新書）／2021年5月
主人公思考＝Leading Character Thinking／坂上陽三著／KADOKAWA／2021年10月
DXとは何か：意識改革からニューノーマルへ／坂村健著／KADOKAWA（角川新書）／2021年4月
イノベーションはいかに起こすか：AI・IoT時代の社会革新／坂村健著／NHK出版／2020年10月
0でも億万長者：非常識な3つの稼ぎ方／坂本好隆著／アイバス出版／2017年1月
坂本真樹と考えるどうする?人工知能時代の就職活動／坂本真樹著／エクシア出版／2017年8月
内定者はこう書いた!エントリーシート・履歴書・志望動機・自己PR〈完全版〉.'26年度版／坂本直文著／高橋書店／2023年12月
スマホはどこまで脳を壊すか／榊浩平著;川島隆太監修／朝日新聞出版（朝日新書）／2023年2月
日本一わかりやすいHRテクノロジー活用の教科書／榊裕葵著／日本法令／2019年4月
頭の良い子に育つ楽しい算数365：1日1ページで身につく／桜井進監修／SBクリエイティブ／2022年2

月

世界の見方が変わる「数学」入門―14歳の世渡り術／桜井進著／河出書房新社／2014年11月

一流家電メーカー「特殊対応」社員の告白／笹島健治著／ディスカヴァー・トゥエンティワン（ディスカヴァー携書）／2017年11月

人間はだまされる：フェイクニュースを見分けるには―世界をカエル10代からの羅針盤／三浦準司著／理論社／2017年6月

人間はだまされる：フェイクニュースを見分けるには／三浦準司著／理論社（世界をカエル10代からの羅針盤）／2017年6月

スクラッチでゲームをつくろう！：楽しく学べるプログラミング／三橋優希著;できるシリーズ編集部著／インプレス（できるキッズ）／2020年7月

文芸オタクの私が教えるバズる文章教室―sanctuary books／三宅香帆著／サンクチュアリ出版／2019年6月

なぜ人工知能は人と会話ができるのか／三宅陽一郎著／マイナビ出版（マイナビ新書）／2017年8月

ボードゲームでわかる!コンピュータと人工知能のしくみ／三宅陽一郎著／東京書籍／2022年11月

高校生のためのゲームで考える人工知能／三宅陽一郎著;山本貴光著／筑摩書房（ちくまプリマー新書）／2018年3月

絵でわかる人工知能：明日使いたくなるキーワード68／三宅陽一郎著;森川幸人著／SBクリエイティブ／2016年9月

知っておきたい電子マネーと仮想通貨／三菱総合研究所編／マイナビ出版（マイナビ新書）／2018年2月

こちらムシムシ新聞社：カタツムリはどこにいる?／三輪一雄作・絵／偕成社／2018年8月

発想の整理学：AIに負けない思考法／山浦晴男著／筑摩書房／2020年7月

デザイン3.0の教科書：誰もがデザインする時代／山岡俊樹著／海文堂出版／2018年10月

新聞社・出版社で働く人たち：しごとの現場としくみがわかる!―しごと場見学!／山下久猛著／ぺりかん社／2014年7月

広報・PRの基本＝The Basics of Public Relations：この1冊ですべてわかる 新版／山見博康著／日本実業出版社／2020年1月

らくらくインターネット：しくみがわかるとこんなに楽しい―子どものためのパソコンはじめてシリーズ；3／山口旬子著／自由国民社／2010年1月

こころと身体の心理学／山口真美著／岩波書店（岩波ジュニア新書）／2020年9月

NEWフリーランスの稼ぎ方＝the way to make money as a "new freelance"／山口拓朗著／明日香出版社／2020年11月

POP1年生：イラストで実況中継!:"センス"がなくてもPOPは書ける!／山口茂著／商業界／2017年5月

ネット・スマホ攻略術＝Net and Smartphone Strategy：ネットが最強のパートナーになる：デジタルネイティブのための―1時間で一生分の「生きる力」；1／山崎聡一郎著;藤川大祐監修;芽なやイラスト・まんが／講談社／2021年4月

娘と話すメディアってなに? 改訂新版／山中速人著／現代企画室／2016年10月

YouTuber教室／山田せいこ原作;FULMA株式会社監修;田伊りょうき漫画／ポプラ社（マンガでマスター）／2018年8月

明るい未来が見えてくる!最先端科学技術15.：2012年キーワードは、この1冊で大丈夫!：45分でわかる!―Magazine house 45 minutes series；#20／山田久美子／マガジンハウス／2011年11月

量子力学はミステリー／山田克哉著／PHP研究所／2010年9月

まんがと図解でわかる裁判の本：こんなとき、どうする?どうなる? 5（危険がいっぱい!インターネット）／山田勝彦監修／岩崎書店／2014年3月

スマホ料金はなぜ高いのか／山田明著／新潮社（新潮新書）／2020年7月

ネットオーディオ入門：オーディオ史上最高の音質を楽しむ／山之内正著／講談社（ブルーバックス）／2013年10月

子どもコンプライアンス／山本一宗著;どんぐり. イラスト／ワニブックス／2023年4月

やさしくわかるデジタル時代の著作権 1／山本光監修・著;松下孝太郎著／技術評論社／2019 年 8 月
やさしくわかるデジタル時代の著作権 2／山本光監修・著;松下孝太郎著／技術評論社／2019 年 8 月
やさしくわかるデジタル時代の著作権 3／山本光監修・著;松下孝太郎著／技術評論社／2019 年 8 月
シリコンバレーの一流投資家が教える世界標準のテクノロジー教養 ＝ Liberal arts of Technology／山本康正著／幻冬舎／2021 年 2 月
外資系データサイエンティストの知的生産術：どこへ行っても通用する人になる超基本 50／山本康正著;松谷恵著／東洋経済新報社／2023 年 12 月
高校生が感動した確率・統計の授業／山本俊郎著／PHP 研究所（PHP 新書）／2017 年 9 月
もしもロボットとくらしたら／山本省三作;本田隆行監修;大崎章弘監修／WAVE 出版／2021 年 8 月
医療的ケア児を包摂する教育支援と ICT 活用 ＝ Educational Support and ICT Utilization including support for students needing medical care／山本智子著;山本勇監修／北樹出版／2023 年 1 月
家電の科学：ここまで進化した驚異の技術／山名一郎著;家電テクノロジー研究会著／PHP 研究所／2014 年 2 月
頭がいい人の時間の使い方：残業しないで結果を出す―仕事の教科書 mini／仕事の教科書編集部編／学研プラス／2017 年 4 月
スペースキーで見た目を整えるのはやめなさい：8 割の社会人が見落とす資料作成のキホン／四禮静子著／技術評論社／2020 年 6 月
ひとりだちするためのビジネスマナー＆コミュニケーション／子どもたちの自立を支援する会編／日本教育研究出版／2013 年 12 月
ひとりだちするためのトラブル対策：予防・回避・対処が学べる 改訂版／子どもたちの自立を支援する会編／日本教育研究出版／2016 年 7 月
ひとりだちするためのトラブル対策：予防・回避・対処が学べる／子どもたちの自立を支援する会編集／日本教育研究出版／2014 年 11 月
おうちでできるオモシロ実験!／市岡元気著;藤本たみこイラスト／講談社／2021 年 7 月
自然現象はなぜ数式で記述できるのか／志村史夫著／PHP 研究所／2010 年 12 月
古代日本の超技術：あっと驚くご先祖様の智慧 改訂新版／志村史夫著／講談社（ブルーバックス）／2012 年 12 月
古代世界の超技術：あっと驚く「巨石文明」の智慧／志村史夫著／講談社（ブルーバックス）／2013 年 12 月
日本の歴史の道具事典／児玉祥一監修／岩崎書店／2013 年 11 月
IoT は"三河屋さん"である：IoT ビジネスの教科書／児玉哲彦著／マイナビ出版（マイナビ新書）／2017 年 4 月
マーケティングの必勝方程式：確率で組み立てる成功のシナリオ／寺澤慎祐著／マイナビ出版（マイナビ新書）／2016 年 3 月
写真とデータでわかる平成時代 4／時事通信社編／ポプラ社／2019 年 4 月
デジタル・アーカイブの最前線：知識・文化・感性を消滅させないために／時実象一著／講談社（ブルーバックス）／2015 年 2 月
コンピュータ技術者になるには [2010 年]―なるには books；24／宍戸周夫著／ぺりかん社／2010 年 11 月
絶滅危惧職種図鑑：これからなくなる厳選 65 職種／七里信一著／あさ出版／2018 年 10 月
時代（とき）を映すインフラ：ネットと未来―丸善ライブラリー；387／漆谷重雄著;栗本崇著;情報・システム研究機構国立情報学研究所監修／丸善出版／2016 年 10 月
事例でわかる情報モラル：30 テーマ 2018／実教出版編修部編／実教出版／2018 年 2 月
事例でわかる情報モラル：30 テーマ 2019／実教出版編修部編／実教出版／2019 年 2 月
高校生からのビジネスマナー ＝ BUSINESS MANNERS：社会人を目指す人に役立つビジネスマナーバイブル／実教出版編修部編／実教出版／2019 年 4 月
事例でわかる情報モラル：30 テーマ 2020／実教出版編修部編／実教出版／2020 年 2 月
事例でわかる情報モラル：30 テーマ 2021／実教出版編修部編／実教出版／2021 年 2 月

事例でわかる情報モラル&セキュリティ：30テーマ 2022／実教出版編修部編／実教出版／2022年2月
事例でまなぶプログラミングの基礎 Scratch・VBA編／実教出版編修部編／実教出版／2022年4月
事例でまなぶプログラミングの基礎 Python編／実教出版編修部編／実教出版／2022年8月
パーフェクトガイド情報／実教出版編修部編／実教出版／2023年2月
事例でわかる情報モラル&セキュリティ：30テーマ.2023／実教出版編修部編／実教出版／2023年2月
できる人は統計思考で判断する／篠原拓也著／三笠書房／2018年7月
12歳からはじめるゼロからのSwift Playgroundsゲームプログラミング教室／柴田文彦著／ラトルズ／2019年3月
新聞記者：現代史を記録する／若宮啓文著／筑摩書房（ちくまプリマー新書）／2013年9月
デジタル社会の地図の読み方作り方／若林芳樹著／筑摩書房（ちくまプリマー新書）／2022年2月
書くだけで心、もの、お金が整う私のノート、手帳術／主婦の友社編／主婦の友社／2020年10月
デジタル世界の歩き方：デジタル機器を自分らしく、自信をもって使うためのガイド―いま・生きる・ちからシリーズ／狩野さやか著／ほるぷ出版／2023年12月
新・材料化学の最前線：未来を創る「化学」の力／首都大学東京都市環境学部分子応用化学研究会編／講談社（ブルーバックス）／2010年7月
速攻!!ワザあり面接&エントリーシート［2020年度版］／就活研究所面接班編／永岡書店／2018年5月
速攻!!ワザあり面接&エントリーシート［2022年度版］／就活研究所面接班編／永岡書店／2020年2月
速攻!!ワザあり面接&エントリーシート 2023年度版／就活研究所面接班編／永岡書店／2021年2月
気をつけよう!情報モラル 5／秋山浩子編集／原克彦監修／汐文社／2018年2月
気をつけよう!情報モラル 6／秋山浩子編集／原克彦監修／イケガメシノイラスト／汐文社／2018年3月
高校生のためのiパス入門 第3版／秋山崇著／インフォテック・サーブ／2020年3月
高校生のためのアルゴリズム入門 第4版／秋山崇著／インフォテック・サーブ／2020年3月
ニホンという滅び行く国に生まれた若い君たちへOUTBREAK：17歳から始める反抗するための社会学／秋嶋亮著／白馬社／2021年7月
知識ゼロからのExcelビジネスデータ分析入門：蓄積する多量のデータを役立てる／住中光夫著／講談社（ブルーバックス）／2012年8月
川端康成：孤独を駆ける／十重田裕一著／岩波書店（岩波新書 新赤版）／2023年3月
僕はミドリムシで世界を救うことに決めた。／出雲充著／小学館（小学館新書）／2017年2月
数理の窓から世界を読みとく：素数・AI・生物・宇宙をつなぐ／初田哲男編著;柴藤亮介編著／岩波書店（岩波ジュニア新書）／2021年11月
でたらめの科学：サイコロから量子コンピューターまで／勝田敏彦著／朝日新聞出版／2020年12月
法は君のためにある：みんなとうまく生きるには?／小貫篤著／筑摩書房（ちくまQブックス）／2021年10月
航空宇宙エンジニアになるには―なるにはBOOKS；159／小熊みどり著／ぺりかん社／2023年1月
光と電磁気ファラデーとマクスウェルが考えたこと：電場とは何か?磁場とは何か?／小山慶太著／講談社（ブルーバックス）／2016年8月
気をつけよう!ネット動画 2／小寺信良監修／汐文社／2020年3月
気をつけよう!ネット動画 3／小寺信良監修／汐文社／2020年3月
気をつけよう!SNS 1 (SNSってなんだろう?)／小寺信良著／汐文社／2013年11月
気をつけよう!SNS 2 (ソーシャルゲームってどんなもの?)／小寺信良著／汐文社／2013年12月
気をつけよう!SNS 3 (依存しないために)／小寺信良著／汐文社／2014年2月
気をつけよう!スマートフォン 1 (スマートフォンとインターネット)／小寺信良著／汐文社／2014年10月
気をつけよう!スマートフォン 2 (SNSとメッセージ)／小寺信良著／汐文社／2015年1月
気をつけよう!スマートフォン 3 (つながり依存)／小寺信良著／汐文社／2015年3月
学校で知っておきたい著作権 3／小寺信良著;上沼紫野監修;インターネットユーザー協会監修／汐文社／2017年2月
ブレンディッド・ラーニング＝BLENDED LEARNING：新リモート時代の人材育成学／小仁聡著／フロ

ーラル出版／2021年4月
アプリケーションエンジニアになるには―なるにはBOOKS；156／小杉眞紀著;吉田真奈著;山田幸彦著／ぺりかん社／2021年6月
エンジニアだからこそ見えてきた「提案営業」のカンどころ／小西正秀著／セルバ出版／2017年12月
あなたのアクセスはいつも誰かに見られている：Amazon、Yahoo!、Google…大手サイトの裏側／小川卓著／扶桑社（扶桑社新書）／2016年5月
デジタルは人間を奪うのか／小川和也著／講談社（講談社現代新書）／2014年9月
科学がひらくスマート農業・漁業 4／小泉光久著;寺坂安里絵／大月書店／2019年4月
科学がひらくスマート農業・漁業 1／小泉光久著;大谷隆二監修;寺坂安里絵／大月書店／2018年9月
図解未来を考えるみんなのエネルギー 3／小泉光久編著;明日香壽川監修／汐文社／2021年3月
確率がわかる：豊富な例題と図解で、基本からやさしく解説!集合からていねいに勉強したい人に最適!／小泉力一著／技術評論社／2017年3月
急いでデジタルクリエイティブの本当の話をします。／小霜和也著／宣伝会議／2017年7月
クラウドの未来：超集中と超分散の世界／小池良次著／講談社（講談社現代新書）／2012年1月
AIの時代と法／小塚荘一郎／岩波書店（岩波新書 新赤版）／2019年11月
世界は2乗でできている：自然にひそむ平方数の不思議／小島寛之著／講談社（ブルーバックス）／2013年8月
確率を攻略する：ギャンブルから未来を決める最新理論まで／小島寛之著／講談社（ブルーバックス）／2015年7月
起業家という生き方―発見!しごと偉人伝／小堂敏郎著;谷隆一著／ぺりかん社／2014年2月
学校では教えてくれない稼ぐ力の身につけ方：AI時代にサバイバルするこども起業力／小幡和輝著;若林杏樹マンガ／小学館／2020年11月
人が集まるSNSのトリセツ：共感×つながり／小桧山美由紀著／総合法令出版／2022年7月
アンテナの仕組み：なぜ地デジは魚の骨形でBSは皿形なのか／小暮裕明著;小暮芳江著／講談社（ブルーバックス）／2014年6月
キャリア教育に活きる!仕事ファイル：センパイに聞く 1／小峰書店編集部編著／小峰書店／2017年4月
13歳からの「ネットのルール」：誰も傷つけないためのスマホリテラシーを身につける本―コツがわかる本. ジュニアシリーズ／小木曽健監修／メイツユニバーサルコンテンツ／2020年11月
11歳からの正しく怖がるインターネット：大人もネットで失敗しなくなる本／小木曽健著／晶文社／2017年2月
大人を黙らせるインターネットの歩き方／小木曽健著／筑摩書房（ちくまプリマー新書）／2017年5月
島秀雄：新幹線をつくった男―角川まんが学習シリーズ；N7. まんが人物伝／小野田滋監修;桐嶋たけるまんが作画／KADOKAWA／2018年7月
ようこそ「多変量解析」クラブへ：何をどう計算するのか／小野田博一著／講談社（ブルーバックス）／2014年11月
人工知能はいかにして強くなるのか?：対戦型AIで学ぶ基本のしくみ／小野田博一著／講談社（ブルーバックス）／2017年1月
論理の鬼：じょうずに考え、伝えるための〈論理〉入門―14歳の世渡り術／小野田博一著;はしゃイラスト／河出書房新社／2023年7月
原価企画とトヨタのエンジニアたち／小林英幸著／中央経済社（メルコ学術振興財団研究叢書）／2017年11月
AIの衝撃：人工知能は人類の敵か／小林雅一著／講談社（講談社現代新書）／2015年3月
「スパコン富岳」後の日本：科学技術立国は復活できるか／小林雅一著／中央公論新社／2021年3月
5Gの衝撃／小林雅一著／宝島社／2020年2月
プログラミング20言語習得法：初心者のための実践独習ガイド／小林健一郎著／講談社（ブルーバックス）／2014年9月
After GAFA：分散化する世界の未来地図／小林弘人著／KADOKAWA／2020年2月

これならできる!授業が変わるアクティブラーニング 1／小林昭文編著／汐文社／2016年10月

できるたのしくやりきる Scratch 3 子どもプログラミング入門／小林真輔著／インプレス／2019年10月

できるたのしくやりきる Scratch 3 子ども AI プログラミング入門—できるたのしくやりきるシリーズ／小林真輔著／インプレス／2020年12月

仕事で差がつく図形思考：見るだけで頭が冴える100題—青春新書 INTELLIGENCE／小林吹代著／青春出版社／2012年4月

「人気 No.1」にダマされないための本／小林直樹著／日経BP 日経BPマーケティング／2023年6月

デタラメにひそむ確率法則：地震発生確率87%の意味するもの／小林道正著／岩波書店（岩波科学ライブラリー）／2012年7月

世の中の真実がわかる「確率」入門：偶然を味方につける数学的思考力／小林道正著／講談社（ブルーバックス）／2016年4月

知ることからはじめよう感染症教室 4／小林寅喆監修／ポプラ社／2021年4月

ものの言いかた西東／小林隆著;澤村美幸著／岩波書店（岩波新書 新赤版）／2014年8月

獅子王御書 2／少年少女きぼう新聞編集部編／第三文明社／2020年8月

結果が出る仕事の「仕組み化」／庄司啓太郎著／日経BP社／2017年9月

プログラミングという最強の武器—君に伝えたい 仕事の話・シリーズ；1／庄司渉著／ロングセラーズ／2022年12月

目指せプログラマー!プログラミング超入門：プログラミング的な考え方をしっかり身につけよう Visual Studio Community・C#編／掌田津耶乃著／マイナビ／2015年6月

15歳からはじめる Android わくわくゲームプログラミング教室：Windows XP/Vista/7対応／掌田津耶乃著／ラトルズ／2011年1月

15歳からはじめる Android わくわくプログラミング教室：Java 超入門編：Windows XP/Vista/7対応／掌田津耶乃著／ラトルズ／2011年5月

15歳からはじめる Android わくわくゲームプログラミング教室 フルカラー最新版／掌田津耶乃著／ラトルズ／2012年9月

「スマホ首」が自律神経を壊す／松井孝嘉著／祥伝社（祥伝社新書）／2016年10月

高校生からのゲーム理論／松井彰彦著／筑摩書房（ちくまプリマー新書）／2010年4月

市場って何だろう：自立と依存の経済学／松井彰彦著／筑摩書房（ちくまプリマー新書）／2018年7月

アルゴリズムがわかる図鑑—まなびのずかん／松浦健一郎著;司ゆき著／技術評論社／2022年1月

時間とはなんだろう：最新物理学で探る「時」の正体／松浦壮著／講談社（ブルーバックス）／2017年9月

量子とはなんだろう：宇宙を支配する究極のしくみ／松浦壮著／講談社（ブルーバックス）／2020年6月

火薬のはなし：爆発の原理から身のまわりの火薬まで／松永猛裕著／講談社（ブルーバックス）／2014年8月

モバイルメディア時代の働き方：拡散するオフィス、集うノマドワーカー／松下慶太著／勁草書房／2019年7月

やさしくわかるデジタル時代の情報モラル 1／松下孝太郎共著;山本光共著／技術評論社／2020年8月

やさしくわかるデジタル時代の情報モラル 2／松下孝太郎共著;山本光共著／技術評論社／2020年8月

やさしくわかるデジタル時代の情報モラル 3／松下孝太郎共著;山本光共著／技術評論社／2020年8月

やさしくわかるデジタル時代の情報モラル 4／松下孝太郎共著;山本光共著／技術評論社／2020年8月

やさしくわかるデジタル時代の情報モラル 5／松下孝太郎共著;山本光共著／技術評論社／2020年8月

今すぐ使えるかんたん Scratch：はじめてのプログラミング—Imasugu Tsukaeru Kantan Series／松下孝太郎著;山本光著／技術評論社／2019年6月

親子でかんたんスクラッチプログラミングの図鑑—まなびのずかん／松下孝太郎著;山本光著／技術評論社／2019年7月

スクラッチプログラミングゲーム大全集：自由自在にアレンジできる：総ルビ：オールカラー／松下孝太郎著;山本光著／技術評論社／2023年10月

本質をつかむ聞く力：ニュースの現場から／松原耕二著／筑摩書房（ちくまプリマー新書）／2018年6月
マナーとお金まるわかり―デキる大人になるレシピ／松田満江著;曲尾実著／日経HR／2018年5月
グラフをつくる前に読む本：一瞬で伝わる表現はどのように生まれたのか／松本健太郎著／技術評論社／2017年9月
世界一やさしい依存症入門：やめられないのは誰かのせい？―14歳の世渡り術／松本俊彦著／河出書房新社／2021年8月
中高生からのライフ&セックスサバイバルガイド／松本俊彦編;岩室紳也編;古川潤哉編／日本評論社／2016年8月
メイクロックマン史上最大のプログラミング／松本浄著;学研編;アーテック編／学研プラス／2020年11月
15歳からはじめるiPhone（アイフォーン）わくわくゲームプログラミング教室／沼田哲史著／ラトルズ／2011年11月
はじめて読む数学の歴史／上垣渉著／KADOKAWA（角川ソフィア文庫）／2016年8月
コミュニケーション力を高めるプレゼン・発表術／上坂博亨著;大谷孝行著;里見安那著／岩波書店（岩波ジュニア新書）／2021年3月
マイクロソフト再始動する最強企業 = Microsoft A New Beginning of the Most Powerful Company／上阪徹著／ダイヤモンド社／2018年8月
技術者という生き方―発見!しごと偉人伝／上山明博著／ぺりかん社／2012年3月
世界一やさしい「プチ起業」の教科書：3ヶ月で自然と月5万円稼げるようになる／上野ハジメ著／プレジデント社／2023年12月
6ケ月で早慶に受かる超勉強法／城野優著／エール出版社（Yell books）／2011年5月
IT人材白書 2019／情報処理推進機構社会基盤センター編／情報処理推進機構／2019年5月
インドの小学校で教えるプログラミングの授業：これならわかる!超入門講座―青春新書INTELLIGENCE／織田直幸著;ジョシ・アシッシュ監修／青春出版社／2017年1月
ロボットは東大に入れるか―よりみちパン!セ;P063／新井紀子著／イースト・プレス／2014年8月
ほんとうにいいの?デジタル教科書／新井紀子著／岩波書店（岩波ブックレット）／2012年12月
ロボットは東大に入れるか 改訂新版／新井紀子著／新曜社（よりみちパン!セ）／2018年5月
ハッピーになれる算数 増補新版／新井紀子著／新曜社（よりみちパン!セ）／2021年5月
生き抜くための数学入門 増補新版／新井紀子著／新曜社（よりみちパン!セ）／2021年5月
平賀源内：「非常の人」の生涯／新戸雅章著／平凡社（平凡社新書）／2020年7月
金融サービスの未来：社会的責任を問う／新保恵志著／岩波書店（岩波新書 新赤版）／2021年12月
「私」を伝える文章作法／森下育彦著／筑摩書房（ちくまプリマー新書）／2015年3月
2つの粒子で世界がわかる：量子力学から見た物質と力／森弘之著／講談社（ブルーバックス）／2019年5月
宇宙ヨットで太陽系を旅しよう：世界初!イカロスの挑戦／森治著／岩波書店（岩波ジュニア新書）／2011年10月
友だちは永遠じゃない：社会学でつながりを考える／森真一著／筑摩書房（ちくまプリマー新書）／2014年11月
イラストで読むAI入門／森川幸人著／筑摩書房（ちくまプリマー新書）／2019年3月
絵でわかる10才からのAI入門―ときめき×サイエンス：ジャムハウスの科学の本;8／森川幸人著・イラスト／ジャムハウス／2022年2月
僕らのAI論：9名の識者が語る人工知能と「こころ」／森川幸人編著／SBクリエイティブ／2019年6月
世界を信じるためのメソッド：ぼくらの時代のメディア・リテラシー――よりみちパン!セ;P19／森達也著／イースト・プレス／2011年10月
フェイクニュースがあふれる世界に生きる君たちへ：世界を信じるためのメソッド 増補新版／森達也著／ミツイパブリッシング／2019年12月
「テロに屈するな!」に屈するな／森達也著／岩波書店（岩波ブックレット）／2015年9月
たったひとつの「真実」なんてない：メディアは何を伝えているのか？／森達也著／筑摩書房（ちくまプリ

マー新書）／2014 年 11 月
集団に流されず個人として生きるには／森達也著／筑摩書房（ちくまプリマー新書）／2023 年 3 月
政治のしくみを知るための日本の府省しごと事典 7／森田朗監修；こどもくらぶ編／岩崎書店／2018 年 3 月
森部好樹が選ぶ日本のベストベンチャー15 社 続／森部好樹著／日経 BP 社／2017 年 7 月
エンジニアになりたい君へ：理工系学生のためのキャリア形成ガイドブック／森實敏彦著／幻冬舎メディアコンサルティング／2017 年 2 月
毎日新聞社記事づくりの現場―このプロジェクトを追え！／深光富士男文／佼成出版社／2013 年 8 月
ゼロイチ起業：SMALL COMMUNITY REVOLUTION／深作浩一郎著／サンライズパブリッシング／2018 年 9 月
Python でしっかり学ぶ線形代数 = Learning Linear Algebra through Python Programming：行列の基礎から特異値分解まで／神永正博著／講談社／2023 年 1 月
ウソを見破る統計学：退屈させない統計入門／神永正博著／講談社（ブルーバックス）／2011 年 4 月
現代暗号入門：いかにして秘密は守られるのか／神永正博著／講談社（ブルーバックス）／2017 年 10 月
ロボット解体新書：ゼロからわかる AI 時代のロボットのしくみと活用／神崎洋治編著／SB クリエイティブ／2017 年 2 月
人工知能解体新書：ゼロからわかる人工知能のしくみと活用／神崎洋治編著／SB クリエイティブ／2017 年 4 月
決定版バスレクセレクション 2／神代洋一編著／汐文社／2021 年 2 月
最新図解で早わかり IoT ビジネスがまるごとわかる本／神谷雅史著；CAMI&Co.著／ソーテック社／2019 年 3 月
図解でわかる RPA いちばん最初に読む本／神谷俊彦編著；堀川一著；湯山恭史著；木佐谷康著／アニモ出版／2018 年 9 月
売れるコピーライティング単語帖 = The Perfect Word & Phrase Book for Copywriters：探しているフレーズが必ず見つかる言葉のアイデア 2000／神田昌典著；衣田順一著／SB クリエイティブ／2020 年 4 月
コピーライティング技術大全 = Copywriting Ultimate Guide：百年売れ続ける言葉の原則／神田昌典著；衣田順一著／ダイヤモンド社／2021 年 11 月
ネット検索が怖い：ネット被害に遭わないために―未来へのトビラ；File No.010／神田知宏著／ポプラ社（ポプラ選書）／2019 年 4 月
ネット検索が怖い：ネット被害に遭わないために／神田知宏著／ポプラ社（ポプラ選書. 未来へのトビラ）／2019 年 4 月
大人になるってどういうこと？：みんなで考えよう 18 歳成人／神内聡著／くもん出版／2022 年 1 月
サイボーグ昆虫、フェロモンを追う／神崎亮平著／岩波書店（岩波科学ライブラリー）／2014 年 7 月
新・人間関係のルール／辛酸なめ子著／光文社（光文社新書）／2021 年 6 月
中学生・高校生の仕事ガイド 2020-2021 年版／進路情報研究会編／桐書房／2019 年 10 月
5 分でわかる 10 年後の自分 2030 年のハローワーク／図子慧著／KADOKAWA／2019 年 4 月
マンガで学ぶ情報倫理：わたしたちは情報化社会とどうつきあえばよいのか／水谷雅彦著；森下恵マンガ／化学同人／2023 年 7 月
LaTeX 超入門：ゼロからはじめる理系の文書作成術／水谷正大著／講談社（ブルーバックス）／2020 年 7 月
リモート営業入門／水嶋玲以仁著／日経 BP 日本経済新聞出版本部／2020 年 9 月
あと 20 年でなくなる 50 の仕事―青春新書 INTELLIGENCE／水野操著／青春出版社／2015 年 4 月
人工知能は私たちの生活をどう変えるのか―青春新書 INTELLIGENCE／水野操著／青春出版社／2016 年 10 月
AI 時代を生き残る仕事の新ルール―青春新書 INTELLIGENCE／水野操著／青春出版社／2017 年 11 月
2025 年のブロックチェーン革命：仕事、生活、働き方が変わる―青春新書 INTELLIGENCE／水野操著／青春出版社／2018 年 8 月
ポイント整理情報モラル 第 5 版／数研出版編集部編／数研出版／2013 年 11 月

ポイント整理情報モラル 第8版／数研出版編集部編／数研出版／2016年10月

プログラミングでなにができる?：ゲーム・ロボット・アバター・スマホアプリ・Webサイト…将来につながるモノづくりを体験!—子供の科学★ミライクリエイティブ／杉浦学著;阿部和広監修／誠文堂新光社／2023年10月

プログラミングでなにができる?：ゲーム・ロボット・AR・アプリ・Webサイト……新時代のモノづくりを体験／杉浦学著;阿部和広監修／誠文堂新光社（子供の科学★ミライサイエンス）／2018年5月

SCRATCHではじめよう!プログラミング入門：ゲームを作りながら楽しく学ぼう：Scratch 3.0版／杉浦学著;阿部和広監修／日経BP／2019年11月

物理チャレンジ独習ガイド：力学・電磁気学・現代物理学の基礎力を養う94題／杉山忠男著;物理オリンピック日本委員会編／丸善出版／2016年12月

ポイントでマスター基礎からはじめる情報リテラシー／杉本くみ子ほか著;大澤栄子ほか著／実教出版／2023年2月

ポイントでマスター基礎からはじめる情報リテラシー／杉本くみ子著;大澤栄子著／実教出版／2019年5月

科学報道の真相：ジャーナリズムとマスメディア共同体／瀬川至朗著／筑摩書房／2017年1月

炎上CMでよみとくジェンダー論／瀬地山角著／光文社（光文社新書）／2020年5月

ロボットとの付き合い方、おしえます。—14歳の世渡り術／瀬名秀明著／河出書房新社／2010年10月

AI、テレワーク時代に生き残るための才能の見つけ方・活かし方／清水久著／ごま書房新社／2021年2月

世界一ハードルが低い!1日1時間らくらく起業術／清水和希著／ぱる出版／2017年10月

1億人のインターネット広告：ヒットを生み出す最強メソッド／清野奨共著;津之地佳花共著;嵩本康志共著;村岡雄史共著;平岡雄太共著;堀口英剛共著;染谷昌利共著／エムディエヌコーポレーション／2020年3月

ステージを上げるSNS絶対6ルール／生駒幸恵著／文響社／2017年7月

超デジタル世界：DX、メタバースのゆくえ／西垣通著／岩波書店（岩波新書 新赤版）／2023年1月

話題を生み出す「しくみ」のつくり方：情報拡散構造から読み解くヒットのルール／西山守著;濱窪大洋編集協力／宣伝会議／2021年3月

イノベーションは、万能ではない／西村吉雄著／日経BP／2019年11月

デジタル化の教科書／西村泰洋著／秀和システム／2019年3月

図解まるわかりクラウドのしくみ／西村泰洋著／翔泳社／2020年9月

図解まるわかりDXのしくみ／西村泰洋著／翔泳社／2021年10月

ミラクル相談室ネット＆スマホのトリセツ／西谷雅史監修／西東社／2022年9月

たのしい電子回路：すぐ作れて試せるアイデア回路集／西田和明著／講談社（ブルーバックス）／2012年7月

話すより10倍ラク!新聞く会話術：57 Lessons for Making Good Conversation／西任暁子著／ディスカヴァー・トゥエンティワン／2021年10月

君たちはどう働きますか：不安の時代に効く100の処方箋／西本甲介著／東洋経済新報社／2018年11月

誰が世界を変えるのか?：日本企業の未来予想図／西野嘉之著／産業能率大学出版部／2017年6月

名探偵コナンのプログラミング入門／青山剛昌原作;松田辰彦まんが;ライフイズテック株式会社監修／小学館／2023年2月

国語で使える!グラフや表を用いて書こう／青山由紀監修／あかね書房／2021年1月

誰でもできるやさしい作曲術。：「やりたい」と思ったら、必ずできるようになる!：45分でわかる!—Magazine house 45 minutes series；#22／青島広志著／マガジンハウス／2011年12月

図解・テレビの仕組み：白黒テレビから地上デジタル放送まで／青木則夫著／講談社（ブルーバックス）／2011年9月

冗長性から見た情報技術：やさしく理解する原理と仕組み／青木直史著／講談社（ブルーバックス）／2011年3月

データサイエンティストの育て方／斉藤史朗著／海文堂出版／2020年12月

Scratchであそぶ機械学習：AIプログラミングのかんたんレシピ集／石原淳也著;小川智史著;倉本大資著;阿部和広監修／オライリー・ジャパン／2022年7月

スクラッチ 2.0 アイデアブック：ゼロから学ぶスクラッチプログラミング：ゲームで遊ぶな、ゲームを作ろう!／石原正雄著／カットシステム／2014 年 5 月
絵でわかるはじめてのプログラミング：学び続けるための土台を育みましょう!／石戸奈々子監修／学研プラス／2020 年 2 月
楽しくわかる!やってみたくなる!コンピュータ&プログラミングキャラ図鑑／石戸奈々子監修;ノダタカヒロイラスト／くもん出版／2022 年 3 月
テレビ局削減論／石光勝著／新潮社（新潮新書）／2011 年 12 月
アンドロイドは人間になれるか／石黒浩著／文藝春秋（文春新書）／2015 年 12 月
ロボットは涙を流すか：映画と現実の狭間／石黒浩著;池谷瑠絵著／PHP 研究所／2010 年 2 月
統計学をめぐる散歩道：ツキは続く?続かない?／石黒真木夫著／岩波書店（岩波ジュニア新書）／2020 年 2 月
仕事の能率を上げる最強最速のスマホ&パソコン活用術／石川温著／朝日新聞出版／2017 年 3 月
スマホ廃人／石川結貴著／文藝春秋（文春新書）／2017 年 4 月
スマホ危機親子の克服術／石川結貴著／文藝春秋（文春新書）／2021 年 9 月
マンガ量子力学：この世を支配する奇妙な法則／石川真之介原作・漫画／講談社（ブルーバックス）／2011 年 11 月
結果から原因を推理する「超」入門ベイズ統計／石村貞夫著／講談社（ブルーバックス）／2016 年 12 月
くらしに役立つソーシャルスキル：よりよく暮らす・働く・楽しむ／石塚謙二監修;明官茂監修／東洋館出版社／2021 年 1 月
自分と未来のつくり方：情報産業社会を生きる／石田英敬著／岩波書店（岩波ジュニア新書）／2010 年 6 月
「友だち」から自由になる／石田光規著／光文社（光文社新書）／2022 年 9 月
就活のコノヤロー：ネット就活の限界。その先は?／石渡嶺司著／光文社（光文社新書）／2013 年 12 月
DX の第一人者が教える DX 超入門／石澤直孝著／宝島社（宝島社新書）／2022 年 3 月
3 年後に結果を出すための最速成長／赤羽雄二著／ベストセラーズ（ベスト新書）／2017 年 6 月
VR が変えるこれからの仕事図鑑 = Change in VR Future Work Picture Book／赤津慧監修;鳴海拓志監修／光文社／2019 年 8 月
書籍文化の未来：電子本か印刷本か／赤木昭夫著／岩波書店（岩波ブックレット）／2013 年 6 月
旗を立てずに死ねるか!：とことん考えぬいて人のやらないことをやる：日本初「AI 搭載ロボット」稼働／設楽竜也著／プレジデント社／2019 年 10 月
14 歳からのプログラミング = First Programming Lessons for 14-year-olds and up／千葉滋著／東京大学出版会／2021 年 8 月
名作コピーの時間／宣伝会議書籍編集部編／宣伝会議／2018 年 12 月
はじめてのゲーム理論：2 つのキーワードで本質がわかる／川越敏司著／講談社（ブルーバックス）／2012 年 8 月
「意思決定」の科学：なぜ、それを選ぶのか／川越敏司著／講談社（ブルーバックス）／2020 年 9 月
こども実験教室宇宙を飛ぶスゴイ技術!：理系アタマを育てる：「はやぶさ 2」「イカロス」に強くなる!!／川口淳一郎著／ビジネス社／2018 年 8 月
ごめんなさい、もしあなたがちょっとでも行き詰まりを感じているなら、不便をとり入れてみてはどうですか?：不便益という発想／川上浩司著／インプレス（しごとのわ）／2017 年 3 月
すごいタイトル㊙法則／川上徹也著／青春出版社（青春新書 INTELLIGENCE）／2022 年 5 月
自分の言葉で語る技術／川上徹也著／朝日新聞出版（朝日文庫）／2018 年 6 月
マンガで笑って、言葉の達人!超こども言いかえ図鑑／川上徹也著;小川晶子著／Gakken／2023 年 7 月
脳のひみつにせまる本 3（脳科学の最前線）／川島隆太監修;こどもくらぶ編／ミネルヴァ書房／2015 年 10 月
スマホが学力を破壊する／川島隆太著／集英社（集英社新書）／2018 年 3 月
お金儲け 2.0／川島和正著／三笠書房／2019 年 8 月

君はニッポン100年企業の底力を見たか!!:最先端IoT時代を闘いしかも長寿のサプライズ／泉谷渉著／産業タイムズ社／2018年6月

世界が驚く日本の微細加工技術:不可能を可能にするものづくり／船井総合研究所ファクトリービジネス研究会著／日経BP社／2018年9月

幸せのメカニズム:実践・幸福学入門／前野隆司著／講談社（講談社現代新書）／2013年12月

学習に役立つ!なるほど新聞活用術 1(新聞まるごと大かいぼう)／曽木誠監修;市村均文;伊東浩司絵／岩崎書店／2013年3月

学習に役立つ!なるほど新聞活用術 2(新聞をつかってことばをさがそう)／曽木誠監修;市村均文;伊東浩司絵／岩崎書店／2013年3月

学習に役立つ!なるほど新聞活用術 3(新聞をつかって記事をつくろう)／曽木誠監修;市村均文;伊東浩司絵／岩崎書店／2013年3月

アイデアふくらむ探検ウォッチ micro:bit でプログラミング:センサーの実験・宝探しゲーム・友だちとの通信……使い方はキミしだい!／倉本大資著;子供の科学編集／誠文堂新光社（子供の科学★ミライクリエイティブ）／2020年3月

使って遊べる!Scratch おもしろプログラミングレシピ／倉本大資著;和田沙央里著／翔泳社（ぼうけんキッズ）／2019年5月

電波の疑問50:電波はスマホ・Wi-Fi・GPSにも必要?─みんなが知りたいシリーズ;11／早川正士著／成山堂書店／2018年9月

toio であそぶ!まなぶ!ロボットプログラミング／相川いずみ著;ソニー・インタラクティブエンタテインメント監修／翔泳社／2020年7月

教養としてのプログラミング的思考:今こそ必要な「問題を論理的に解く」技術／草野俊彦著／SBクリエイティブ／2018年3月

メールはなぜ届くのか:インターネットのしくみがよくわかる／草野真一著／講談社（ブルーバックス）／2014年5月

SNSって面白いの?:何が便利で、何が怖いのか／草野真一著／講談社（ブルーバックス）／2015年7月

楽しむ数学10話 新版／足立恒雄著／岩波書店（岩波ジュニア新書）／2012年11月

5G時代:アフターデジタルをリードするコアエンジン／孫松林著;配島亜希子訳／中信出版日本／2020年11月

みんなを幸せにする新しい福祉技術 2(自分の足で行きたい所に行ける車いす)／孫奈美編著／汐文社／2015年1月

インターネット新世代／村井純著／岩波書店（岩波新書 新赤版）／2010年1月

STARTUP:起業家のリアル／村山恵一著／日本経済新聞出版社／2017年11月

データ×AI 人材キャリア大全:職種・業務別に見る必要なスキルとキャリア設計／村上智之著／翔泳社／2022年6月

マンガでわかるオトコの子の「性」:思春期男子へ13のレッスン／村瀬幸浩監修;染矢明日香著;みすこそマンガ／合同出版／2015年6月

12歳からの心理学／多湖輝著／新講社／2011年2月

12歳からのマナー集:インターネット・ケータイ電車内マナーからなぜ、「いじめ」てはいけないのかまで／多湖輝著／新講社（WIDE SHINSHO）／2012年10月

12歳からの「心の奥」がわかる本／多湖輝著／新講社（WIDE SHINSHO）／2014年10月

「ネコ型」人間の時代:直感こそAIに勝る／太田肇著／平凡社（平凡社新書）／2018年4月

セールスコピー大全:見て、読んで、買ってもらえるコトバの作り方／大橋一慶著／ぱる出版／2021年1月

ひと目でわかる最新情報モラル:ネット社会を賢く生きる実践スタディ 高校版 第2版／大橋真也;森夏節;立田ルミ;小杉直美;橘孝博;早坂成人;曽我聰起;高瀬敏樹;石坂徹;辰島裕美著／日経BP社／2011年12月

ひと目でわかる最新情報モラル:高校版:ネット社会を賢く生きる実践スタディ／大橋真也;森夏節;立田ルミ;小杉直美;橘孝博;早坂成人;曽我聰起;高瀬敏樹;石坂徹;辰島裕美;山田祐仁著／日経BP社／2010年1

月

最新情報モラル：ネット社会を賢く生きよう！：高校版：積極的にネットを活用するための基礎知識と実践スタディ／大橋真也著;森夏節著;早坂成人著;曽我聡起著;高瀬敏樹著／日経BP社／2015年2月

大栗先生の超弦理論入門：九次元世界にあった究極の理論／大栗博司著／講談社（ブルーバックス）／2013年8月

9割が知らない！売れる「動画」／大原昌人著／青春出版社／2023年4月

ネットフリックス vs.ディズニー ＝ NETFLIX vs. Disney+：ストリーミングで変わるメディア勢力図／大原通郎著／日経BP日本経済新聞出版本部／2021年3月

マンガあなたの夢を叶える！ネットでスモールM&A＝Small-sized M&A to make your dream come true／大山敬義著;とこのまマンガ／クロスメディア・パブリッシング／2021年7月

子どもの目が危ない：「超近視時代」に視力をどう守るか／大石寛人著;NHKスペシャル取材班著／NHK出版（NHK出版新書）／2021年6月

大前研一アイドルエコノミーで稼げ！／大前研一編著／プレジデント社（「BBT×プレジデント」エグゼクティブセミナー選書）／2017年2月

ゼロ起業を叶える「最初の1歩」：オンライン起業で成功するにはSNSよりも電子書籍がオススメ／大村小太郎著／セルバ出版／2021年6月

今日から使える統計解析：理論の基礎と実用の"勘どころ" 普及版／大村平著／講談社（ブルーバックス）／2019年2月

AI新時代を生き抜くコミュニケーション術：誰でもわかる！エッセンシャル・コミュニケーション・メソッド／大村亮介編著／日本地域社会研究所（コミュニティ・ブックス）／2019年12月

自分をみがこう！一生役立つルールとマナー ＝ The book of Rules and Manners-キラかわ★ガール／大塚けいこ監修／ナツメ社／2020年7月

13歳からはじめるゼロからのC言語ゲームプログラミング教室：Windows XP/Vista/7対応 入門編／大槻有一郎著／ラトルズ／2010年2月

13歳からはじめるゼロからのC言語ゲームプログラミング教室：Windows XP/Vista/7対応 初級編／大槻有一郎著／ラトルズ／2010年4月

13歳からはじめるゼロからのC言語ゲームプログラミング教室：Windows XP/Vista/7対応 中級編／大槻有一郎著／ラトルズ／2010年7月

14歳からはじめるC言語わくわくゲームプログラミング教室：Windows XP/Vista/7対応 Visual Studio 2010編／大槻有一郎著／ラトルズ／2011年2月

14歳からはじめるHTML5 & JavaScriptわくわくゲームプログラミング教室：Windows/Macintosh対応／大槻有一郎著／ラトルズ／2011年6月

15歳からはじめるJAVAわくわくゲームプログラミング教室 フルカラー最新版／大槻有一郎著／ラトルズ／2012年5月

14歳からはじめるC言語わくわくゲームプログラミング教室 Visual Studio2013編／大槻有一郎著／ラトルズ／2014年7月

12歳からはじめるゼロからのC言語ゲームプログラミング教室／大槻有一郎著／ラトルズ／2016年3月

12歳からはじめるゼロからのPythonゲームプログラミング教室／大槻有一郎著;リブロワークスPython部著／ラトルズ／2017年5月

AIを超えたひらめきを生む問題解決1枚思考 ＝ The 1 Sheet Thinking of Problem Solving／大嶋祥誉著／三笠書房／2023年11月

未来を読む：AIと格差は世界を滅ぼすか／大野和基インタビュー・編／PHP研究所（PHP新書）／2018年6月

社会の今を見つめて：TVドキュメンタリーをつくる／大脇三千代著／岩波書店（岩波ジュニア新書）／2012年10月

ドラえもんを本気でつくる／大澤正彦著／PHP研究所（PHP新書）／2020年2月

子どもと学ぶJavaScriptプログラミング入門／大澤文孝著;できるシリーズ編集部著／インプレス（できる

キッズ)／2018年9月
運用☆ちゃんと学ぶシステム運用の基本／沢渡あまね著;湊川あい著／シーアンドアール研究所／2019年4月
情報最新トピック集：高校版 第4版／辰己丈夫;佐藤義弘;清水哲郎;中野由章;大島篤;岩元直久著;久野靖;辰己丈夫;佐藤義弘監修／日経BP社／2011年12月
見てわかる情報モラル：ディジタル世代のための情報社会の歩き方22 Lesson／辰己丈夫監修;能城茂雄他編著／日本文教出版／2012年3月
サイバー時代の戦争／谷口長世著／岩波書店（岩波新書 新赤版）／2012年11月
ワクワク・ドキドキロボットプログラミング大作戦／谷藤賢一著／リックテレコム／2018年5月
鉄道のひみつ＝The secrets of railway／谷藤克也監修／小学館（キッズペディアアドバンスなぞ解きビジュアル百科）／2020年9月
サイバーセキュリティ／谷脇康彦著／岩波書店（岩波新書 新赤版）／2018年10月
仕事がなくなる!／丹羽宇一郎著／幻冬舎（幻冬舎新書）／2023年5月
水の危機をどう救うか：環境工学が変える未来／丹保憲仁著／PHP研究所／2012年12月
データと地図で見る日本の産業 7／炭谷晃男監修／ポプラ社／2014年4月
池上彰さんと学ぶ12歳からの政治 1／池上彰監修／学研プラス／2017年2月
池上彰さんと学ぶ12歳からの政治 2／池上彰監修／学研プラス／2017年2月
僕たちはなぜ働くのか：これからのキャリア、生き方を考える本 下／池上彰監修／学研プラス／2019年2月
なぜ僕らは働くのか：君が幸せになるために考えてほしい大切なこと／池上彰監修／学研プラス／2020年3月
池上彰さんと学ぶみんなのメディアリテラシー：知っていると便利知らなきゃ怖いメディアのルールと落とし穴 1 (メディアの役割とその仕組み)／池上彰監修／学研教育出版／2015年2月
池上彰さんと学ぶみんなのメディアリテラシー：知っていると便利知らなきゃ怖いメディアのルールと落とし穴 2 (インターネットの便利さ・怖さ)／池上彰監修／学研教育出版／2015年2月
池上彰さんと学ぶみんなのメディアリテラシー：知っていると便利知らなきゃ怖いメディアのルールと落とし穴 3 (スマホ・SNSとの正しい付き合い方)／池上彰監修／学研教育出版／2015年2月
ライブ!現代社会：世の中の動きに強くなる 2018／池上彰監修／帝国書院／2018年2月
池上彰の新聞活用大事典：調べてまとめて発表しよう!1 (新聞って面白い!)／池上彰監修／文溪堂／2013年3月
池上彰の新聞活用大事典：調べてまとめて発表しよう!2 (新聞をもっと知ろう!)／池上彰監修／文溪堂／2013年3月
池上彰の新聞活用大事典：調べてまとめて発表しよう!3 (新聞を使ってみよう!)／池上彰監修／文溪堂／2013年3月
池上彰のみんなで考えよう18歳からの選挙 3／池上彰監修／文溪堂／2016年3月
池上彰のみんなで考えよう18歳からの選挙 4／池上彰監修／文溪堂／2016年3月
池上彰と考えるフェイクニュースの見破り方 1／池上彰監修／文溪堂／2019年2月
池上彰と考えるフェイクニュースの見破り方 2／池上彰監修／文溪堂／2019年2月
池上彰と考えるフェイクニュースの見破り方 3／池上彰監修／文溪堂／2019年3月
池上彰と考えるフェイクニュースの見破り方 4／池上彰監修／文溪堂／2019年3月
池上彰と考える災害とメディア 1／池上彰監修／文溪堂／2021年2月
池上彰と考える災害とメディア 2／池上彰監修／文溪堂／2021年3月
池上彰と考える災害とメディア 3／池上彰監修／文溪堂／2021年3月
池上彰と考える災害とメディア 4／池上彰監修／文溪堂／2021年3月
池上彰と考える未来の社会とデジタル庁 1／池上彰監修／文溪堂／2022年11月
池上彰と考える未来の社会とデジタル庁 3／池上彰監修／文溪堂／2022年12月
池上彰と考える未来の社会とデジタル庁 2／池上彰監修／文溪堂／2023年1月

池上彰が注目するこれからの大都市・経済大国 2／池上彰監修;稲葉茂勝訳・著;こどもくらぶ編集／講談社／2015年10月

池上彰の世界の見方＝Akira Ikegami,How To See the World：15歳に語る現代世界の最前線／池上彰著／小学館／2015年11月

池上彰の世界の見方＝Akira Ikegami,How To See the World インド／池上彰著／小学館／2020年7月

考える力がつく本：本、新聞、ネットの読み方、情報整理の「超」入門／池上彰著／小学館（小学館文庫 プレジデントセレクト）／2017年12月

池上彰の「ニュース、そこからですか!?」／池上彰著／文藝春秋（文春新書）／2012年3月

ニッポンの大問題：池上流・情報分析のヒント44／池上彰著／文藝春秋（文春新書）／2014年3月

世界史で読み解く現代ニュース—未来へのトビラ；File No.002／池上彰著;増田ユリヤ著／ポプラ社（ポプラ選書）／2018年4月

世界史で読み解く現代ニュース 宗教編—未来へのトビラ；File No.006／池上彰著;増田ユリヤ著／ポプラ社（ポプラ選書）／2019年4月

池上彰のなるほど!現代のメディア 4／池上彰日本語版監修／文溪堂／2011年2月

池上彰のなるほど!現代のメディア 2／池上彰日本語版監修／文溪堂／2011年3月

池上彰のなるほど!現代のメディア 3／池上彰日本語版監修／文溪堂／2011年3月

脳は意外とタフである／池谷裕二著／扶桑社（扶桑社新書）／2023年5月

手取り13万円のポンコツOLが月収100万円を達成したフリーランスの教科書／池田彩著／総合法令出版／2023年11月

新だれにも聞けないなやみ相談の本：自分で、自分にアドバイス 5／池田真理子著;下田博次著／学研教育出版／2014年2月

なぜ科学を学ぶのか／池内了著／筑摩書房（ちくまプリマー新書）／2019年10月

超広告批評：広告がこれからも生き延びるために／池本孝慈著／財界展望新社（zaiten Books）／2019年9月

中高生の勉強"まだまだ"あるある、解決します。／池末翔太著;野中祥平著／ディスカヴァー・トゥエンティワン／2014年2月

新やさしいこうさく 1(新聞紙でつくろう!)／竹井史郎作／小峰書店／2015年4月

データサイエンス入門／竹村彰通著／岩波書店／2018年4月

物語でわかるAI時代の仕事図鑑／竹内一正著／宝島社／2018年9月

「文系?」「理系?」に迷ったら読む本：AI時代の進路の選び方／竹内薫著／PHP研究所（心の友だち）／2019年3月

量子重力理論とはなにか：二重相対論からかいま見る究極の時空理論／竹内薫著／講談社（ブルーバックス）／2010年3月

ペンローズのねじれた四次元：時空はいかにして生まれたのか 増補新版／竹内薫著／講談社（ブルーバックス）／2017年12月

「ファインマン物理学」を読む：量子力学と相対性理論を中心として 普及版／竹内薫著／講談社（ブルーバックス）／2019年10月

「ファインマン物理学」を読む：電磁気学を中心として 普及版／竹内薫著／講談社（ブルーバックス）／2020年2月

99.996%はスルー：進化と脳の情報学／竹内薫著;丸山篤史著／講談社（ブルーバックス）／2015年2月

高校数学でわかる線形代数：行列の基礎から固有値まで／竹内淳著／講談社（ブルーバックス）／2010年11月

高校数学でわかる統計学：本格的に理解するために／竹内淳著／講談社（ブルーバックス）／2012年2月

高校数学でわかる相対性理論：特殊相対論の完全理解を目指して／竹内淳著／講談社（ブルーバックス）／2013年2月

わたしたちのLINEハンドブック／竹内和雄著／学事出版／2015年2月

10代と考える「スマホ」：ネット・ゲームとかしこくつきあう／竹内和雄著／岩波書店（岩波ジュニアス

タートブックス）／2022年2月
イラスト版10分で身につくネット・スマホの使い方：トラブルを回避する34のワーク／竹内和雄編著;ソーシャルメディア研究会著;吉川徹医学監修／合同出版／2022年8月
いじめのある世界に生きる君たちへ：いじめられっ子だった精神科医の贈る言葉／中井久夫著／中央公論新社／2016年12月
数字のウソを見破る／中原英臣;佐川峻著／PHP研究所（PHP新書）／2010年1月
Scratchではじめるときめきプログラミング：作って楽しい!動かしてうれしい!考えて学べる!／中山久美子著;古市威志著;なせもえみ著;小林佳代子著／マイナビ出版／2018年8月
スマホ依存から脳を守る／中山秀紀著／朝日新聞出版（朝日新書）／2020年2月
ひとりで学べる電磁気学：大切なポイントを余さず理解／中山正敏著／講談社（ブルーバックス）／2016年9月
決断／中山禎二著／幻冬舎メディアコンサルティング／2017年12月
Scratchで学ぶプログラミングとアルゴリズムの基本 改訂第2版／中植正剛著;太田和志著;鴨谷真知子著／日経BP社／2019年4月
微分方程式：物理的発想の解析学／中西襄著／丸善出版／2016年10月
つくって遊べるプログラミング：授業にも使える!国語、算数、理科、社会、外国語、音楽、図工、総合／中川一史監修／学研プラス／2022年2月
お絵かき算数：東大卒のお母さんが教える!／中村希著／エール出版社（Yell books）／2021年5月
子どもも大人もたのしく読める算数&数学ビジュアル図鑑＝An Illustrated Guide to Math for Kids and Adults：学研のスタディ図鑑／中村享史監修;新海大博ほか著;清野辰彦ほか著;早川健ほか著;山本英樹ほか著／学研教育出版／2014年7月
知らないと恥をかく最新科学の話／中村幸司著／KADOKAWA／2019年3月
Amazon国内OEM完全ガイド／中村裕紀著;田中雅人著／スタンダーズ・プレス スタンダーズ／2023年2月
本当に好きな音を手に入れるためのオーディオの科学と実践：失敗しない再生機器の選び方／中村和宏著／SBクリエイティブ／2016年3月
サイバー攻撃：ネット世界の裏側で起きていること／中島明日香著／講談社（ブルーバックス）／2018年1月
インスタで夢を叶えた50人のやり方を1冊にまとめました。 ＝This is how 50 women changed their lives with Instagram／中島侑子著／KADOKAWA／2023年3月
無理せず楽に楽しく、好きな仕事で自立する方法："あなたらしさ"を出せば、自然と行列ができる!／中尾亜由美著／つた書房／2017年4月
13歳からのデータ活用大全：いますぐ問題解決したくなる／中野崇著／PHP研究所／2023年9月
人と人とのつながりを財産に変えるオンラインサロンのつくりかた／中里桃子著／技術評論社／2019年2月
触感をつくる：《テクタイル》という考え方／仲谷正史著;筧康明著;白土寛和著／岩波書店（岩波科学ライブラリー）／2011年12月
その情報はどこから?：ネット時代の情報選別力／猪谷千香著／筑摩書房（ちくまプリマー新書）／2019年2月
TikTok活用大全：スマホからヒットを生み出す／朝戸太將著／幻冬舎／2023年2月
お金の未来年表／朝倉智也著／SBクリエイティブ（SB新書）／2019年7月
なりたい!が見つかるお仕事図鑑／朝日新聞出版編著／朝日新聞出版／2022年8月
今解き教室サイエンス：JSEC junior：未来の科学技術を考える：入試にも役立つ教材 vol.1(2021)／朝日新聞著／朝日新聞社／2021年4月
物理数学がわかる：意味がわかれば面白い!数学をツールとして使うための入門書／潮秀樹著／技術評論社／2010年5月
工学で使う力学がわかる：物体の動きがわかれば力やエネルギーもイメージできる!／潮秀樹著／技術評論

社／2011年5月
教養としての10年代アニメ／町口哲生著／ポプラ社（ポプラ選書．未来へのトビラ）／2018年4月
逆引きキャッチコピー事典：業界/キーワード/季節/流行/環境/テクニックから引ける／長井謙著／翔永社／2023年9月
経済数学の直観的方法 マクロ経済学編／長沼伸一郎著／講談社（ブルーバックス）／2016年9月
経済数学の直観的方法 確率・統計編／長沼伸一郎著／講談社（ブルーバックス）／2016年11月
個人情報保護・管理の基本と書式／長谷川俊明編著;江川淳執筆;前田智弥執筆／中央経済社／2019年9月
Wordのイライラ根こそぎ解消術：「おせっかい」と「使いにくい」を一掃する／長谷川裕行著／講談社（ブルーバックス）／2011年1月
Excelのイライラ根こそぎ解消術：「思い通りにならない」と「面倒くさい」を克服／長谷川裕行著／講談社（ブルーバックス）／2011年7月
セコムーリーディング・カンパニーシリーズ／長田貴仁著;宮本惇夫著;久野康成著／出版文化社／2017年9月
勝てる野球の統計学：セイバーメトリクス／鳥越規央著;データスタジアム野球事業部著／岩波書店（岩波科学ライブラリー）／2014年3月
ガウディーよみがえる天才；6／鳥居徳敏著／筑摩書房（ちくまプリマー新書）／2021年3月
写真のなかの「わたし」：ポートレイトの歴史を読む／鳥原学著／筑摩書房（ちくまプリマー新書）／2016年3月
10代と語る英語教育：民間試験導入延期までの道のり／鳥飼玖美子著／筑摩書房（ちくまプリマー新書）／2020年8月
アニメーション学入門 新版／津堅信之著／平凡社（平凡社新書）／2017年2月
その情報、本当ですか？：ネット時代のニュースの読み解き方／塚田祐之著／岩波書店（岩波ジュニア新書）／2018年2月
私立国立中学入試対策算数の極意／堤紀磨著／エール出版社（Yell books）／2016年9月
社会の真実の見つけかた／堤未果著／岩波書店（岩波ジュニア新書）／2011年2月
こんなふうに教わりたかった!中学数学教室／定松勝幸著／SBクリエイティブ（SB新書）／2014年2月
こんなふうに教わりたかった!高校数学教室／定松勝幸著／SBクリエイティブ（SB新書）／2015年4月
よくわかる実習「情報」：図解チャート：Windows Vista・7 Office 2007対応 改訂新版／定平誠;棟居義弘著／技術評論社／2010年1月
よくわかる実習「情報」：図解チャート：Windows XP Office 2002・2003対応 改訂新版／定平誠;棟居義弘著／技術評論社／2010年1月
図解チャートよくわかる実習情報 第4版／定平誠著;斎藤忍太著;木村亮太著／技術評論社／2014年1月
新・図解チャートよくわかる実習〈情報〉：Windows Vista・7/Office2007・2010 第3版／定平誠著;棟居義弘著／技術評論社／2012年11月
ビッグデータで選ぶ地域を支える企業／帝国データバンク編著／日経BP社／2018年5月
アクセス現代社会：世の中の動きに強くなる 2010／帝国書院編集部編／帝国書院／2010年2月
SNS変遷史：「いいね!」でつながる社会のゆくえ／天野彬著／イースト・プレス（イースト新書）／2019年10月
言葉のひきだし伝わる表現を選ぼう 3／伝わる表現研究会編著;鈴木教大監修／汐文社／2021年3月
電磁気学がわかる：時間変化する電磁場の世界／田原真人著／技術評論社／2011年8月
はじめての機械学習：中学数学でわかるAIのエッセンス／田口善弘著／講談社（ブルーバックス）／2021年7月
東大生となった君へ：真のエリートへの道／田坂広志著／光文社（光文社新書）／2018年4月
能力を磨く：AI時代に活躍する人材「3つの能力」／田坂広志著／日本実業出版社／2019年4月
振り回されないメール術：状況を改善する「適切な書き方」／田村仁著／講談社（ブルーバックス）／2012年1月
方言萌え!?：ヴァーチャル方言を読み解く／田中ゆかり著／岩波書店（岩波ジュニア新書）／2016年12月

世界が広がる英文読解／田中健一著／岩波書店（岩波ジュニア新書）／2023年7月
田尻智：ポケモンをつくった男／田中顕まんが／小学館（小学館版学習まんがスペシャル）／2018年5月
卒論執筆のためのWord活用術：美しく仕上げる最短コース／田中幸夫著／講談社（ブルーバックス）／2012年1月
中小会社の危機管理がわかる本／田中直才著／セルバ出版／2021年6月
カラー図解でわかる金融工学「超」入門：投資のプロがやさしく教えるデリバティブ＆リスク管理の考え方／田渕直也著／SBクリエイティブ／2015年1月
コンピュータサイエンス：計算を通して世界を観る／渡辺治著／丸善出版／2015年9月
表とグラフを使おう!：自由研究・プレゼンにチャレンジ1（やってみよう自由研究・プレゼン）／渡辺美智子監修／汐文社／2014年11月
表とグラフを使おう!：自由研究・プレゼンにチャレンジ2（もしも表とグラフがなかったら?）／渡辺美智子監修／汐文社／2014年12月
こども統計学：なぜ統計学が必要なのかがわかる本／渡辺美智子監修;バウンド著／カンゼン／2020年12月
親子で学ぶ!統計学はじめて図鑑：レッツ!データサイエンス／渡辺美智子監修;青山和裕著;川上貴著;山口和範著;渡辺美智子著;友永たろイラスト／日本図書センター／2017年4月
10年後に食える仕事食えない仕事：AI、ロボット化で変わる職のカタチ／渡邉正裕著／東洋経済新報社／2020年3月
ネットで見つけた怖い話超百科／都市伝説研究会編／ポプラ社（これマジ?ひみつの超百科）／2018年6月
独立・起業の鬼100則／土井貴達著／明日香出版社／2022年12月
つながりを煽られる子どもたち：ネット依存といじめ問題を考える／土井隆義著／岩波書店（岩波ブックレット）／2014年6月
AI時代を生き抜くプログラミング的思考が身につくシリーズ1／土屋誠司著／創元社／2020年9月
AI時代を生き抜くプログラミング的思考が身につくシリーズ2／土屋誠司著／創元社／2020年9月
AI時代を生き抜くプログラミング的思考が身につくシリーズ3／土屋誠司著／創元社／2020年9月
AI時代を生き抜くプログラミング的思考が身につくシリーズ4／土屋誠司著／創元社／2021年5月
AI時代を生き抜くプログラミング的思考が身につくシリーズ5／土屋誠司著／創元社／2021年5月
AI時代を生き抜くプログラミング的思考が身につくシリーズ6／土屋誠司著／創元社／2021年5月
AI時代を生き抜くプログラミング的思考が身につくシリーズ7／土屋誠司著／創元社／2021年9月
AI時代を生き抜くプログラミング的思考が身につくシリーズ8／土屋誠司著／創元社／2021年9月
AI時代を生き抜くプログラミング的思考が身につくシリーズ9／土屋誠司著／創元社／2021年9月
身近なモノやサービスから学ぶ「情報」教室 = Information Study for a Passport to the New Era 2／土屋誠司編／創元社／2023年7月
身近なモノやサービスから学ぶ「情報」教室 = Information Study for a Passport to the New Era 3／土屋誠司編／創元社／2023年7月
身近なモノやサービスから学ぶ「情報」教室 = Information Study for a Passport to the New Era 4／土屋誠司編／創元社／2023年8月
身近なモノやサービスから学ぶ「情報」教室 = Information Study for a Passport to the New Era 5／土屋誠司編／創元社／2023年9月
身近なモノやサービスから学ぶ「情報」教室 = Information Study for a Passport to the New Era 1／土屋誠司編著／創元社／2023年6月
大きな写真と絵でみる地下のひみつ2（上下水道・電気・ガス・通信網）／土木学会地下空間研究委員会監修;こどもくらぶ編／あすなろ書房／2014年11月
きちんと伝える全技術：カジュアル・ノーマル・フォーマルと相手によって表現を使いわけて相手の心の壁をのりこえる／唐沢明著／主婦の友社／2021年7月
心配学：「本当の確率」となぜずれる?／島崎敢著／光文社（光文社新書）／2016年1月
最新ネットのキーワード図鑑：情報モラルを身につけよう!／島袋コウ監修;河合千明ブックデザイン・イラ

スト;にしだきょうこマンガ／旬報社／2023年2月
しくじりから学ぶ13歳からのスマホルール／島袋コウ著／旬報社／2020年2月
コピー年鑑 ２０１７／東京コピーライターズクラブ／宣伝会議／2017年11月
コピー年鑑 ２０１８／東京コピーライターズクラブ編集／宣伝会議／2018年12月
コピー年鑑 2020／東京コピーライターズクラブ編／宣伝会議／2021年3月
コピー年鑑 ２０２１／東京コピーライターズクラブ編集／宣伝会議／2022年1月
高校生のための東大授業ライブ ガクモンの宇宙／東京大学教養学部編／東京大学出版会／2012年4月
実物でたどるコンピュータの歴史：石ころからリンゴへ―東京理科大学坊ちゃん科学シリーズ；2／東京理科大学出版センター編;竹内伸著／東京書籍／2012年8月
めざせ国際科学オリンピック!―東京理科大学坊っちゃん科学シリーズ；8／東京理科大学出版センター編;渡辺正共著;秋山仁共著;北原和夫共著;松田良一共著;齋藤淳一共著;谷聖一共著／東京書籍／2014年4月
人とつきあうときに知っておきたいこと―あたらしいマナー・エチケット事典；4／東節子監修／岩崎書店／2021年2月
世界史を変えた詐欺師たち／東谷暁著／文藝春秋（文春新書）／2018年7月
就職四季報 総合版 ２０２０年版／東洋経済新報社編／東洋経済新報社／2018年12月
就職四季報女子版 ２０２０年版／東洋経済新報社編／東洋経済新報社／2018年12月
就職四季報優良・中堅企業版 ２０２０年版／東洋経済新報社編／東洋経済新報社／2018年12月
会社四季報業界地図 2020年版／東洋経済新報社編／東洋経済新報社／2019年9月
就職四季報　2021年版／東洋経済新報社編／東洋経済新報社／2019年12月
就職四季報女子版　2021年版／東洋経済新報社編／東洋経済新報社／2019年12月
就職四季報優良・中堅企業版　2021年版／東洋経済新報社編／東洋経済新報社／2019年12月
就職四季報 女子版 2022年版／東洋経済新報社編／東洋経済新報社／2020年12月
就職四季報 優良・中堅企業版 2022年版／東洋経済新報社編／東洋経済新報社／2020年12月
就職四季報 総合版 2023年版―就職四季報シリーズ／東洋経済新報社編／東洋経済新報社／2021年12月
就職四季報 優良・中堅企業版 2023年版 ―就職四季報シリーズ／東洋経済新報社編／東洋経済新報社／2021年12月
就職四季報優良・中堅企業版 ２０２４年版／東洋経済新報社編／東洋経済新報社／2022年12月
量子力学の反常識と素粒子の自由意志／筒井泉著／岩波書店（岩波科学ライブラリー）／2011年4月
驚異の量子コンピュータ：宇宙最強マシンへの挑戦／藤井啓祐著／岩波書店（岩波科学ライブラリー）／2019年11月
ネット時代の「取材学」：真実を見抜き、他人とつながるコミュニケーション力の育て方／藤井誠二著／IBCパブリッシング／2017年10月
無駄なマシーンを発明しよう!：独創性を育むはじめてのエンジニアリング／藤原麻里菜著／登尾徳誠監修／技術評論社／2021年7月
10年後、君に仕事はあるのか？＝Is work still existing in you 10 years ahead of you?：未来を生きるための「雇われる力」／藤原和博著／ダイヤモンド社／2017年2月
Unityではじめるおもしろプログラミング入門／藤森将昭著／リックテレコム／2017年3月
くらしをべんりにする新・情報化社会の大研究 2／藤川大祐監修／岩崎書店／2021年2月
くらしをべんりにする新・情報化社会の大研究 1／藤川大祐監修／岩崎書店／2021年3月
くらしをべんりにする新・情報化社会の大研究 3／藤川大祐監修／岩崎書店／2021年3月
くらしをべんりにする新・情報化社会の大研究 4／藤川大祐監修／岩崎書店／2021年3月
くらしをべんりにする新・情報化社会の大研究 5／藤川大祐監修／岩崎書店／2021年3月
考えよう!話しあおう!これからの情報モラル：GIGAスクール時代に 1／藤川大祐監修／偕成社／2022年2月
考えよう!話しあおう!これからの情報モラル：GIGAスクール時代に 4／藤川大祐監修／偕成社／2022年3月
考えよう!話しあおう!これからの情報モラル：GIGAスクール時代に 2／藤川大祐監修／偕成社／2022年4月

月
考えよう!話しあおう!これからの情報モラル:GIGA スクール時代に 3／藤川大祐監修／偕成社／2022 年 4 月
12 歳からのスマホのマナー入門／藤川大祐著／大空出版(大空教育新書)／2014 年 3 月
話す・聞く・つながるコミュニケーション上手になろう!3／藤野博監修／松井晴美イラスト／旬報社／2021 年 1 月
あなたの「声」と「滑舌」がどんどんよくなる本／藤野良孝著;海保知里著／青春出版社／2021 年 2 月
論理的に解く力をつけよう／徳田雄洋著／岩波書店(岩波ジュニア新書)／2013 年 8 月
必勝法の数学／徳田雄洋著／岩波書店(岩波科学ライブラリー)／2017 年 7 月
震災と情報:あのとき何が伝わったか／徳田雄洋著／岩波書店(岩波新書 新赤版)／2011 年 12 月
離散数学「ものを分ける理論」:問題解決のアルゴリズムをつくる／徳田雄洋著／講談社(ブルーバックス)／2018 年 5 月
夢を実現する数学的思考のすべて／苫米地英人著／ビジネス社／2019 年 2 月
入門者の Linux:素朴な疑問を解消しながら学ぶ／奈佐原顕郎著／講談社(ブルーバックス)／2016 年 10 月
スマホとゲーム障害:上手に使って病気を防ごう!―健康ハッピーシリーズ／内海裕美監修／少年写真新聞社／2020 年 8 月
予測の技術:微分・積分と確率・統計でビジネスの未来を読む／内山力著／SB クリエイティブ／2017 年 3 月
#教師のバトンとはなんだったのか:教師の発信と学校の未来／内田良著;斉藤ひでみ著;嶋﨑量著;福嶋尚子著／岩波書店(岩波ブックレット)／2021 年 12 月
IoT 最強国家ニッポン:日本企業が 4 つの主要技術を支配する時代／南川明著／講談社(講談社+α新書)／2019 年 8 月
独学で身につく文字起こしスキルアップ問題集／廿里美著／エフスタイル／2020 年 10 月
見えない大気を見る:身近な天気から、未来の気候まで―くもんジュニアサイエンス／日下博幸著／くもん出版／2016 年 11 月
つながる読書術／日垣隆著／講談社(講談社現代新書)／2011 年 11 月
ネットの約束:今から知っておきたいルールとマナー／日経 BP コンサルティング情報セキュリティ研究会著:NTT 東日本経営企画部営業戦略推進室監修／日経 BP コンサルティング／2021 年 4 月
子どもと一緒に楽しむ!プログラミング:日経 Kids+:はじめてでもカンタン!すぐできる―日経ホームマガジン／日経 PC21 編集／日経 BP 社／2017 年 4 月
今日から始める iPad 仕事帖／日経パソコン編;伊藤朝輝執筆;戸田覚執筆;石井智明執筆／日経 BP／2022 年 6 月
広告白書 ２０１８年度版／日経広告研究所編／日経広告研究所／2018 年 7 月
有力企業の広告宣伝費 2019 年版／日経広告研究所編／日経広告研究所／2019 年 10 月
広告主動態調査 2021 年版―有力企業の広告宣伝活動と意識／日経広告研究所編／日経広告研究所／2021 年 3 月
広告主動態調査:デジタル時代の広告戦略と意識 2023 年版／日経広告研究所編／日経広告研究所／2023 年 3 月
広告白書 2021 年度版／日経広告研究所編／日経広告研究所 日経 BP マーケティング／2021 年 8 月
広告白書 2020 年度版／日経広告研究所編／日経広告研究所 日経 BP マーケティング(発売)／2020 年 9 月
もっと知りたい!話したい!セクシュアルマイノリティありのままのきみがいい 1(セクシュアルマイノリティについて)／日高庸晴著;サカイノビーイラスト／汐文社／2015 年 12 月
もっと知りたい!話したい!セクシュアルマイノリティありのままのきみがいい 2／日高庸晴著;サカイノビーイラスト／汐文社／2016 年 2 月
もっと知りたい!話したい!セクシュアルマイノリティありのままのきみがいい 3／日高庸晴著;サカイノビー

イラスト／汐文社／2016年3月

まんがで学ぶオンラインゲーム――ルールを守って楽しもう！／日本オンラインゲーム協会カスタマーサポート・ワーキンググループ監修／保育社／2023年8月

未来につながる！ロボットの技術：歴史からしくみ、人工知能との関係までよくわかる――子供の科学サイエンスブックスNEXT／日本ロボット学会監修／誠文堂新光社／2023年1月

ロボット大研究 1／日本ロボット工業会監修／フレーベル館／2016年9月

ロボット大研究 3／日本ロボット工業会監修／フレーベル館／2017年3月

日経スマートワーク OUTLOOK 2020／日本経済新聞社編／日経BP日本経済新聞出版本部／2020年4月

日経業界地図 2021年版／日本経済新聞社編／日経BP日本経済新聞出版本部／2020年8月

スピード勝負！夏の競技 1（車椅子バスケットボール・水泳ほか）――まるわかり！パラリンピック／日本障がい者スポーツ協会監修／文研出版／2014年11月

実技で学ぶ情報モラル／日本情報処理検定協会編／日本情報処理検定協会／2019年4月

実技で学ぶ情報モラル／日本情報処理検定協会編集／日本情報処理検定協会／2022年4月

IoT、ロボット、AIそしてビッグデータ小さな企業の活用術：第四次産業革命が従来型産業にもたらす新たなチャンス／日本政策金融公庫総合研究所編／同友館／2021年7月

手で読む心でさわるやさしい点字 4／日本点字委員会監修;国土社編集部編／国土社／2018年11月

見てわかる情報モラル：スマホ・SNS時代の情報社会の歩き方22 lesson 第2版／日本文教出版編集部編／日本文教出版／2014年3月

見てわかる情報モラル：スマホ・SNS時代の情報社会の歩き方22Lessons 第3版／日本文教出版編集部編集／日本文教出版／2016年10月

ゲームクリエイターになるには?／馬場保仁監修;derori イラスト;かんくろうマンガ／金の星社（マンガでわかるあこがれのお仕事）／2019年6月

あなたはネットワークを理解していますか?：インターネット時代に欠かせない根っこの知識が確実に身につく！／梅津信幸著／SBクリエイティブ／2014年3月

ネット情報におぼれない学び方／梅澤貴典著／岩波書店（岩波ジュニア新書）／2023年2月

話す力・聞く力がつく発表レッスン：相手に伝わる発表ができるようになる！4（活用編 教科での発表）／梅澤実監修／学研教育出版／2014年2月

面白いくらい「会話の引き出し」が増える本／博学面白倶楽部著／三笠書房（王様文庫）／2021年9月

統計学に頼らないデータ分析「超」入門：ポイントは「データの見方」と「目的・仮説思考」にあり！／柏木吉基著／SBクリエイティブ／2016年3月

はじめてのニュース・リテラシー／白戸圭一著／筑摩書房（ちくまプリマー新書）／2021年3月

すごい！オンライン会話術：対面以上にうまくいく／白崎あゆみ著／PHP研究所／2020年10月

メディアをつくる：「小さな声」を伝えるために／白石草著／岩波書店（岩波ブックレット）／2011年11月

「たったひと言」で好かれる人になる：3秒で心をつかむ!SNS&メールの黄金フレーズ／白鳥マキ著／笠倉出版社／2021年6月

技術の街道をゆく／畑村洋太郎著／岩波書店（岩波新書 新赤版）／2018年1月

ゲーム作りの発想法と企画書の作り方：ゲーム業界で活躍する現役クリエイターが明かす独自のアイデア発想法と企画書の作り方。：ゲームデザイナー・プランナー・シナリオライターを目指すなら必読！／畑大典編著;畑大典著ほか著時田貴司述ほか述／総合科学出版／2020年11月

Web学習アプリ対応C言語入門：スマホ・PCを使いスキマ時間で楽々習得／板谷雄二著／講談社（ブルーバックス）／2019年2月

もしキミが、人を傷つけたなら、傷つけられたなら：10代から学んでほしい体と心の守り方／犯罪学教室のかなえ先生著／フォレスト出版／2022年8月

デジタルで変わるセールスプロモーション基礎／販促会議編集部編;守口剛監修／宣伝会議（宣伝会議マーケティング選書）／2017年3月

日本語と論理：哲学者、その謎に挑む／飯田隆著／NHK出版（NHK出版新書）／2019年9月

ミスしない大百科 ＝ ENCYCLOPEDIA FOR AN ERROR-FREE LIFE："気をつけてもなくならない"ミスをなくす科学的な方法／飯野謙次著;宇都出雅巳著／SBクリエイティブ／2021年3月
12歳までに身につけたいプログラミングの超きほん——未来のキミのためシリーズ／飛田桂子監修／朝日新聞出版／2021年1月
はじめての"文字で打ちこむ"プログラミングの本：スクラッチのブロックとくらべて学べるJavaScriptの基本——13歳からのIT＆CS plus／尾関基行著／技術評論社／2023年10月
びわ湖疏水探究紀行 工事の様子編 1／琵琶湖疏水アカデミー編集／琵琶湖疏水アカデミー／2021年3月
キャッシュレス生活、1年やってみた：結局、どうするのが一番いいんですか？／美崎栄一郎著／祥伝社／2020年2月
AIの時代を生きる：未来をデザインする創造力と共感力／美馬のゆり著／岩波書店（岩波ジュニア新書）／2021年10月
人生を変える最強のコミュニティづくり：人々を結びつけ、共感を生む方法／美宝れいこ著／ぱる出版／2023年8月
はたらくロボット 2(助けるロボット)／富山健監修／汐文社／2011年12月
はたらくロボット 3(楽しませるロボット)／富山健監修／汐文社／2012年2月
Scratchで楽しむレッツ!プログラミング：ジュニア・プログラミング検定公式テキスト／富士通エフ・オー・エム株式会社著・制作／FOM出版／2018年3月
ICTだけじゃない!富士通の働き方改革：社員がやりがいを持って働ける職場環境の実現／富士通エフ・オー・エム株式会社著・制作富士通株式会社監修／FOM出版／2018年5月
Scratch3.0で楽しむレッツ!プログラミング：ジュニア・プログラミング検定公式テキスト／富士通エフ・オー・エム株式会社著作・制作／FOM出版／2019年7月
よくわかるScratch3.0ではじめるプログラミング／富士通エフ・オー・エム株式会社著作・制作／FOM出版／2019年8月
よくわかる自信がつくプレゼンテーション：オンラインでも引きつけて離さないテクニック 改訂2版／富士通ラーニングメディア著作・制作／FOM出版／2021年9月
「大数の法則」がわかれば、世の中のすべてがわかる！／冨島佑允著／ウェッジ／2017年3月
21世紀の新しい職業図鑑：未来の職業ガイド／武井一巳著／秀和システム／2020年8月
月1000円!のスマホ活用術——青春新書INTELLIGENCE／武井一巳／青春出版社／2013年10月
月900円!からのiPhone活用術——青春新書INTELLIGENCE／武井一巳著／青春出版社／2014年12月
スマートフォンその使い方では年5万円損してます——青春新書INTELLIGENCE／武井一巳著／青春出版社／2017年5月
ビジネスが広がるクラブハウス：人脈・アイデア・働き方……——青春新書INTELLIGENCE／武井一巳著／青春出版社／2021年5月
個人情報そのやり方では守れません——青春新書INTELLIGENCE／武山知裕著／青春出版社／2013年11月
史上最強の内定獲得術／武藤孝幸著／秀和システム／2020年3月
産業社会と人間：よりよき高校生活のために 3訂版／服部次郎編著／学事出版／2014年2月
産業社会と人間：よりよき高校生活のために 4訂版／服部次郎編著／学事出版／2020年2月
18歳の著作権入門／福井健策著／筑摩書房（ちくまプリマー新書）／2015年1月
福岡コピーライターズクラブ年鑑 ２０１８／福岡コピーライターズクラブ編集／福岡コピーライターズクラブ／2018年10月
マンガでわかる量子力学：日常の常識でははかりしれないミクロな世界の現象を解き明かす／福江純著／SBクリエイティブ／2014年1月
「超」入門相対性理論：アインシュタインは何を考えたのか／福江純著／講談社（ブルーバックス）／2019年2月
論理的思考最高の教科書：論証を知り、誤謬に敏感になるための練習／福澤一吉著／SBクリエイティブ／2017年8月

新ヒットの方程式：ソーシャルメディア時代は「モノ」を売るな「共感」を売れ！／物延秀著／宝島社／
　2017年12月
売れるランディングページ改善の法則／平岡大輔著／技術評論社／2023年5月
はじめての量子化学：量子力学が解き明かす化学の仕組み／平山令明著／講談社（ブルーバックス）／
　2019年3月
成功を呼ぶネーミングの技術／平方彰著／竹書房／2020年6月
信じてはいけない：民主主義を壊すフェイクニュースの正体／平和博著／朝日新聞出版（朝日新書）／
　2017年6月
AI時代に「頭がいい」とはどういうことか―青春新書INTELLIGENCE／米山公啓著／青春出版社／
　2018年8月
DeNAと万引きメディアの大罪／別冊宝島編集部編／宝島社／2017年3月
オンラインコミュニケーション35の魔法：リアルのコミュ力も上がる！／片桐あい著／自由国民社／2020
　年12月
パナソニック、「イノベーション量産」企業に進化する！／片山修著／PHP研究所／2018年11月
技術屋の王国：ホンダの不思議力／片山修著／東洋経済新報社／2017年9月
人生を変えるゼロ時間労働／片山真一著／自由国民社／2021年1月
他人の不幸を願う人／片田珠美著／中央公論新社（中公新書ラクレ）／2015年6月
生成AI時代の「超」仕事術大全：外資系コンサル×AIのプロが教える／保科学世著;アクセンチュアAI
　センター著／東洋経済新報社／2023年11月
とことん調べる人だけが夢を実現できる＝RESEARCH FOR YOUR DREAM―sanctuary books／方喰正
　彰著／サンクチュアリ出版／2016年5月
世界にほこる日本の先端科学技術3（ロボットいろいろ！宇宙へ行ったり、介護したり）／法政大学自然科学
　センター監修こどもくらぶ編／岩崎書店／2014年3月
リベラルアーツの学び：理系的思考のすすめ／芳沢光雄著／岩波書店（岩波ジュニア新書）／2018年4月
「％」が分からない大学生：日本の数学教育の致命的欠陥／芳沢光雄著／光文社（光文社新書）／2019年
　4月
新体系・高校数学の教科書　下／芳沢光雄著／講談社（ブルーバックス）／2010年3月
新体系・中学数学の教科書　下／芳沢光雄著／講談社（ブルーバックス）／2012年3月
離散数学入門：整数の誕生から「無限」まで／芳沢光雄著／講談社（ブルーバックス）／2019年12月
ニュースの科学用語これでわかった！：180字で理解する、今さら聞けない科学と技術の基礎知識／北海道大
　学CoSTEPサイエンスライターズ著／技術評論社／2012年1月
ネットで見たけどこれってホント？1／北折一著／少年写真新聞社／2016年9月
ネットで見たけどこれってホント？2／北折一著／少年写真新聞社／2016年10月
ネットで見たけどこれってホント？3／北折一著／少年写真新聞社／2016年11月
北川先生の作文教室／北川久美子著／武蔵野書院／2017年6月
トヨタチーフエンジニアの仕事／北川尚人著／講談社／2020年6月
ケンブリッジ数学史探偵／北川智子著／新潮社（新潮新書）／2015年8月
Scratchで楽しむプログラミングの教科書／北村愛実著;犬伏雅士監修／SBクリエイティブ／2019年4月
カラー図解でわかる高校物理超入門／北村俊樹著／SBクリエイティブ／2014年2月
デジタル時代の情報発信のリスクと対策／北田明子著;レクシード監修／東洋経済新報社／2023年12月
古教心を照らす／北尾吉孝著／経済界／2017年11月
あそべる！通じ合う！てづくりAIロボット：はじめてでもロボットを動かせる、かんたんプログラミング／
　牧野浩二著;和田義久著;西崎博光著;吉田拓史著;ユカイ工学著／誠文堂新光社／2022年7月
やさしさをまとった殲滅の時代／堀井憲一郎著／講談社（講談社現代新書）／2013年10月
疑う力：「常識」の99％はウソである／堀江貴文著／宝島社／2019年5月
理系のためのクラウド知的生産術：メール処理から論文執筆まで／堀正岳著／講談社（ブルーバックス）
　／2012年1月

バイオ技術者・研究者になるには―なるにはBOOKS／堀川晃菜著／ぺりかん社／2018年8月
わたしたちとじょうほう 情報活用スキル編／堀田龍也監修／学研教育みらい／2021年3月
私たちと情報 情報社会探究編／堀田龍也監修／学研教育みらい／2021年3月
産業とくらしを変える情報化 2(情報を伝える新聞)／堀田龍也監修／学研教育出版／2012年2月
産業とくらしを変える情報化 3(医療を変える情報ネットワーク)／堀田龍也監修／学研教育出版／2012年2月
産業とくらしを変える情報化 4(防災を変える情報ネットワーク)／堀田龍也監修／学研教育出版／2012年2月
産業とくらしを変える情報化 5(教育・福祉を変える情報ネットワーク)／堀田龍也監修／学研教育出版／2012年2月
産業とくらしを変える情報化 6(くらしを変える情報ネットワーク)／堀田龍也監修／学研教育出版／2012年2月
人工知能時代を〈善く生きる〉技術／堀内進之介著／集英社（集英社新書）／2018年3月
全社員生産性10倍計画：1人500円かければ、会社は儲かる!／本間卓哉著／クロスメディア・パブリッシング／2017年6月
メディアに操作される憲法改正国民投票／本間龍著／岩波書店（岩波ブックレット）／2017年9月
平和を考える戦争遺物 3／本庄豊編集／汐文社／2013年12月
現役京大生が教える大学入試数学の効率的勉強法 入門編―解ける数学シリーズ／本多翔一著／エール出版社（Yell books）／2012年10月
現役京大生が伝授する大学入試数学の効率的勉強法 基本編―解ける数学シリーズ／本多翔一著／エール出版社（Yell books）／2013年1月
イチからつくるサステナビリティ部門：元システムエンジニアの挑戦／本田健司著／日経BP／2021年4月
ゆるいつながり：協調性ではなく、共感性でつながる時代／本田直之著／朝日新聞出版（朝日新書）／2018年3月
おどろきの心理学：人生を成功に導く「無意識を整える」技術／妹尾武治著／光文社（光文社新書）／2016年2月
人生で大切なことはすべてソニーから学んだ：Back to the basics yet again.／蓑宮武夫著／PHP研究所／2021年5月
夢のお仕事さがし大図鑑：名作マンガで「すき!」を見つける 4／夢のお仕事さがし大図鑑編集委員会編／日本図書センター／2016年9月
身につくシュレーディンガー方程式／牟田淳著／技術評論社／2015年1月
M&Aコンサルタントという仕事／牟禮知仁著／幻冬舎メディアコンサルティング 幻冬舎／2023年7月
間違いやすい順社会人の最新マナー大全／明石伸子著／宝島社／2018年3月
ニュースの深層が見えてくるサバイバル世界史―青春新書INTELLIGENCE／茂木誠著／青春出版社／2017年12月
世界を動かす技術思考：要素からシステムへ／木村英紀編著／講談社（ブルーバックス）／2015年5月
マンガで学ぶエクセル集計・分析ピボットテーブル／木村幸子著者・監修;秋内常良シナリオ;たかうま創マンガ;トレンド・プロマンガ制作／マイナビ出版／2020年6月
デジタルネイティブの時代：なぜメールをせずに「つぶやく」のか／木村忠正著／平凡社（平凡社新書）／2012年11月
新聞は、あなたと世界をつなぐ窓：NIE教育に新聞を／木村葉子著／汐文社／2014年11月
1日30分インスタ運用術／門口妙子著／リベラル社 星雲社／2023年5月
基礎から学ぶ機械製図：3Dプリンタを扱うための3D CAD製図法／門田和雄著／SBクリエイティブ／2016年1月
門田先生の3Dプリンタ入門：何を作れるのか、どう役立つのか／門田和雄著／講談社（ブルーバックス）／2015年10月

シリーズ・変わる!学校図書館 1／門内輝行監修／ミネルヴァ書房／2018 年 2 月
超一流の話し方見るだけノート：一目置かれる「会話力」がゼロから身につく!／野口敏監修／宝島社／2021 年 6 月
「超」独学法：AI 時代の新しい働き方へ／野口悠紀雄著／KADOKAWA（角川新書）／2018 年 6 月
「超」英語独学法／野口悠紀雄著／NHK 出版（NHK 出版新書）／2021 年 3 月
働くことは人生だ!君たちはどう「はたらく」か?：AI 時代の「働き方」トランスフォーメーション／野口雄志著／セルバ出版／2021 年 8 月
ChatGPT 時代の文系 AI 人材になる ＝ How AI & the Humanities Work Together in the Generative AI Era：AI を操る 7 つのチカラ／野口竜司著／東洋経済新報社／2023 年 10 月
数学で未来を予測する：ギャンブルから経済まで／野崎昭弘著／PHP 研究所／2011 年 10 月
オンラインで伝える力／野村絵理奈著／ポプラ社／2020 年 10 月
IT ソリューション会社図鑑：未来をつくる仕事がここにある／野村総合研究所監修;青山邦彦絵;日経 BP コンサルティング編集／日経 BP コンサルティング／2016 年 4 月
仕事で役立つ統計学一倍速講義／野村総合研究所未来創発センター生活 DX・データ研究室監修／日経 BP 日本経済新聞出版 日経 BP マーケティング／2023 年 10 月
AI に勝つ!＝ How to Surpass Artificial Intelligence：強いアタマの作り方・使い方／野村直之著／日本経済新聞出版社／2019 年 6 月
本田宗一郎：夢を追い続けた知的バーバリアン−日本の企業家／野中郁次郎著／PHP 研究所（PHP 経営叢書）／2017 年 6 月
「P≠NP」問題：現代数学の超難問／野﨑昭弘著／講談社（ブルーバックス）／2015 年 9 月
はじまりの数学／野﨑昭弘著／筑摩書房（ちくまプリマー新書）／2012 年 10 月
10 代からのプログラミング教室：できる!わかる!うごく!―14 歳の世渡り術／矢沢久雄著／河出書房新社／2017 年 12 月
オンラインでの「伝え方」ココが違います!：Teams Zoom YouTube etc.／矢野香著／すばる舎／2020 年 10 月
予測不能の時代：データが明かす新たな生き方、企業、そして幸せ／矢野和男著／草思社／2021 年 5 月
面白くて仕事に役立つ数学／柳谷晃著／SB クリエイティブ／2017 年 8 月
一週間はなぜ 7 日になったのか：数学者も驚いた、人間の知恵と宇宙観―青春新書 INTELLIGENCE／柳谷晃著／青春出版社／2012 年 6 月
数学はなぜ生まれたのか?／柳谷晃著／文藝春秋（文春新書）／2014 年 4 月
ジュニア空想科学読本 13／柳田理科雄著きっか絵／KADOKAWA（角川つばさ文庫）／2018 年 3 月
ジュニア空想科学読本 14／柳田理科雄著きっか絵／KADOKAWA（角川つばさ文庫）／2018 年 7 月
ジュニア空想科学読本 20／柳田理科雄著きっか絵／KADOKAWA（角川つばさ文庫）／2020 年 7 月
柳田理科雄の 1 日 1 科学 [2]（夏の空想科学）／柳田理科雄著;栄光ゼミナール監修／汐文社／2015 年 12 月
〈婚活ビジネス〉急成長のカラクリ／有薗隼人著／扶桑社（扶桑社新書）／2020 年 1 月
学術出版の来た道／有田正規著／岩波書店（岩波科学ライブラリー）／2021 年 10 月
図解・ベイズ統計「超」入門：あいまいなデータから未来を予測する技術／涌井貞美著／SB クリエイティブ／2013 年 12 月
統計ってなんの役に立つの?：数・表・グラフを自在に使ってビッグデータ時代を生き抜く／涌井良幸著;子供の科学編集部編／誠文堂新光社（子供の科学★ミライサイエンス）／2018 年 5 月
統計解析がわかる：豊富な図とわかりやすい例で実用的な統計解析がしっかり身に付く!／涌井良幸著;涌井貞美著／技術評論社／2010 年 7 月
多変量解析がわかる：多変量解析の入門書として最適具体的な例や図が豊富でわかりやすい!／涌井良幸著;涌井貞美著／技術評論社／2011 年 5 月
身につくベイズ統計学／涌井良幸著;涌井貞美著／技術評論社／2016 年 5 月
AI の壁：人間の知性を問いなおす／養老孟司著／PHP 研究所（PHP 新書）／2020 年 10 月
忘れる読書／落合陽一著／PHP 研究所（PHP 新書）／2022 年 11 月

10年後の仕事図鑑：新たに始まる世界で、君はどう生きるか／落合陽一著;堀江貴文著／SBクリエイティブ／2018年4月

脳のふしぎをときあかす!ブレインワールド探検ブック 1／理化学研究所脳神経科学研究センター監修／文研出版／2021年8月

脳のふしぎをときあかす!ブレインワールド探検ブック 2／理化学研究所脳神経科学研究センター監修／文研出版／2021年11月

コロナの時代を生きるためのファクトチェック／立岩陽一郎著／講談社／2020年12月

ファクトチェックとは何か／立岩陽一郎著;楊井人文著／岩波書店（岩波ブックレット）／2018年4月

仕事のExcelが1日でざっくりわかる本：ネコの手を借りるより、3つの「自動化」で／立山秀利著／SBクリエイティブ／2017年2月

高校生からのPython入門／立山秀利著／ジャムハウス／2022年4月

入門者のExcel VBA：初めての人にベストな学び方／立山秀利著／講談社（ブルーバックス）／2012年4月

実例で学ぶExcel VBA：定番プログラムを使いこなす／立山秀利著／講談社（ブルーバックス）／2013年1月

入門者のJavaScript：作りながら学ぶWebプログラミング／立山秀利著／講談社（ブルーバックス）／2014年1月

脱入門者のExcel VBA：自力でプログラミングする極意を学ぶ／立山秀利著／講談社（ブルーバックス）／2016年3月

入門者のPython：プログラムを作りながら基本を学ぶ／立山秀利著／講談社（ブルーバックス）／2018年9月

日本企業はなぜ世界で通用しなくなったのか／林原健著／ベストセラーズ（ベスト新書）／2018年5月

小学生でもわかるプログラミングの世界：プログラミングってそういうことか…／林晃著／シーアンドアール研究所／2016年11月

ロボットはなぜ生き物に似てしまうのか：工学に立ちはだかる「究極の力学構造」／鈴森康一著／講談社（ブルーバックス）／2012年4月

アクチュエータ工学入門：「動き」と「力」を生み出す驚異のメカニズム／鈴森康一著／講談社（ブルーバックス）／2014年7月

Pythonエンジニアファーストブック／鈴木たかのり著;清原弘貴著;嶋田健志著;池内孝啓著;関根裕紀著／技術評論社／2017年9月

しごとば やっぱり-しごとばシリーズ；6／鈴木のりたけ作／ブロンズ新社／2020年2月

エントロピーをめぐる冒険：初心者のための統計熱力学／鈴木炎著／講談社（ブルーバックス）／2014年12月

中学の知識でオイラーの公式がわかる／鈴木貫太郎著／光文社（光文社新書）／2020年1月

仕事消滅：AIの時代を生き抜くために、いま私たちにできること／鈴木貴博著／講談社（講談社+α新書）／2017年8月

ミドリムシ博士の超・起業思考：ユーグレナ最強の研究者が語る世界の変え方／鈴木健吾著／日経BP／2021年4月

SNSで売る！：「いいね」を「買います」に変えるテクニック／鈴木宏佳著／合同フォレスト／2020年5月

新聞を読もう! 1巻 (新聞を読んでみよう!)／鈴木雄雅監修／教育画劇／2012年3月

新聞を読もう! 2 (新聞づくりに挑戦!)／鈴木雄雅監修／教育画劇／2012年4月

新聞を読もう! 3 (新聞博士になろう!)／鈴木雄雅監修／教育画劇／2012年4月

詩の寺子屋／和合亮一著／岩波書店（岩波ジュニア新書）／2015年12月

みんなに好かれなくていい／和田秀樹著／小学館（小学館YouthBooks）／2021年4月

Tamagotchi m!x パーフェクトおせわブック―ワンダーライフスペシャル. バンダイ公式たまごっちBOOK／和田明子著;ヤスコーンイラスト;バンダイ監修／小学館／2016年8月

Scratchでたのしく学ぶプログラミング的思考／鷲崎弘宜著;齋藤大輔著;坂本一憲著／マイナビ出版／2019年9月
サンプリングって何だろう：統計を使って全体を知る方法／廣瀬雅代著;稲垣佑典著;深谷肇一著／岩波書店（岩波科学ライブラリー）／2018年3月
ちょっと言いかえるだけ!気のきいた「話し方」ができる本／櫻井弘著／三笠書房／2018年8月
劇場化社会：誰もが主役になれる時代で頭角を現す方法／櫻井秀勲著／きずな出版／2019年4月
高校生から始めるJw_cad建築製図入門―Jw_cadシリーズ；6／櫻井良明著／エクスナレッジ／2011年3月
高校生から始めるJw_cad建築プレゼン入門―エクスナレッジムック．Jw_cadシリーズ；8／櫻井良明著／エクスナレッジ／2011年8月
高校生から始めるJw_cad建築製図入門／櫻井良明著／エクスナレッジ／2017年12月
高校生から始めるJw_cad建築製図入門 RC造編／櫻井良明著／エクスナレッジ／2022年2月
図で考える。シンプルになる。／櫻田潤著／ダイヤモンド社／2017年10月
大人は知らない今ない仕事図鑑100／澤井智毅監修;上村彰子構成・文;「今ない仕事」取材班構成・文;ボビコ漫画・イラスト／講談社／2020年8月
人類の歴史を変えた8つのできごと 2(民主主義・報道機関・産業革命・原子爆弾編)／眞淳平著／岩波書店（岩波ジュニア新書）／2012年5月
アウトプットする力：「話す」「書く」「発信する」が劇的に成長する85の方法／齋藤孝著／ダイヤモンド社／2020年6月
マンガでおぼえるコミュニケーション―これでカンペキ!／齋藤孝著／岩崎書店／2017年7月
新しい学力／齋藤孝著／岩波書店（岩波新書 新赤版）／2016年11月
頭が良くなるインプット：どんどん知識がふえる!／齋藤孝著／主婦の友社／2021年8月
10歳若返る会話術／齋藤孝著／集英社（集英社文庫）／2021年2月
ネット断ち：毎日の「つながらない1時間」が知性を育む―青春新書INTELLIGENCE／齋藤孝著／青春出版社／2019年1月
新聞力：できる人はこう読んでいる／齋藤孝著／筑摩書房（ちくまプリマー新書）／2016年10月
友だちってひつようなの?―齋藤孝の「負けない!」シリーズ；3／齋藤孝著;いぢちひろゆきマンガ／PHP研究所／2018年9月
銀行 2020年度版―産業と会社研究シリーズ；1／齋藤裕監修／産学社／2019年3月
日本刀の科学：武器としての合理性と機能美に科学で迫る／臺丸谷政志著／SBクリエイティブ／2016年6月
インスタグラムの新しい発信メソッド＝The New Method for Instagram：「こだわり」からオファーにつながる!／岬谷真由子著／同文舘出版（DO BOOKS）／2023年8月
地図とデータでみる都道府県と市町村の成り立ち／齊藤忠光著／平凡社（平凡社新書）／2020年4月
僕に方程式を教えてください：少年院の数学教室／髙橋一雄著;瀬山士郎著;村尾博司著／集英社（集英社新書）／2022年3月
よくわかる思考実験／髙坂庵行[著]／イースト・プレス（イースト新書）／2020年9月
文化や歴史やってみよう!6テーマ―光村の国語情報活用調べて、考えて、発信する；1／髙木まさき監修;森山卓郎監修;青山由紀編;成田真紀編／光村教育図書／2015年12月
広げる、まとめる、思考ツール 2―光村の国語／髙木まさき監修;青山由紀編集;松永立志編集／光村教育図書／2021年2月
広げる、まとめる、思考ツール 1―光村の国語／髙木まさき監修;青山由紀編集;松永立志編集／光村教育図書／2021年3月
広げる、まとめる、思考ツール 3―光村の国語／髙木まさき監修;青山由紀編集;松永立志編集／光村教育図書／2021年3月
数の概念／髙木貞治著／講談社（ブルーバックス）／2019年10月
リモート生活でレクリエーション!1／鉄矢悦朗監修／教育画劇／2021年2月

リモート生活でレクリエーション！2／鉄矢悦朗監修／教育画劇／2021 年 4 月
高校生のためのアルゴリズム入門／インフォテック・サーブ／2012 年 3 月
職場体験完全ガイド 13／ポプラ社／2010 年 3 月
職場体験完全ガイド 15／ポプラ社／2010 年 3 月
職場体験完全ガイド 17／ポプラ社／2010 年 3 月
職場体験完全ガイド 25／ポプラ社／2011 年 3 月
職場体験完全ガイド 69／ポプラ社／2020 年 4 月
職場体験完全ガイド 73／ポプラ社／2021 年 4 月
未来をきりひらく！夢への挑戦者たち 3（学問・研究編）／教育画劇／2014 年 4 月
TABO 8 完全攻略ブック―『小学 8 年生』特別号／小学館／2017 年 12 月
時事から学ぶ小論文 2022 第 4 号／朝日新聞社／2022 年 7 月

中高生のための
デジタル・AI知識を深める本
ヤングアダルトBOOKS5

2025年4月30日　第1刷発行

発行者	道家佳織
編集・発行	株式会社DBジャパン
	〒151-0073 東京都渋谷区笹塚1-5-1
電話	03-6304-2431
ファクス	03-6369-3686
e-mail	books@db-japan.co.jp
装丁	DBジャパン
電算漢字処理	DBジャパン
印刷・製本	大日本法令印刷株式会社

不許複製・禁無断転載
〈落丁・乱丁本はお取り換えいたします〉
ISBN 978-4-86140-600-3
Printed in Japan